播音与主持艺术专业
“十四五”规划教材·实训系列

实用普通话语音发声训练教程

主　编丨段　纳　李卫中　娄艳阁
副主编丨刘飞曼　李　静　李沅擎　屈义植

中国传媒大学出版社
·北京·

图书在版编目(CIP)数据

实用普通话语音发声训练教程 / 段纳，李卫中，娄艳阁主编. --北京：中国传媒大学出版社，2022.8

ISBN 978-7-5657-3236-2

Ⅰ. ①实… Ⅱ. ①段… ②李… ③娄… Ⅲ. ①普通话－语音－教材②普通话－发音－教材 Ⅳ. ①H116

中国版本图书馆 CIP 数据核字(2022)第 130783 号

实用普通话语音发声训练教程

SHIYONG PUTONGHAU YUYIN FASHENG XUNLIAN JIAOCHENG

主　　编　段　纳　李卫中　娄艳阁
策划编辑　李水仙
责任编辑　李水仙
封面设计　风得信设计·阿东
责任印制　秦　英

出版发行　中国传媒大学出版社
社　　址　北京市朝阳区定福庄东街 1 号　　**邮　　编**　100024
电　　话　86-10-65450528　65450532　　**传　　真**　65779405
网　　址　http://cucp.cuc.edu.cn
经　　销　全国新华书店

印　　刷　唐山玺诚印务有限公司
开　　本　787mm×1092mm　1/16
印　　张　16.25
字　　数　318 千字
版　　次　2025 年 9 月第 1 版
印　　次　2025 年 9 月第 1 次印刷

书　　号　ISBN 978-7-5657-3236-2　　**定　　价**　59.00 元

本社法律顾问：北京嘉润律师事务所　郭建平

前 言

普通话是现代汉民族共同语，也是中华人民共和国国家法定的通用语。1982 年颁布的《中华人民共和国宪法》规定“国家推广全国通用的普通话”，2001 年颁布实施的《中华人民共和国国家通用语言文字法》第十九条明确规定：“以普通话作为工作语言的播音员、节目主持人和影视话剧演员、教师、国家机关工作人员的普通话水平，应当分别达到国家规定的等级标准；对尚未达到国家规定的普通话等级标准的，分别情况进行培训。”

汉语历史悠久，地域辽阔，方言众多。受方言影响，很多人在使用普通话的时候都能明显感觉到方言对自己普通话的影响，希望能通过学习，讲一口标准、流利的普通话。此外，随着现代传播技术和交通技术的快速发展，人们与外界乃至整个世界的联系和沟通更为紧密，普通话在很多时候已经不单纯是中国人交际的工具，而是信息传播的载体，越来越多的人希望自己有更好的语音面貌，能够像播音员主持人那样讲一口标准优美的普通话，掌握一定的有声语言艺术表达技巧，一方面减少交流沟通的障碍，另一方面提升自己的整体语言表达能力，体现一个现代中国人的精神风貌和文化修养。

有声语言艺术表达与一般的口语表达相比，在规范性和审美性方面有着更高的要求：

规范性要求，即发音准确。普通话是现代汉民族共同语，其语音系统有着很明确的标准，因此普通话语音训练的要求首先是发音准确——声母、韵母、声调发音准确、到位。

审美性要求。有声语言艺术表达对于字音的准确和清晰度要求很高，为提高传播效果，中国人使用独有的建立在汉语音节结构特点之上的“吐字归音”方法，提出“字正腔圆”的发音审美要求。而我们要做到字正腔圆，还需要呼吸控制、喉部控制、共鸣控制的配合。即除了达到准确规范的要求外，我们说话还要做到清晰、圆润，学会一些科学的发声方法，从而更好地适应教师口语、播音主持以及其他行业有声语言艺术创作的需要。

基于上面的两个要求，本书设计两条主线：普通话语音和科学发声。

全书共分为四个部分：

第一部分简要介绍普通话语音的基础理论知识，通过精心选择的字词、绕口令、诗词训练材料，引导读者进行正确的普通话语音训练实践。由于“吐字归音”理论是建构在汉语音节结构之上的，为提高普通话声母、韵母发音训练效果，本部分我们提前引入“吐字归音”训练方法。

第二部分介绍科学发声原理、方法，通过有针对性的训练材料，让读者初步掌握科学用声基本方法，提高发声能力，能够运用发声技巧美化自己的语音语调，达到有声语言艺术表达和创作的要求。通过呼吸控制、口腔控制、喉部控制、共鸣控制和声音弹性等内容的讲解和训练，希望大家不仅能够准确使用普通话，而且还能够做到发音清晰、圆润、集中、流畅，把普通话说得更好听、更优雅！

第三部分针对有参加普通话水平测试需求的读者，编写普通话水平测试指导，介绍普通话水平测试内容、流程及评分标准，针对不同题型进行训练，帮助读者顺利通过普通话水平测试，取得更好的成绩。

第四部分是普通话语音发声综合能力提升训练，为有一定语音发声基础的读者提供提升语言表达能力的综合训练材料。

语音学习是口耳之学，一定要处理好理论与实践的关系。重理论轻实践，则口语表达能力不能得到有效提高；重实践轻理论，会导致学习效率不高，语言自我完善能力受到限制，语言能力不能得到更好的发展。本教材重视理论与实践、传授知识与培养能力的高度融合，利用平顶山学院国家级精品在线开放课程、一流本科线上课程“普通话语音和播音发声”平台资源，内嵌理论材料、训练材料、教学音频、视频、动画演示等声像资源，学习者能方便、快捷地获取教学资源，形成多种学习方式互通、共存、混合的学习状态。由衷希望本教材能够给予有声语言艺术爱好者有效指导，帮助学习者提升普通话运用能力并达到相关行业规范，引导学习者热爱中国语言文化，树立正确语言观，增强文化认同和文化自信，主动承担推广普通话的重任。

本教材的编写队伍主要由平顶山学院专业教师构成，此外也特聘校外专家参与本教材编写和音频资料的录制工作。

各部分主要编写者如下：

第一部分普通话语音：段纳、李卫中、李静、屈义植、周建；第二部分科学发声：娄艳阁、刘飞曼、华颖臻、李子瑾、徐丽敏；第三部分普通话水平测试：薛淑莲、李沅擎、肖洒、徐珂莉；第四部分普通话语音发声综合能力提升训练：刘飞曼、裴育、薛天、郝晓蒙。

目 录

第一部分 普通话语音

第二部分　科学发声

第三部分 普通话水平测试

第四部分 普通话语音发声综合能力提升训练

第一部分

普通话语音

本部分主要根据普通话学习的规范性要求，介绍语音学基本概念和普通话语音系统的基本知识，对普通话声母、韵母、声调、语流音变等内容展开训练；与此同时，我们在训练中融入吐字归音、气息控制等方法，以提升学习者的训练效果。

第一章 语音概说

☞知识目标：认识普通话的语音特点，准确说出普通话常用的语音基本单位。

☞能力目标：准确使用语音基本单位，理解语音的性质。

第一节 语音的性质

语音就是人类说话时发出的具有一定意义的声音。语音是一种声音，是语言的物质外壳，因此其具有声音的物理属性；语言活动是由人的发音器官发出来的，因此具有生理属性；人类使用语言进行交际的时候，什么语音代表什么意义，是由使用该语言的社会约定俗成的，不同民族的语言有着不同的语音系统，因此语音具有社会属性。语音的社会属性是语音的本质属性，是语音区别于其他声音的重要标志。理解语音的基本属性，能够帮助我们更好地理解复杂的语言现象。

一、语音的物理属性

语音是一种物理现象。语音是发音体振动周围的空气或其他媒介物质而形成声波，声波传到耳内，振动耳膜，刺激了听觉神经，人便听到声音。我们可以通过音高、音强、音长、音色四要素对声音进行分析：

音高，就是声音的高低。是由声波在一定的时间里振动次数的多少来决定的。振动次数多的声音高；振动次数少的声音低。

音强，就是声音的强弱。是由声波振幅大小决定的。

音长，就是声音的长短。是由声波振动持续时间的久暂决定的。

音色，就是声音的特色，又叫“音质”。是由声波组合形式的不同来决定的。

语音是音高、音强、音长、音色的统一体。在任何语言中，音色都承担着区别意义的重要作用。汉语是有声调的语言，因此音高在汉语语音系统的作用十分重要，音强和音长在轻声现象以及词语的轻重格式等方面也起到重要的作用。

二、语音的生理属性

语音是人通过发音器官振动与调节发出的。人的发音器官可以分为动力器官、振动器官、共鸣器官和咬字器官(图 1-1)。

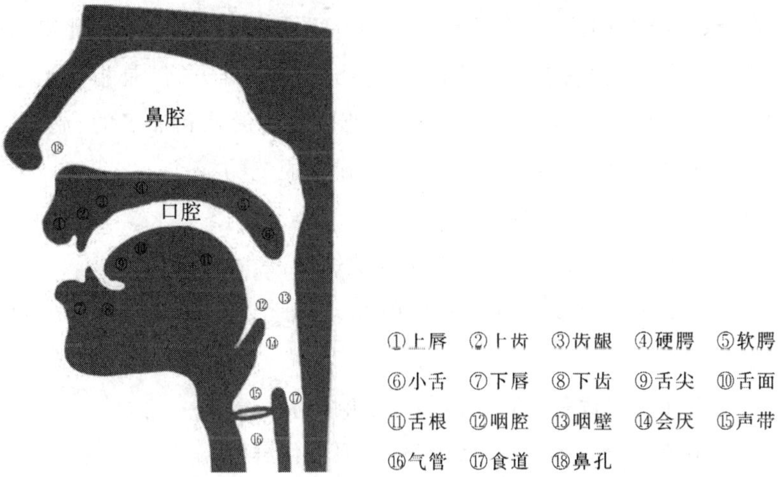

图 1-1　发音器官示意图

动力器官包括肺和气管等呼吸器官。气流是发音的原动力，它是由肺输送的。肺部呼出的气流，通过支气管、气管达到喉头，作用于声带、咽头、口腔、鼻腔等发音器官，便发出不同的语音。

振动器官包括喉头和声带。喉头由甲状软骨、环状软骨和两块杓状软骨组成，上通咽头，下连气管。声带位于喉头中间，是两片富有弹性的薄膜。两片声带放松或拉紧，使声门打开或关闭。从肺呼出的气流通过声门时振动声带，就可以发出声音。我们通过控制声带松紧的变化便可以发出高低不同的声音。

共鸣器官和咬字器官包括口腔和鼻腔。气流通过声门后，通过口咽腔、鼻腔的共鸣而扩大和美化。复杂的生成语音的过程主要集中在口腔，我们通过控制共鸣腔形状的变化以及咬字器官的运动而产生不同的声音。

三、语音的社会属性

社会属性是语音的本质属性，是语音区别于其他声音的重要标志。

语音在社会交际中代表一定的意义，用什么样的语音形式来表示什么样的意义，是由社会约定俗成的。语音的社会属性还表现在语音的系统性上，各种语言或方言都有自己的语音系统。例如普通话有翘舌音，而在一些南方方言中没有翘舌音，这些方言区的人容易出现平翘不分的情况。英语中有齿间音[θ]，汉语没有，讲汉语的人发齿间音就不太习惯。如果不能正确认识语音的社会属性，就无法在语音学习中正确处理和解决很多实际的语音问题。

第二节 普通话语音特点

普通话，是以北京语音为标准音，以北方话为基础方言，以典范的白话文著作为语法规范的现代汉民族共同语。“以北京语音为标准音”是指规范过的北京话的语音系统，去除了北京话中的土音、土语部分。“以北方话为基础方言”是指词汇主要来源于北方话。“以典范的白话文著作为语法规范”是指经过提炼和加工的、流传广泛的、影响很大的、在语法方面有较强代表性的书面语作为规范的标准。

普通话语音主要有以下特点：

第一，普通话音系比较简单，音节结构形式简明。

第二，一个音节可以分成声母和韵母两部分，每个音节都有声调，声调贯穿整个音节。

第三，音节中元音占优势，清声母多，听感响亮。

第四，声调系统比较简单，只有四个声调，但变化鲜明。

第五，音节之间界限分明，节律感强。

第三节 语音的基本单位

学习普通话，必须掌握一些与普通话相关的语音基本概念，然后进行有针对性的语音训练，进而提升普通话运用水平。

一、音节

音节是语音的基本结构单位，是听感上最容易分辨出来的语音单位。一般说来，一个汉字的读音就是一个音节，例如“普通话”是三个汉字，能够明显听出来三个语音片段。“江”(jiāng)和“激昂”(jī'áng)的音素相同，但我们听起来“江”是一个音节，“激昂”是两个音节。

当然也有少数例外。例如“花儿”虽说写作两个字，却读作一个音节(huār)，这种情况只在儿化韵里存在。

二、音素

音素是对音节进行分析得出的最小的语音单位。普通话共有 32 个音素。例如“江”(jiāng) 这个音节，可以分析出“j—i—ā—ng ”四个不同的音素。

三、辅音和元音

音素可以分为辅音和元音两大类。

辅音又叫子音，是指发音时，气流经过口腔或咽头受到一定的阻碍而形成的音素。例如“江”(jiāng)这个音节里的 j 和 ng 都是辅音。

元音又叫母音，是指发音时，气流振动声带发出声音，经过口腔、咽头不受阻碍而形成的音素。例如“江”(jiāng)这个音节里的 i 和 a 都是元音。

四、音位

在一个语音系统中能够区别意义的最小语音单位叫音位。音素是从语音的物理属性、生理属性划分出来的，音位则是从语音的社会属性划分出来的。在一种语言或方言里，我们可以发出的音素很多，其中有的可以区别意义，有的不能。如在北京话里的“晚”，有人念“wǎn”，有人念“vǎn”，一般人听了不大会注意这二者的差别，因为在北京话中“w”和“v”的读音差别没有造成意义的不同，所以这两个音素尽管音色不同，在北京话里仍可以归纳为一个音位，写作：

$$/w/=\begin{cases}w\\v\end{cases}$$

又如普通话语音系统中，前后鼻音有区别意义的作用，因此可以归纳出两个不同的音位；而在一些方言里，前后鼻音不区别意义，在这个方言中，它们就可以归纳为一个音位，前后鼻音就是这个方言一个音位下的不同的音位变体。

在同一个语音系统中，一个音位常常有不同的音位变体。比如普通话的音位/a/，在“大(dà)”“但(dàn)”“档(dàng)”“电(diàn)”“带(dài)”五个音节中，“a”的发音有着细微差别，但是没有区别意义的作用，所以可看作/a/的不同音位变体。

在一种语言中，实际音素的数目总是多于音位的数目。我们通常说一种语言里有多少音素，实际上指的是根据音位理论归纳概括出来的音素。因此，这时一个音素一般就是一个音位。

延伸阅读

汉语拼音方案

《汉语拼音方案》是在语音学和音系学的基础之上制定的，体现了对普通话音位系统的归纳，汉语拼音不是国际音标，只是使用尽可能简便的符号系统来拼写普通话的语音系统。因此，一些普通话语音中有细微差别的音，由于不用来区别意义，便可以使用相同的记音符号。比如 pi、si、shi 三个音节中的 i 实际上是三个在普通话语音系统中没有形成对立的，同时又具有一定相似性的不同的元音，这三个元音在《汉语拼音方案》中都用一个符号 i 表示，即归纳为一个音位，但实际发音是有明显差别的。我们应了解《汉语拼音方案》的性质，避免在语音训练过程中受汉语拼音符号的影响，片面追求发音一致。学习者要掌握普通话常见的音位变体之间的差别，比如在练习“er”音节的时候，虽拼音形式一样，但“二[ar]”字实际发音时的口腔开度明显要比“儿[ər]”字的口腔开度大。其他行业人员讲普通话无须如此较真，但作为播音与主持艺术专业的学生，必须了解每个音位变体的发音特征，从而掌握标准的普通话发音。

五、声母、韵母和声调

声母这个概念，是传统音韵学观察汉语音节结构时提出的，这个概念主要着眼于声母的结构位置——声母位于音节的开头，韵母指音节中声母后面的部分。声母、韵母是就音节的结构而言的，元音、辅音是就音素的性质而言的。声母由辅音充当。因此，我们学习声母发音，主要学习构成声母的辅音的发音。普通话里有 22 个辅音，有 20 个专作声母，辅音“n”既可以作声母，也可以充当韵尾；辅音“ng”只充当韵尾，不作声母。

韵母主要由元音构成，如 ai、ei、ao、ou 等；还有一部分韵母是由元音加辅音构成的，例如，an、ang、en、eng、ong 等韵母里有辅音 n 或 ng 作韵尾。

声调指音节的高低升降，贯穿在整个音节里，具有区别意义的作用。同样的声母和韵母构成的音节，声调不同，其所表示的意义也不相同，例如，tāng（汤）、táng（糖）、tǎng（躺）、tàng（烫）。

思考与练习

1.元音和辅音的主要区别是什么？指出下列各音素哪些是元音，哪些是辅音。

p、m、u、i、g、j、e、n、a、ng

2.举例说明什么是音节，什么是声母，什么是韵母，什么是声调。

3.举例说明什么是音位。

4.什么是普通话？简述普通话的语音特点。

第二章 普通话声母

☞知识目标：准确说出普通话 21 个辅音声母的发音部位、发音方法。

☞能力目标：能够准确控制每一个声母的发音部位、发音方法，发好每一个声母。能够准确清晰地发好字词、语流中的声母，初步体会吐字归音对字头的要求，做到出字有力。能够辨析常见的声母发音错误，并分析其错误原因。

第一节 声母语音常识

在进行声母训练前，一定要认真学习与声母有关的语音知识，了解普通话每一个声母的发音部位、发音方法，以理论指导实践，才能取得更好的训练效果。

一、什么是声母

声母指音节开头的部分，一般由辅音构成。普通话中有 21 个辅音声母，即 b、p、m、f、d、t、n、l、g、k、h、j、q、x、zh、ch、sh、r、z、c、s。没有明显辅音声母开头的音节，称为零声母音节。

因为声母大多是由辅音构成的，所以学习声母的发音也就是学习构成声母的辅音的发音。辅音发音时，气流通过口腔或鼻腔时要受到阻碍，气流克服阻碍而发出声音。我们可以从发音部位和发音方法两个方面来研究声母的发音。

发音部位，就是发音时气流受到阻碍的部位。

发音方法，就是发音时气流克服阻碍发出声音的方法。

训练提示：请大家记住每组声母成阻的准确部位，如果你感觉你的发音部位与描述的不一样，在接下来的发音训练中就要考虑你为什么不一样。哪些差别是普通话语音系统允许的，哪些问题是一定要进行纠正的，找到发音问题的根源，才能更有效地提高普通话水平。

另外，准确掌握发音部位、发音方法，对吐字归音部分“出字”练习效果也是至关重要的。

二、声母的发音部位

普通话的声母按照发音部位分为以下 7 组(图 2-1)：

(1)双唇音，由上唇和下唇构成阻碍而形成的音，有 3 个，分别是：b、p、m。

(2)唇齿音，由下唇和上齿构成阻碍而形成的音，只有 1 个，即 f。

(3)舌尖中音，由舌尖和上齿龈构成阻碍而形成的音，有 4 个，分别是：d、t、n、l。

(4)舌根音，由舌面后和软腭硬腭交界处构成阻碍而形成的音，有 3 个，分别是：g、k、h。

(5)舌面音，由舌面前部和硬腭构成阻碍而形成的音，有 3 个，分别是：j、q、x。

(6)舌尖后音，舌尖翘起和硬腭前部构成阻碍而形成的音，有 4 个，分别是：zh、ch、sh、r。

(7)舌尖前音，由舌尖和齿背构成阻碍而形成的音，有 3 个，是：z、c、s。

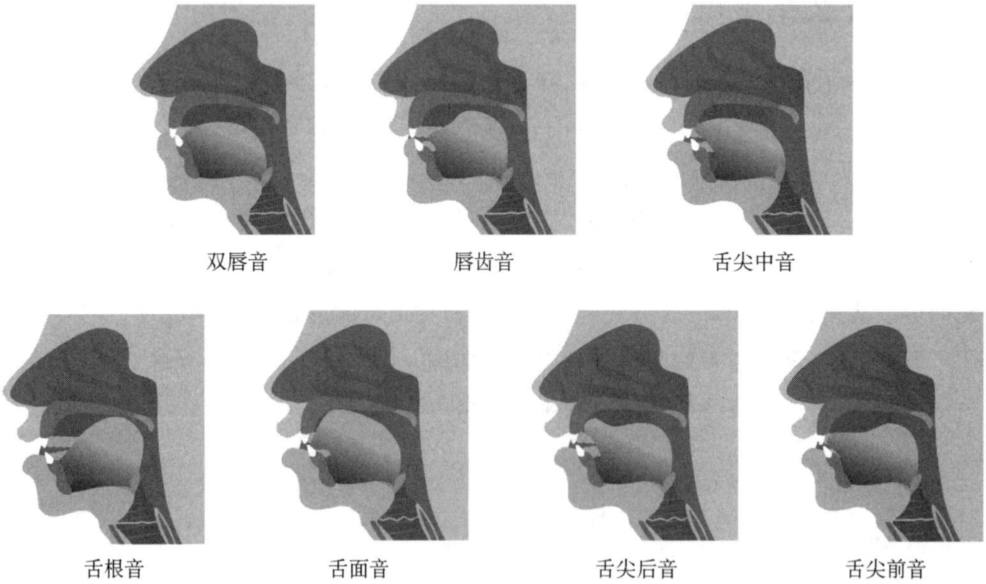

图 2-1 普通话声母发音部位

三、声母的发音方法

同一个部位，如果发音方法不同，我们就能够听到不同的声音。

（一）克服阻碍的方式

按照发音时气流克服阻碍的方式，普通话的声母分为五类：

塞音。构成阻碍的两个部位完全闭塞。软腭上升，堵塞通向鼻腔的通路；气流经过口腔时冲破阻碍，成阻部位突然打开，爆发成声。塞音有 6 个，分别是 b、p、d、t、g、k。

擦音。构成阻碍的两个部位接近但不接触，留下窄缝；软腭上升，堵塞通向鼻腔的通路；气流经过口腔时从窄缝摩擦而出成声。擦音有 6 个，分别是 f、h、x、sh、r、s。

塞擦音。构成阻碍的两个部位开始时完全闭塞，软腭上升，堵塞通向鼻腔的通路；气流经过口腔先把阻塞部位冲开一条窄缝，从窄缝中挤出，摩擦成声。先破裂，后摩擦，结合成一个音。塞擦音有 6 个，分别是 j、q、zh、ch、z、c。

鼻音。口腔里构成阻碍的两个部位完全闭塞；软腭下垂，打开通向鼻腔的通路；气流使声带振动，并从鼻腔通过。鼻音有两个，分别是 m 和 n。

边音。舌尖与齿龈相接构成阻碍，舌头两边留有空隙；软腭上升，堵塞通向鼻腔的通路；气流经过口腔，声带振动，气流从舌头的两边通过。边音只有 1 个，就是 l。

（二）气流的强弱

按照发音时呼出气流的强弱，普通话声母中的塞音和塞擦音分为两类，就是不送气音和送气音。

不送气音。发音时，冲破阻碍的气流较弱。普通话声母中有 6 个不送气音，分别是 b、d、g、j、zh、z。

送气音。发音时，冲破阻碍的气流较强。普通话声母中有 6 个送气音，分别是 p、t、k、q、ch、c。

（三）声带是否振动

按照发音时声带是否振动，普通话的声母分为两类，就是清音和浊音。

清音。气流呼出时，声门打开，声带不振动，发出的音不响亮。普通话辅音声母中清音有 17 个，分别是 b、p、f、d、t、g、k、h、j、q、x、zh、ch、sh、z、c、s。

浊音。气流呼出时，声带振动，发出的音比较响亮。普通话辅音声母中浊音有 4 个，分别是 m、n、l、r。

把声母的发音部位和发音方法结合起来，就可以说明普通话 21 个辅音声母是怎么发音的。

b[p]双唇、不送气、清、塞音。发音时双唇闭合,同时软腭上升,关闭鼻腔通路;气流到达双唇后蓄气;凭借积蓄在口腔中的气流突然冲开双唇成声,声带不振动。

八　罢　拜　报　辨别　标兵　颁布　褒贬

b的发音动图

p[p^h]双唇、送气、清、塞音。发音时成阻、持阻阶段与b基本相同,只是除阻时,从肺部呼出一股较强气流成声,声带不振动。

爬　派　炮　碰　批评　乒乓　匹配　瓢泼

p的发音动图

m[m]双唇、浊、鼻音。发音时双唇闭合,软腭下垂,打开鼻腔通路;声带振动,气流同时到达口腔和鼻腔,到口腔的双唇后受到阻碍,气流从鼻腔透出成声;除阻时,余气冲破双唇阻碍,声带振动。

妈　迈　冒　门　美满　面目　迷茫　麦苗

m的发音动图

f[f]唇齿、清、擦音。发音时下唇向上齿靠拢,形成间隙;软腭上升,关闭鼻腔通路;声带不振动,从齿唇形成的间隙摩擦通过成声。

发　飞　凤　粉　方法　反复　发奋　丰富

f的发音动图

d[t]舌尖中、不送气、清、塞音。发音时舌尖抵住上齿龈,形成阻塞;软腭上升,关闭鼻腔通路;声带不振动,气流到达口腔后蓄气,以较弱的气流突然解除阻塞成声。

搭　丹　代　到　地点　当代　等待　道德

d的发音动图

t[t^h]舌尖中、送气、清、塞音。发音时成阻、持阻阶段与d基本相同,只是在除阻阶段声门大开,从肺部呼出一股较强的气流成声,声带不振动。

他　太　套　推　团体　探讨　淘汰　妥帖

t的发音动图

n[n]舌尖中、浊、鼻音。发音时舌尖抵住上齿龈，形成阻塞；软腭下垂，打开鼻腔通路；声带振动，气流同时到达口腔和鼻腔，在口腔受到阻碍，气流从鼻腔透出成声；除阻时气流冲破舌尖的阻碍，声带振动。

拿　能　怒　年　牛奶　农奴　恼怒　男女

n 的发音动图

l[l]舌尖中、浊、边音。发音时舌尖抵住上齿龈的后部，阻碍气流在口腔中路的通道；软腭上升，关闭鼻腔通路，声带振动；气流到达口腔后，从舌头跟两颊内侧形成的空隙通过成声。

拉　来　罗　留　联络　劳力　轮流　履历

l 的发音动图

g[k]舌面后、不送气、清、塞音。发音时舌面后部隆起抵住软硬腭交界处，形成阻塞；软腭上升，关闭鼻腔通路；声带不振动，气流在形成阻塞的部位后积蓄；以较弱的气流突然解除阻塞而成声。

高　光　盖　告　骨干　国歌　光顾　灌溉

g 的发音动图

k[kʰ]舌面后、送气、清、塞音。发音时成阻、除阻阶段与 g 基本相同，只是除阻阶段声门大开，从肺部呼出一股较强气流成声，声带不振动。

开　孔　宽　坤　刻苦　苛刻　空旷　开垦

k 的发音动图

h[x]舌面后、清、擦音。发音时舌面后部隆起，接近硬腭和软腭的交界处，形成间隙；软腭上升，关闭鼻腔通路，气流从形成的间隙摩擦通过成声，声带不振动。

哈　浩　海　缓　辉煌　航海　花卉　谎话

h 的发音动图

j[tɕ]舌面前、不送气、清、塞擦音。发音时，舌尖抵住下齿背，使前舌面贴紧前硬腭；软腭上升，关闭鼻腔通路。在阻塞的部位后面积蓄气流，突然解除阻塞时，在原形成闭塞的部位之间冲开适度的间隙，以较弱的气流从间隙透出成声，声带不振动。

家　蒋　街　件　积极　经济　坚决　讲解

j 的发音动图

q[tɕ^h]舌面前、送气、清、塞擦音。成阻阶段与 j 基本相同。与 j 不同的是，在除阻阶段，当前舌面与前软腭分离并形成适度间隙的时候，声门开启，同时伴有一股较强的气流成声，声带不振动。

七　恰　窃　欠　请求　齐全　确切　缺勤

q 的发音动图

x[ɕ]舌面前、清、擦音。发音时舌尖轻轻抵住下齿背，前舌面接近硬腭前部，形成适度的间隙；软腭上升，堵塞鼻腔通路，声带不振动，气流从空隙摩擦通过成声。

下　歇　县　许　学习　虚心　现象　选修

x 的发音动图

zh[tʂ]舌尖后、不送气、清、塞擦音。发音时舌尖上翘，舌尖抵住硬腭前端，同时软腭上升，关闭鼻腔通路；在形成阻塞的部位后积蓄气流，突然解除阻塞时，以较弱的气流在原形成闭塞的部位之间冲开一道间隙，气流从间隙透出成声，声带不振动。

渣　照　撞　支　主张　政治　战争　真正

zh 的发音动图

ch[tʂ^h]舌尖后、送气、清、塞擦音。成阻阶段与 zh 基本相同。与 zh 不同的是，在突然解除阻塞时，伴有一股较强的气流成声，声带不振动。

茶　拆　床　陈　出产　查抄　驰骋　戳穿

ch 的发音动图

sh[ʂ]舌尖后、清、擦音。发音时舌尖上翘，接近硬腭前端，形成适度的间隙；同时软腭上升，关闭鼻腔通路；声带不振动，气流从间隙摩擦通过成声。

杀　赏　书　哨　声势　手术　设施　神圣

sh 的发音动图

r[ʐ]舌尖后、浊、擦音。发音时成阻、持阻阶段与 sh 基本相同。与 sh 不同的是，气流从间隙中摩擦通过成声，声带振动。

如　日　热　弱　柔软　仍然　荣辱　忍让

r 的发音动图

z[ts]舌尖前、不送气、清、塞擦音。发音时舌尖抵住齿背形成阻塞，在阻塞的部位后积蓄气流；同时软腭上升，关闭鼻腔通路；除阻时，以较弱的气流在原形成阻塞的部位之间冲开一道间隙，气流从间隙透出成声，声带不振动。

z 的发音动图

咨　　杂　　在　　组　　走卒　　栽赃　　自尊　　总则

c[ts^h]舌尖前、送气、清、塞擦音。成阻阶段与 z 基本相同。与 z 不同的是，在突然解除阻塞时，伴有一股较强的气流成声，声带不振动。

c 的发音动图

擦　　从　　菜　　错　　层次　　参差　　催促　　残存

s[s]舌尖前、清、擦音。发音时舌尖接近齿背，形成间隙，同时软腭上升，关闭鼻腔通路；声带不振动，气流从舌尖和上齿背的间隙摩擦通过成声。

s 的发音动图

撒　　三　　思　　诵　　琐碎　　松散　　洒扫　　诉讼

普通话声母发音部位和发音方法见表 2-1。

表 2-1　普通话声母发音部位和发音方法

发音部位＼声母＼发音方法		塞音		塞擦音		擦音		鼻音	边音
		清音		清音		清音	浊音	浊音	浊音
		不送气	送气	不送气	送气				
双唇音	上唇 下唇	b[p]	p[p^h]					m[m]	
唇齿音	上齿 下唇					f[f]			
舌尖前音	舌尖 齿背			z[ts]	c[ts^h]	s[s]			
舌尖中音	舌尖 上齿龈	d[t]	t[t^h]					n[n]	l[l]
舌尖后音	舌尖 硬腭前			zh[ʈʂ]	ch[$ʈʂ^h$]	sh[ʂ]	r[ʐ]		
舌面音	舌面前 硬腭前			j[tɕ]	q[$tɕ^h$]	x[ɕ]			
舌根音	舌根 软腭	g[k]	k[k^h]			h[x]			

四、零声母的发音

除了以上的 21 个辅音声母外，普通话还有一些音节不用辅音声母开头，例如 ān（安）、ēn（恩）、áo（敖）、ōu（欧）、áng（昂）等。这样的音节开头没有常见的辅音声母，语言学家从语音的系统性考虑，认为这些音节的开头是空位，统称为“零声母”。在《汉语拼音方案》中，y 和 w 是零声母的标记，它们的作用主要是在使用汉语拼音拼写的时候使音节界限清楚。例如，yī（衣）、yū（迂）、yān（烟）、yuān（冤）、wāng（汪）、wēng（翁）、yōng（雍）等。

零声母音节不等于没有声母。在方言研究中，零声母用[∅]来表示。有了“零声母”这个概念，我们就可以说普通话里所有的音节都有声母，都可以分为声母和韵母两部分。

而在实验语音学中，从实际发音动作来说，零声母音节开头不仅仅是空位，在相应发音部位也是有不易察觉或者记录的辅音发音动作出现的。我们在训练零声母发音时，要找到这些不易察觉的动作，让零声母音节发得更清晰，界限更清楚。

我们可以将零声母音节分为以下四类：

(一)开口呼零声母

开口呼零声母音节就是以 a、o、e 开头的音节。《汉语拼音方案》并没有规定这类音节前要使用拼音字母，但其实这类零声母开头的时候还是有辅音形式出现的。开口呼零声母有两种起始方式：一种是以喉塞音[ʔ]，即声门紧闭，发音时突然打开成音；另一种是以软腭通音或者舌面后浊擦音[ɣ]开始。

暗暗　皑皑　昂昂　傲岸　恩爱　偶尔　俄尔　尔耳　谔谔

(二)齐齿呼零声母

齐齿呼零声母音节就是元音 i 开头的音节。《汉语拼音方案》规定，这类音节前以隔音字母 y 开头；实际发音为带有轻微摩擦的半元音[j]。

演绎　医药　意义　养颜　摇曳　一样　夜莺　引言　应验

(三)合口呼零声母

合口呼零声母音节就是以元音 u 开头的音节。《汉语拼音方案》规定，这类音节前以隔音字母 w 开头，实际发音带有轻微摩擦，是双唇的半元音[w]，注意不是唇齿浊擦音[v]。

罔闻　玩味　忘我　威望　威武　无畏　文物　慰问　外围

(四)撮口呼零声母

撮口呼零声母音节就是以 ü 打头的音节。《汉语拼音方案》规定，这类音节前也使用字母 y 开头，实际发音带轻微摩擦，是半元音[ɥ]。

运用　孕育　踊跃　永远　用于　渊源　勇于　粤语　越狱

训练提示：汉语音节与音节之间有着清晰的界限，字与字、词与词之间很少发生连读。为防止零声母音节与前一个音节韵尾拼合连读，比如“西安”不能读成“先”，“欢迎”不能读成“欢宁”，我们特别强调零声母音节起始时的实际读音。在传统吐字归音理论实践中，零声母音节也一样有字头，讲究字头辅音动作的处理，就是要清晰地把零声母音节起始音发好。

吐字归音理论对零声母音节的出字也是有专项训练的。吐字归音理论认为零声母音节在发音动作上是有明确的成阻部位的，这样零声母音节吐字也能形成“枣核形”。掌握不好零声母音节出字技巧，很容易造成吃字现象以及咬字过拙等问题。比如把“西安”说成“先”，把“中央电视台”说成“庄垫儿台”。所以，一定要跟着老师学好零声母的发音。

五、声母辩正

方言语音系统和普通话语音系统同中有异、异中有同，学习普通话的时候，方言区的人容易出现发音问题。在辩正方音的时候，我们应该特别注意方音与普通话在声母、韵母和声调上的对应关系。

下面就普通话声母系统的特点，举例说明方言区的人学习普通话声母应该注意的地方，并介绍一些辨别的方法。

（一）分辨舌尖后音、舌尖前音和舌面音

在汉语语音演变过程中，舌尖后音、舌尖前音和舌面音这三组声母在不同方言中的演变结果存在不同之处，因此在学习普通话的时候，不同方言区的人练习这三组声母时经常会出现不同问题，如平翘不分问题、尖音问题等。

1.平翘不分是怎么回事？

普通话的声母中有舌尖后音 zh、ch、sh（翘舌音）和舌尖前音 z、c、s（平舌音），而很多方言区要么没有舌尖后音，要么舌尖后音与普通话字音归类不一致，这成为许多方言区的人学习普通话的难点，我们把混淆这两组声母的情况叫作“平翘不分”。掌握好这两大类音的发音部位的区别，是学好普通话的一个关键。比较下列各对词语：

师长（shīzhǎng）—司长（sīzhǎng）　诗人（shīrén）—私人（sīrén）

主力（zhǔlì）—阻力（zǔlì）　木柴（mùchái）— 木材（mùcái）

训练提示:下面介绍一些分辨这三组音的小技巧。

第一,利用形声字偏旁类推。例如“獐”字,左边的“犭”表示与兽类有关,是形旁;右边的“章”表示读音,是声旁。由“章”这个声旁构成的汉字有漳、彰、嫜、璋、樟、蟑等。我们可以利用形声字的这一特点来辨别并记忆属于同一声母或同一韵母的字。

第二,利用普通话声韵配合规律来分辨。例如 ua、uai、uang 这三个韵母只跟舌尖后音 zh、ch、sh 相拼,不跟舌前音 z、c、s 相拼。又如 ong 这个韵母,可以跟 s 相拼,不能同 sh 相拼。所以,“抓、拽、庄”等字的声母肯定是舌尖后音,而不是舌尖前音。“松、耸、送”等字的声母只能是 s,不能是 sh。

第三,记少不记多。普通话中 zh、ch、sh 声母字大大多于 z、c、s 声母字,我们可只记 z、c、s 声母字,这样 zh、ch、sh 声母字也就记住了。例如,以 a、e、ou、en、eng、ang 为韵母的字里,舌尖前音很少,舌尖后音字较多。例如 ca 只有“擦、嚓、礤”几个字,而 cha 则有“叉、茶、插、诧”等 40 多个字;再如 zen 只有“怎、谮”两个字,而 zhen 却有“真、珍、镇”等 40 多个字;又如 sen 只有一个汉字“森”,而 shen 却有“身、神、审、甚”等 40 多个字。这样做可以起到事半功倍的效果。

2.尖音是什么情况?

简单来说,普通话声母 z、c、s 不与舌面元音 i、ü 开头的韵母相拼,但在一些方言中则可以相拼,例如郑州、洛阳以及苏州、广州等地,将“jü”念成“zü [tsy]”,将“qiu”念成“ciu [ts^hiou]”。我们把声母 z、c、s 跟舌面元音 i、ü 或 i、ü 开头的韵母相拼叫尖音(注意汉语拼音 zi、ci、si 后面的字母 i,记录的是舌尖元音[ɿ],不是舌面元音[i])。

延伸阅读

从汉语语音史上看,普通话的 j、q、x 声母,是古代汉语音韵系统里的“精清从心邪”组和“见溪群晓匣”两组声母经历了“舌面化”的演变后合流而来的。简单来说,在北方诸多方言中(普通话),齐齿呼、撮口呼音节的 z、c、s(尖音) 和 g、k、h (团音)这两个系列的声母发音位置舌面化,合流为现在的 j、q、x,也就是通常所说的“不分尖团”。

问题的复杂之处在于,现代汉语方言(例如粤语、吴语和中原官话部分方言等)还有很多保留了尖团对立。比如在普通话中,“酒—九”“清—轻”“修—休”每组内是同音字,声母是 j、q、x,而用分尖团的方言读起来,“九、轻、休”的声母是 j、q、x(或者 g、k、h),“酒、清、修”的声母是 z、c、s,所以,有尖音的方言区的人要注意在说普通话时把尖音改过来。

训练提示:注意下列每组字的前一字,在普通话中不要读成尖音:

精一经　际一计　焦一交　节一洁　酒一九　津一今

清一轻　齐一其　齐一旗　秋一丘

全一拳　笑一孝　洗一喜　修一休

出现尖音的原因,也可能是受社会变体的影响,比如北京话的“女国音”;还可能是受语言接触的影响。正是原因复杂,所以我们在教学中发现,不仅方言中的“尖音”会被发成尖音,现在很多人讲普通话的时候,方言中的团音也被发成了尖音。

普通话声母 z、c、s 不能和 i、ü 或以 i、ü 开头的韵母相拼,而 j、q、x 只能跟 i、ü 或以 i、ü 开头的韵母相拼,像“家、恰、瞎、捐、圈、轩”一类字的声母,一定是舌面音。方言区的人,遇到自己方言语音中 z、c、s 同 i、ü 或 i、ü 开头的韵母相拼时,一律改为 j、q、x,就和普通话一致了。

(二)分辨鼻音和边音

水牛(shuǐniú)—水流(shuǐliú)　浓重(nóngzhòng)—隆重(lóngzhòng)

脑子(nǎozi)—老子(lǎozi)　鲇鱼(niányú)—鲢鱼(liányú)

训练提示:怎样分辨 n、l 声母的字呢?

第一,利用形声字偏旁类推。

第二,记少不记多。在汉字中,n 声母字比 l 声母字少得多。有的韵母,如 un,不与 n 声母相拼;有的韵母,如 ü、ei、u、ou、uan、ang、iang、in 等,很少与 n 声母相拼,而常与 l 声母相拼。只要记住 n 声母的字,l 声母的字也就记住了。

(三)分辨唇齿音和舌根音

公费(gōngfèi)—工会(gōnghuì)　仿佛(fǎngfú)—恍惚(huǎnghū)

废话(fèihuà)—会话(huìhuà)　花生(huāshēng)—发生(fāshēng)

船夫(chuánfū)—传呼(chuánhū)　乏力(fálì)—(华丽 huálì)

分钱(fēnqián)—婚前(hūnqián)

训练提示:怎样分辨 h、f 声母的字呢?

第一,利用形声字偏旁类推。

第二,利用普通话声韵的配合规律辨别并记忆。例如:f 不跟 ai 相拼,方言中念 fai 的,普通话中都念 huai,如“怀、坏”等字。

f 与 o 相拼组成音节,只有相应的“佛”字。因此,方言中念 fo 的,普通话都念 huo,如“活、火、货”等字。

(四)注意普通话中的 r 声母

普通话中的舌尖后浊擦音 r 在一些方言里不存在,最常见的情形是把 r 读成零声母 y,也有的地区把 r 读成 l 或 n。比较下列各对词语:

日常(rìcháng)—异常(yìcháng)　　如今(rújīn)—于今(yújīn)

呢绒(níróng)—尼龙(nílóng)　　软和(ruǎnhuo)—暖和(nuǎnhuo)

第二节　声母训练与吐字归音

在进行声母发音训练之前,有必要了解一下吐字归音。

吐字归音,根据汉语语音特点,将一个音节的发音过程分为“出字”“立字”“归音”三个阶段。我们通过对每一阶段的精心控制,使吐字达到清晰有力、珠圆玉润的效果。吐字归音作为一种发音方法,已从戏曲艺术逐步渗透到歌唱、话剧等艺术语言表达实践中。

吐字归音的要求是:出字要叼住弹出,立字要拉开立起,归音要到位弱收。如表 2-2 所示。

表 2-2　吐字归音与音节结构对应关系表

音节结构	声母	韵母		
		韵头	韵腹	韵尾
吐字过程	字头		字腹	字尾
例字“电”	di		a	n
发音动作处理	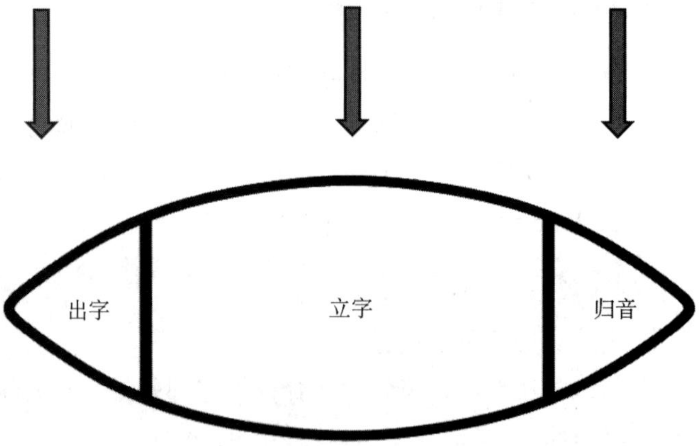			
审美要求	力度		亮度	完整度

其中“出字”这个阶段，和声母发音训练密切相关。

出字，是指头（声母）和颈（介音，也叫韵头）的发音过程，即“咬字”阶段。

吐字归音理论强调字头要叼住，对字头叼住的位置很是讲究，这个位置就是普通话声母的发音部位，例如舌尖中阻声母 d、t、n、l，生活中有人是舌尖抵住上齿背，有人是舌尖抵在硬腭前，听起来也相差不大。而普通话常用的位置是舌尖抵住上齿龈，这也是容易加大弹发力度的位置。对一般人而言没有必要分那么清楚，因为位置上的一点差别没有区别意义的作用，但对播音员、主持人来讲，找到准确的发音部位，对提高声音的清晰度和力度、提高语音的美感非常重要。

训练提示：出字讲究干净利落、弹发有力。注意，字头不仅指声母发音，也包含了声母和韵头的发音动作。如“电（diàn）”，d 是声母，i 是韵头，声母 d 的舌尖动作和韵头 i 的口形迅速组合成一个动作，同时发出，吐字归音理论称之为“字头”。而发“段 duàn”字的时候，声母 d 的舌尖动作和韵头 u 的圆唇口形组合成一个动作，同时发出，整个字头的发音应具有一定的弹射力，这是整个音节是否有“力度”的关键。字头的处理，是汉语语流中是否字字清晰，并且有一定“亮度”的关键。

声母训练将在下节结合字词、绕口令训练展开。

除了练好字头外，吐字归音过程的立字、归音也很重要，对于吐字归音理论系统全面的讲解，我们将在第二部分中的“口腔控制”一章完成。

第三节　声母发音规范性训练——字词训练

普通话辅音声母按照发音部位分为双唇音、唇齿音、舌尖中音、舌根音、舌面音、舌尖后音、舌尖前音七组。下面以发音部位为序，训练 21 个辅音声母的发音。

在普通话水平测试中，常见的声母系统性错误主要有平翘不分（z、c、s 与 zh、ch、sh 混淆）、尖音问题（j、q、x 与 z、c、s 混淆）、n 和 l 不分、h 和 f 不分、r 和 l 不分等。

常见的声母语音缺陷则更多，例如：

（1）舌尖后音 zh、ch、sh 的发音部位过于靠前，舌尖接触或接近上齿龈。

（2）唇齿清擦音 f 上齿与下唇成阻过于用力，接近塞擦音。

（3）舌面后擦音发音部位靠后，发作喉门擦音。

（4）舌面前音发音部位明显靠前，但还未纯粹读成舌尖前音，实际音色接近舌叶音。

（5）把舌尖前音读成齿间音。

（6）把韵母 uo、u 的零声母读成唇齿浊擦音。

（7）把重读音节中的不送气清塞音、清塞擦音读成不送气的浊塞音、塞擦音。

(8)齐齿呼前面的声母 t 带腭化色彩。

(9)发舌尖后音时,舌尖过于后卷,产生大舌头色彩。

针对上述常见的普通话声母系统错误和缺陷,我们一定要认真辨别,并有针对性地加以训练,唇舌要到位,耳朵要能听出来,做到每组声母发音部位准确、规范,把普通话基本功打扎实。

一、双唇音 b、p、m

成阻部位:上唇和下唇。

发音方法:b、p 体会除阻时上下唇突然打开气流爆破的感觉,注意体会送气音 p 和不送气音 b 的气流强弱的差别;练习 m 时,注意体会气流通过鼻腔,声带振动后除阻的感觉。

训练时,注意字头的力度,力量集中在双唇中间三分之一处。

碧波 bìbō	壁报 bìbào	奔波 bēnbō	冰雹 bīngbáo
报表 bàobiǎo	褒贬 bāobiǎn	辨别 biànbié	标本 biāoběn
批评 pīpíng	乒乓 pīngpāng	偏旁 piānpáng	拼盘 pīnpán
排炮 páipào	澎湃 péngpài	瓢泼 piáopō	评判 píngpàn
面貌 miànmào	美满 měimǎn	麦苗 màimiáo	麻木 mámù
盲目 mángmù	描摹 miáomó	弥漫 mímàn	明媚 míngmèi

二、唇齿音 f

成阻部位:上门齿和下唇内缘。

发音方法:上齿和下唇靠近但没有完全闭塞,气流摩擦成声,声带不振动。

字词训练时,注意保持 f 的擦音特征,不要片面追求咬字,导致上齿与下唇发生真正接触,从而发成塞音,造成咬字过拙。

反复 fǎnfù	仿佛 fǎngfú	发奋 fāfèn	方法 fāngfǎ
丰富 fēngfù	芬芳 fēnfāng	非凡 fēifán	付费 fùfèi

三、舌尖中音 d、t、n、l

成阻部位:舌尖和上齿龈。

发音方法:练习 d、t 时,注意体会不送气音和送气音的区别,体会舌尖与上齿龈突然打开,解除阻塞,气流爆破送出的感觉;注意舌尖不要过于靠前,抵住上齿背,或者过于靠后与硬腭成阻;注意声母 t 与 i 打头的韵母相拼的音节,不要让舌面带有腭化色彩。

练习时尽量保持舌尖的感觉,注意舌尖力量的运用。

调动 diàodòng	达到 dádào	地点 dìdiǎn	电灯 diàndēng

断定 duàndìng	抖动 dǒudòng	道德 dàodé	等待 děngdài
谈天 tántiān	团体 tuántǐ	探讨 tàntǎo	吞吐 tūntǔ
贪图 tāntú	厅堂 tīngtáng	跳台 tiàotái	梯田 tītián

发 n 声母时，舌尖抵住上齿龈，注意体会气流通过鼻腔，声带振动后除阻的感觉。

一定注意：练习 n 声母和高元音 i、ü 相拼的音节时，不要过多抬升舌面，避免将之发成舌面音变体[ȵ]，注意保持舌尖成阻的动作。

发 l 声母时，舌尖抵住上齿龈，注意体会气流通过舌尖两边，声带振动后除阻的感觉。

n、l 的不同是发音方法的不同。

恼怒 nǎonù	农奴 nóngnú	牛奶 niúnǎi	能耐 néngnai
泥泞 nínìng	南宁 nánníng	男女 nánnǚ	袅娜 niǎonuó
劳力 láolì	罗列 luóliè	理论 lǐlùn	流利 liúlì
磊落 lěiluò	嘹亮 liáoliàng	履历 lǚlì	玲珑 línglóng

四、舌根音 g、k、h

成阻部位：舌面后部与软硬腭交界处成阻。

发音方法：练习 g、k 时，注意体会不送气音和送气音的区别，注意体会成阻部位舌面后部与软硬腭交界处闭塞后，解除阻塞，气流爆破送出的感觉。注意发音部位不要过于靠后到软腭的位置。发 h 时，舌面后部与软硬腭交界处接近但没有完全闭塞，气流摩擦成声，注意舌位比英语中的 h 舌位靠前。

发这组音的时候注意咬字部位不要过于靠后，体会舌面中纵线力量的运用，感受气流通过上腭中纵线的感觉。

改革 gǎigé	巩固 gǒnggù	灌溉 guàngài	瓜葛 guāgé
桂冠 guìguān	故宫 gùgōng	国歌 guógē	高管 gāoguǎn
刻苦 kèkǔ	坎坷 kǎnkě	宽阔 kuānkuò	空旷 kōngkuàng
可靠 kěkào	慷慨 kāngkǎi	开垦 kāikěn	夸口 kuākǒu
航海 hánghǎi	黄河 huánghé	荷花 héhuā	洪湖 hónghú
欢呼 huānhū	辉煌 huīhuáng	绘画 huìhuà	浑厚 húnhòu

五、舌面音 j、q、x

成阻部位：舌面前部与硬腭前成阻。

发音方法：练习 j、q 时，注意体会不送气音和送气音的区别，注意体会成阻部位舌面前部与硬腭前部闭塞后，解除阻塞时不是突然打开，而是打开一个缝隙，气流摩擦成声。

注意发音部位不要过于靠前，舌尖或者舌面不能碰到上齿背或者上齿龈，否则会与舌尖声母 z、c、s 混淆，发出尖音。有尖音的同学训练时舌尖抵住下齿背，舌尖和舌面前部立面与上齿背保持距离，不要发生接触。

注意体会舌面中纵线力量的运用。j、q、x虽然是舌面音，但是舌面中纵线与硬腭前接触时要有“点”的意识，加强舌面的力量，缩短发音摩擦的时间。注意气流通过上腭中纵线的感觉。

酒精 jiǔjīng	聚焦 jùjiāo	接济 jiējì	绝迹 juéjì
家居 jiājū	基金 jījīn	紧急 jǐnjí	交警 jiāojǐng
亲情 qīnqíng	齐全 qíquán	清漆 qīngqī	切切 qièqiè
氢气 qīngqì	崎岖 qíqū	蹊跷 qīqiao	群起 qúnqǐ
细小 xìxiǎo	相信 xiāngxìn	想象 xiǎngxiàng	心绪 xīnxù
学校 xuéxiào	下旬 xiàxún	显现 xiǎnxiàn	戏谑 xìxuè

六、舌尖后音 zh、ch、sh、r

成阻部位：舌尖翘起，与硬腭前成阻，因此这组声母也被称为翘舌音。

发音方法：练习声母 zh、ch 时，注意体会不送气音和送气音的区别，注意体会成阻部位舌尖与硬腭前部解除阻塞时不是突然打开，而是打开一个缝隙，气流摩擦成声。sh、r 两个声母都是舌尖后擦音，舌尖与前硬腭靠近但没有完全闭塞，气流摩擦成声。sh 发音时声带不振动，r 发音时声带振动，二者是普通话辅音声母中唯一一对清浊对立的声母。

注意舌尖不要太靠前，如果舌尖置于上齿背或者上齿龈的位置，会和舌尖前音 z、c、s 混淆；也不要太靠后，舌尖如果到硬腭的位置，感觉舌尖卷起，听觉上会有“大舌头”的感觉。

站长 zhànzhǎng	主张 zhǔzhāng	正直 zhèngzhí	庄重 zhuāngzhòng
壮志 zhuàngzhì	转折 zhuǎnzhé	支柱 zhīzhù	追逐 zhuīzhú
车床 chēchuáng	出产 chūchǎn	长城 chángchéng	驰骋 chíchěng
船厂 chuánchǎng	春潮 chūncháo	穿插 chuānchā	踌躇 chóuchú
赏识 shǎngshí	闪烁 shǎnshuò	事实 shìshí	手术 shǒushù
生疏 shēngshū	舒适 shūshì	神圣 shénshèng	少数 shǎoshù
仍然 réngrán	柔软 róuruǎn	荣辱 róngrǔ	忍让 rěnràng
如若 rúruò	闰日 rùnrì	仁人 rénrén	荏苒 rěnrǎn

七、舌尖前音 z、c、s

成阻部位：舌尖平伸与上齿背成阻，因此这组声母也被称为平舌音。

发音方法：声母 z、c 是塞擦音，注意保持最后一刻的擦音色彩，体会成阻部位舌尖与硬腭前部解除阻塞时不是突然打开，而是打开一个缝隙，气流摩擦成声，否则容易与同部位塞音声母 d、t 相混淆。

有很多人发音时舌尖没有抬起，而是在下齿背，用舌面前部与上齿背成阻，也是可以的。关键摩擦点在上齿背即可，尽可能靠近舌尖，不要太靠后。

自尊 zìzūn	走卒 zǒuzú	藏族 zàngzú	造作 zàozuò
在座 zàizuò	罪责 zuìzé	总则 zǒngzé	曾祖 zēngzǔ
层次 céngcì	参差 cēncī	催促 cuīcù	粗糙 cūcāo
猜测 cāicè	苍翠 cāngcuì	措辞 cuòcí	从此 cóngcǐ
思索 sīsuǒ	松散 sōngsǎn	琐碎 suǒsuì	瑟缩 sèsuō
洒扫 sǎsǎo	色素 sèsù	四散 sìsàn	诉讼 sùsòng

经过声母辩正的训练，我们第一要能够分辨出普通话声母常见的发音问题，也就是听得出来；第二要能够准确、规范地发好普通话每一个声母，也就是要说出来；第三要能够用正确的方法纠正别人声母发音中出现的问题，要会讲方法；第四要能够运用吐字归音技巧，感受汉语音节的韵律美，要把普通话字正腔圆的韵味传播出去。

第四节 声母发音综合性训练——绕口令训练

一、双唇阻绕口令

八百标兵奔北坡，炮兵并排北边跑，炮兵怕把标兵碰，标兵怕碰炮兵炮。(b、p)

吃葡萄不吐葡萄皮儿，不吃葡萄倒吐葡萄皮儿。(b、p)

白猫黑鼻子，黑猫白鼻子。黑猫的白鼻子，碰破了白猫的黑鼻子。白猫的黑鼻子破了，剥个秕谷皮儿补鼻子；黑猫的白鼻子不破，不必剥秕谷皮儿补鼻子。(b、p、m)

训练提示：在双唇声母的绕口令训练中，我们要注意体会气流在双唇中部爆破的力度和灵活度，保证每个音节的完整性的同时注意语流的流畅度。在训练过程中注意每个音节、每个词语表达的意义，让听者听清楚绕口令的内容。

大部分人发 b、p、m 这三个声母时，会唇部无力、咧嘴唇，这不仅影响了口腔开度，也会使力量分散，双唇的爆发力必然减弱，字音的清晰度也会下降。

此外，发声母 p 时，若气流太强，则会产生噪音，气流会扑话筒。声母 m 的发音力量不够，鼻音色彩就会拖延至后面的元音，字音显得闷暗。有人发音时喜欢双唇抿起，则会影响语句的流畅度。

生活中发这三个音时不用太讲究，但是朗诵中要求字音准确，清晰响亮，必须加强这三个音的力度，做到唇部收紧，接触有力，气流集中。平常可以通过双唇打响练习，来提高双唇的力度和灵活度。

二、舌尖中阻绕口令

调到敌岛打特盗，特盗太刁投短刀，挡推顶打短刀掉，踏盗得刀盗打到。(d、t)

白石塔，白石搭，白石搭白塔，白塔白石搭，搭好白石塔，白塔白又大。(d、t)

大兔子，大肚子，大肚子的大兔子，要咬大兔子的大肚子。(d、t)

谭家谭老汉，挑蛋到蛋摊，买了半担蛋；挑蛋到炭摊，买了半担炭，满担是蛋炭。老汉往家赶，回家炒蛋饭。进门跨门槛，脚下绊一绊，跌了谭老汉，破了半担蛋，翻了半担炭，脏了木门槛。老汉看一看，急得满头汗，连说怎么办，蛋炭完了蛋，怎吃蛋炒饭。(d、t)

训练提示：训练声母 d、t 的绕口令时，要保持舌尖在上齿龈位置弹发的感觉，体会气流在舌尖与上齿龈爆发弹出的力度和灵活度的统一。

在绕口令练习过程中，既要保证每个音节的完整性，同时也要注意语流的流畅度。此外，还要注意每个音节、每个词语表达的意义，让听者听清楚绕口令的内容，平常可以通过练习舌尖打响的动作来提高舌尖的力度。

门口有四辆四轮大马车，你爱拉哪两辆就拉哪两辆。小罗要拉前两辆，小梁不要后两辆。小梁偏要抢小罗的前两辆，小罗只好拉小梁的后两辆。(n、l)

新郎和新娘，柳林底下来乘凉。新娘问新郎：你是下湖去挖泥，还是下田去扶犁？新郎问新娘：你坐柳下把书念，还是下湖去采莲？新娘抿嘴乐：我采莲，你挖泥，我拉牛，你扶犁，挖完泥，采完莲，扶完犁，咱俩再来把书念。(n、l)

老龙恼怒闹老农，老农恼怒闹老龙。农怒龙恼农更怒，龙恼农怒龙怕农。(n、l)

训练提示：认真体会 n、l 的区别。发 l 时，气流在口腔通过；发 n 时，气流在鼻腔通过。注意力度和灵活度的统一。

在绕口令练习过程中保持舌尖动作，注意体会舌尖在上齿龈位置弹发的感觉。尤其是在发 n 时，一定要保持舌尖的力度与感觉，尽量不要让舌面与硬腭接触。平时说的“唇舌无力”的“舌无力”就是舌尖音发音无力，即成阻后，气流没有形成一定的压力，冲击成阻部位时，气流较弱，舌尖肌肉紧张不起来，因而除阻没力度，听起来整个音节甚至句子立不住，给人以说话懒散的感觉。

保证每个音节的完整性的同时注意语流的流畅度，在训练过程中注意每个音节、每个词语表达的意义，让听者听清楚绕口令的内容。

三、舌面阻绕口令

七巷一个漆匠，西巷一个锡匠，七巷漆匠偷了西巷锡匠的锡，西巷锡匠偷了七巷漆匠的漆。(j、q、x)

七加一，七减一，加完减完等于几？七加一，七减一，加完减完还是七。(j、q)

训练提示：j、q、x 绕口令练习容易出现“尖音”问题，要特别注意舌尖和舌面的控制。但也要防止有些人为了追求声音宽厚、有气势，特别是男生，把 j、q、x 这三个音发得太靠后。这样的发音会带动韵母也都靠后，使整个发音状态不正确，同时也容易产生喉音。发 j、q、x 时要注意舌面前部和硬腭前部接触或接近。

四、舌根阻绕口令

哥挎瓜筐过宽沟，赶快过沟看怪狗。光看怪狗瓜筐扣，瓜滚筐空哥怪狗。

训练提示：有些人认为这组声母名字是舌根音，为了追求声音宽厚、有气势，把这组三个声母发得太靠近舌根与软腭。这样的发音会带动韵母和其他声母都靠后，使整个发音状态不正确，也容易产生喉音，影响语流的流畅度。要注意这组声母实际没有靠后到舌根，而是在舌面后和硬腭与软腭交界处；同时注意字音要沿着上腭中纵线送出来，保证语流更加自然流畅。

五、平翘舌声母绕口令

隔着窗户撕字纸，一次撕下横字纸，一次撕下竖字纸，是字纸撕字纸，不是字纸，不要胡乱撕一地纸。(z、zh)

大车拉小车，小车拉小石头，石头掉下来，砸了小脚指头。(zh、ch、sh)

司机买雌鸡，仔细看雌鸡，四只小雌鸡，叽叽好欢喜，司机笑嘻嘻。(z、c、s、j、x)

山前有四十四棵涩柿子树，山后有四十四只石狮子。山前的四十四棵涩柿子树，涩死了山后的四十四只石狮子，山后的四十四只石狮子，咬死了山前的四十四棵涩柿子树。不知是山前的四十四棵涩柿子树，涩死了山后的四十四只石狮子，还是山后的四十四只石狮子，咬死了山前的四十四棵涩柿子树。(s、sh)

四是四，十是十，十四是十四，四十是四十。谁能说准四十、十四、四十四，谁来试一试。(s、sh)

训练提示:根据发音时舌头动作的特点,我们习惯把 z、c、s 组声母叫作平舌音,把 zh、ch、sh、r 组声母叫作翘舌音。很多方言中存在不区分平舌音和翘舌音的现象,我们要注意把握二者成阻部位的不同。

六、擦音 h、f 绕口令

华华有两朵黄花,红红有两朵红花。华华要红花,红红要黄花。华华送给红红一朵黄花,红红送给华华一朵红花。(h)

一堆粪,一堆灰,灰混粪,粪混灰。(h、f)

粉红墙上画凤凰,凤凰画在粉红墙。红凤凰,黄凤凰,粉红凤凰花凤凰。(h、f)

训练提示:认真体会 h 和 f 的区别。二者都是擦音,发 h 音时气流在舌面后与软硬腭交界处摩擦,发 f 音时气流在唇齿位置摩擦。

发 f 音时要注意上齿和下唇自然接触,不要上齿咬住下唇发音,因为这会造成成阻面积增大,力量分散。发 f 音时,要注意节制气流。

保证每个音节的完整性的同时注意语流的流畅度,在训练过程中注意每个音节、每个词语表达的意义,让听者听清楚绕口令的内容。

思考与练习

1.什么是声母? 辅音声母依据发音条件如何分类?

2.画出口腔发音器官图,标记相应的发音部位,牢记普通话声母的发音部位名称。

3.如果你的同学有平翘舌不分的情况,你该如何帮他纠正?

4.如果你的同学有 n、l 不分的情况,你该如何帮他纠正?

5.如果你的同学有尖音问题,你该如何帮他纠正?

6.如果你的同学有 h、f 不分的情况,你该如何帮他纠正?

第三章　普通话韵母

☞知识目标：全面了解普通话韵母系统，掌握普通话元音的发音原理，准确说出普通话每一个元音的发音条件，复述复韵母的舌位动程和鼻韵母的发音特点。

☞能力目标：能够准确发好每一个单韵母、复韵母、鼻韵母；能够准确清晰地发好字词、语流中的韵母，能够辨析常见的韵母发音错误，并指出错误原因。初步体会吐字归音对字腹的要求，做到主要元音圆润响亮。

第一节　韵母语音常识

在进行韵母发音训练前，一定要认真学习与韵母有关的语音常识，了解普通话每一个元音的发音条件和每一个韵母的发音过程。用理论指导实践，才能取得更好的训练效果。

一、什么是韵母

韵母指汉语音节结构中声母后面的部分。韵母内部情况比较复杂，它的主要组成成分是元音，也可以是元音和辅音的组合。普通话有 39 个韵母，其中 23 个由元音（单元音或复元音）充当，16 个由元音加鼻辅音韵尾构成。如表 3-1 所示。

表 3-1　普通话韵母表

韵母　按口形分 按结构分	开口呼	齐齿呼	合口呼	撮口呼	按口形分　韵母 按韵尾分
单韵母	-i [ɿ] -i[ʅ]	i[i]	u[u]	ü [y]	无韵尾韵母
	ɑ[A]				
	o[o]				
	e[ɤ]				
	ê[ɛ]				
	er[ər]				
复韵母		iɑ[iA]	uɑ[uA]		
			uo[uo]		
		ie[iɛ]	üe[yɛ]		
	ɑi[ai]		uɑi[uai]		元音韵尾韵母
	ei[ei]		uei[uei]		
	ɑo[ɑu]	iɑo[iɑu]			
	ou[ou]	iou[iou]			
鼻韵母	ɑn[an]	iɑn[iɛn]	uɑn[uan]	üɑn[yan]	鼻音韵尾韵母
	en[ən]	in[in]	uen[uən]	ün[yn]	
	ɑng[ɑŋ]	iɑnŋ[iɑŋ]	uɑnŋ[uɑŋ]		
	eng[əŋ]	ing[iŋ]	ueng[uəŋ]		
			ong[uŋ]	iong[yŋ]	

二、韵母的结构和分类

(一)韵母的结构

汉语传统音韵学把韵母分为韵头、韵腹和韵尾三个部分。

(1)韵头:韵腹前面的元音是韵头,又叫介音。在韵头位置只能出现 i、u、ü 三个高元音。

(2)韵腹:指韵母的主干,是这个韵母里口腔开合度和响度最大的元音。

(3)韵尾:韵腹后面的元音或辅音是韵尾。在韵尾的位置上可以出现元音,也可以出现鼻辅音。韵尾元音只限于高元音 i 和 u(o),普通话韵尾则限于两个鼻辅音 n 和 ng。

韵腹是韵母必不可少的核心和基础,最为重要。确定了韵腹以后,才能根据韵腹进一步确定韵头和韵尾。每个音节都有韵腹，但不一定都有韵头、韵尾。如表 3-2 所示。

表 3-2　普通话韵母结构表

韵母例字	韵　母			
	韵　头（限于高元音 i、u、ü）	韵（韵 身）		
		韵　腹（10 个单元音）	韵　尾（限于高元音 i、u 和鼻辅音 n、ng）	
鹅（é）		e		
爱（ài）		a	i	
我（wǒ）	u	o		
药（yào）	i	a	o(u)	
远（yuǎn）	ü	a		n
零（líng）		i		ng
学（xué）	ü	ê		
儿（ér）		er		
四（sì）		-i[ɿ]		
十（shí）		-i[ʅ]		
屋（wū）		u		
鱼（yú）		ü		

提示：1.《汉语拼音方案》规定 ao、iao 中的 o 实际音值是[u]，不标作 u 而标作 o 是为了字形清晰，避免手写体 u 和 n 相混。

2.《汉语拼音方案》规定韵头为 i、u、ü 的零声母音节，书写拼音时元音要改为 y、w，ü 上两点省略。遇到 i、u、ü 单独做韵腹的零声母音节，书写拼音时前面加上 y、w。

3.《汉语拼音方案》中字母 i 实际上是一个音位，用来书写 1 个舌面元音[i]和 2 个舌尖元音[ɿ][ʅ]。

(二)韵母的分类

根据韵母内部结构中音素的成分以及性质，我们通常把普通话韵母分成三大类。

(1)单韵母：由一个单元音构成的韵母叫单元音韵母，简称单韵母。

(2)复韵母：由两个或三个元音构成的韵母叫复元音韵母，简称复韵母。

(3)鼻韵母：由一个或两个元音和鼻辅音 n 或 ng 构成的韵母叫带鼻音韵母，简称鼻韵母。

根据韵母开头元音的发音口形的特点，普通话韵母可分为四类，俗称“四呼”。

(1)开口呼韵母：韵母不是 i、u、ü 或不以 i、u、ü 开头的韵母属于开口呼。

(2)齐齿呼韵母:韵母是 i 或以 i 开头的韵母属于齐齿呼。

(3)合口呼韵母:韵母是 u 或以 u 开头的韵母属于合口呼。

(4)撮口呼韵母:韵母是 ü 或以 ü 开头的韵母属于撮口呼。

“四呼”的分类对说明汉语语音的系统性有重要意义，有利于解释声母和韵母的组合关系、配合规律。因为声母在跟韵母配合成音节时是有一定选择性的,这种选择性主要取决于声母的发音部位以及韵母开头元音的特征。

此外,普通话韵母还可以按韵尾特征分为无韵尾韵母、元音韵尾韵母和鼻音韵尾韵母。

三、韵母的发音

(一)单韵母

单韵母的发音就是单元音的发音。发音时舌位、唇形以及开口度始终不变的元音叫单元音。普通话有 10 个单元音韵母,根据它们的发音特点可以分为三类:舌面元音 ɑ、o、e、ê、i、u、ü,舌尖元音-i(前)、-i(后),卷舌元音 er。后两类可统称为“特殊元音”。

单元音音色的不同主要是由不同的舌位、唇形决定的。

发元音时舌面隆起最高点叫舌位。发音时舌头可升降伸缩,舌位可前可后,口腔开合度可大可小,唇形可圆可展,从而造成发音共鸣器形状的不同,形成各种不同音色的元音。所以单元音的发音,可以从舌位的前后、舌位的高低(开口度大小)、唇形的圆展三个方面来分析。如图 3-1 所示。

我们把发音时舌位在口腔中上、下、前、后的四个极端位置用线连起来,形成一个四边形。如图 3-2 所示。

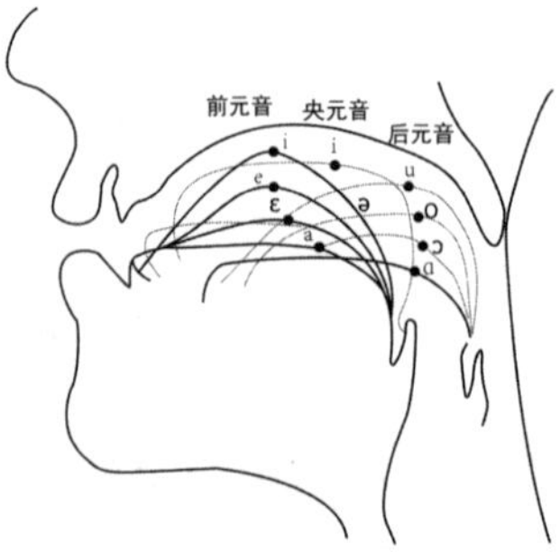

图 3-1 舌面元音舌位示意图

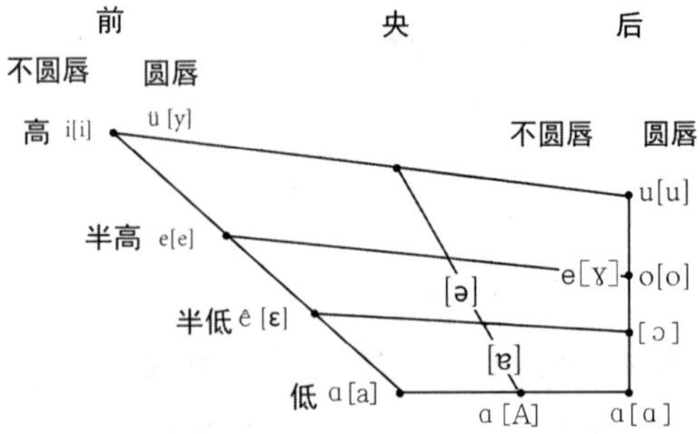

图 3-2 舌面元音舌位唇形图

图 3-2 中,横线表示舌位的高低,纵线表示舌位的前后,圆唇音标记在纵线后,不圆唇音标记在纵线前。人类发出的所有元音都可以用这个舌面元音舌位唇形图来找到相应的位置。

下面逐个介绍普通话 10 个单元音韵母的发音条件。

1.舌面元音：ɑ、o、e、ê、i、u、ü

ɑ[A]舌面、央、低、不圆唇元音。发音时口大开，舌尖微离下齿背，舌位低，舌面中部微微隆起和硬腭后部相对。例如“巴、擦、趴、发”里的 ɑ。

巴 擦 趴 发 旮 喀 哈 拉 扎 马 拿 他 挖 洒

ɑ 的发音动图

o [o] 舌面、后、半高、圆唇元音。发音时，口半闭，舌身后缩，舌面后部稍隆起和软腭相对，舌位半高，上下唇自然拢圆。例如“播、泼、摸、佛”里的 o。

播 泼 摸 佛 勃 婆 沫 叵 簸 磨 脖 伯 破 默

o 的发音动图

e [ɤ] 舌面、后、半高、不圆唇元音。发音时，口半闭，舌身后缩，舌面后部稍隆起和软腭相对，比元音 o 略高而偏前，双唇自然展开。例如“德、歌、车、则”里的 e。

德 歌 车 则 柯 喝 特 热 阁 辙 蛇 色 策 社

e 的发音动图

ê[ε] 舌面、前、半低、不圆唇元音。发音时，口半开，舌位半低，舌尖抵住下齿背，使舌面前部隆起和硬腭相对，唇形呈扁平状。例如“欸”里的 ê。

ê 的发音动图

i [i] 舌面、前、高、不圆唇元音。发音时，口微开，唇形呈扁平状，上下齿相对(齐齿)，舌尖接触下齿背，使舌面前部隆起和硬腭前部相对。例如“逼、皮、迷、帝”里的 i。

逼 皮 迷 帝 泥 力 积 漆 溪 衣 啼 黎 你 记

i 的发音动图

u [u] 舌面、后、高、圆唇元音。发音时，两唇拢圆，留一小孔；舌后缩，舌面后部隆起和软腭相对。例如“补、铺、图、鲁”里的 u。

补 铺 图 书 古 努 路 胡 竹 初 如 租 粗 苏

u 的发音动图

ü[y] 舌面、前、高、圆唇元音。发音时，发音状况与 i 基本相同，但两唇拢圆。例如“雨、吕、区、鱼”里的 ü。

雨 吕 区 鱼 举 曲 絮 域 驴 去 迂 旅 聚 豫

ü 的发音动图

2.卷舌元音韵母（特殊元音韵母）：er

er[ər]卷舌、央、中、不圆唇元音。发音时，口自然打开，舌位居中，舌前、中部上抬，舌尖向后卷，和硬腭前端相对，唇形不圆。例如“二、儿、耳”。

二 儿 耳 尔 珥

er 的发音动图

《汉语拼音方案》中 er 韵中的字母“r”不代表音素，只是表示卷舌动作的符号，所以 er 韵母虽用两个字母标写，仍是单元音韵母。

3.舌尖元音（特殊元音韵母）：-i（前）、-i（后）

-i（前）[ɿ] 舌尖前、高、不圆唇元音。发音时，口略开，展唇，舌尖隆起部位与上齿背相对，保持适当距离，气流经过时不发生摩擦。这个韵母在普通话里只出现在 z、c、s 声母的后面。例如“词、此、字、司”里的-i（前）。

-i(前)的发音动图

小学拼音教学时，-i（前）这个元音跟声母 z、c、s 一起整体认读。

词 此 字 司 兹 死 四 赐 籽 瓷 紫 肆 刺 私

-i（后）[ʅ] 舌尖后、高、不圆唇元音。发音时，口略开，展唇，舌尖上翘接近硬腭前部，保持适当距离，气流经过时不发生摩擦。这个韵母在普通话里只出现在 zh、ch、sh、r 声母的后面。例如“之、尺、使、日”里的-i（后）。

-i(后)的发音动图

小学拼音教学时，-i（后）这个元音跟声母 zh、ch、sh、r 一起整体认读。

之 尺 使 日 诗 职 痴 纸 蚀 掷 始 直 识 势

由于-i（后）、-i（前）这两个舌尖元音韵母只分别出现在舌尖前声母 z、c、s 和舌尖后声母 zh、ch、sh、r 的后面，并且它们不能单独自成音节，所以常在它们的前面添加一条短横线，分别记作“-i（前）、-i（后）”，表示前面一定要有声母，不能跟上述 7 个声母以外的声母组成音节。

延伸阅读

《汉语拼音方案》用一个字母 i 同时表示 i[i]、-i（前）、-i（后）三个元音，主要是由于在普通话里舌尖元音[ɿ][ʅ]与舌面元音[i]虽然都是高元音，但是出现条件不同，舌面元音[i]从不与 z、c、s、zh、ch、sh、r 组成音节，并且其可以自成音节；而舌尖元音[ɿ][ʅ]只出现在 z、c、s 和 zh、ch、sh、r 后。也就说，[i]和[ɿ][ʅ]形成互补关系。因此，《汉语拼音方案》使用一个拉丁字母 i 表示这 3 个元音时不会发生混淆。

注意，在一些方言中，z、c、s 声母是可以与舌面元音韵母[i]组合的，也就是有尖音。而普通话语音系统没有尖音，在学习普通话的时候一定要避免尖音现象。

(二)复韵母

复韵母是由复元音构成的韵母。复元音指发音时舌位、唇形都有变化的元音。普通话共有 13 个复韵母：ɑi、ei、ɑo、ou、iɑ、ie、uɑ、uo、üe、iɑo、iou、uɑi、uei。

1.复韵母的发音特点

单韵母发音时，舌位、唇形以及口腔的开闭，在整个发音过程中始终没有变化，而复韵母发音时，不管是舌位、唇形还是口腔开闭都是有变化的，所以用两个或三个元音符号表示首音、中音和尾音。

但是复韵母并不是几个单元音的简单相加，而是由一串元音音素复合而成的。它们发音的特点是从一个元音快速滑到另一个元音的过程中，舌位的高低前后、口腔的开闭、唇形的圆展，都是逐渐滑动的，不是跳动的，气流不中断，之间没有明显的界线，听起来是浑然一体的。复元音韵母可按其构成元音音素的多少分为二合元音韵母和三合元音韵母。

复韵母里各个成分的响度、强弱、长短是不同的，其中韵腹是复韵母的中心，也称主要元音，声音比较响亮、清晰，占的时间长一些。而韵腹前面的韵头发音轻且短，只表示复元音韵母发音的起点。韵尾则只表示复元音韵母滑动的最后方向，音值含混，不太固定。

训练提示：韵腹这个概念在这里很重要。在理论上有助于我们理解韵母的分类，在实践上可以帮助我们更好地把握韵母的主要成分，处理好发音动作。

2.复韵母的分类

根据韵腹位置的不同，复韵母可分为前响复韵母、后响复韵母和中响复韵母三类。

前响复韵母有 4 个：ɑi、ei、ɑo、ou。它们发音的共同特点是舌位由低向高滑动，开头的元音音素响亮清晰，收尾的音只表示舌位移动的方向，显得轻短模糊。

后响复韵母有 5 个：iɑ、ie、uɑ、uo、üe。它们发音的共同特点是前面的元音轻短，只表示舌位从那里开始移动，后面的元音响亮清晰。

中响复韵母有4个：iao、iou、uai、uei。它们发音的共同特点是舌位由高向低滑动，再从低向高滑动。开头的元音音素不响亮、较短促，中间的元音音素响亮清晰，收尾的元音音素轻短模糊。

前响、后响和中响的分类对分析、掌握复韵母的发音有重要作用。前响和后响复韵母都是二合元音，中响复韵母是三合元音。

训练提示：《汉语拼音方案》拼写规则中规定，三合复韵母 iou 和 uei 在前面有辅音声母的时候，拼写可以简化为 iu 和 ui。但我们在发音训练时一定要注意，拼写省略掉的正是口腔开度最大的韵腹 o 和 e。拼写规则可以省略，实际发音时韵腹的发音过程一定不能省略。

(三)鼻韵母

鼻韵母又叫带鼻音韵母或鼻音尾韵母。普通话共有16个鼻韵母：an、ian、uan、üan、en、in、uen、ün 和 ang、iang、uang、eng、ing、ueng、ong、iong。

1.鼻韵母的发音特点

鼻韵母由元音和鼻辅音韵尾构成。普通话鼻辅音韵尾有两个：n 和 ng。n 的发音方法前面已经谈到，辅音 ng[ŋ]是舌面后、浊、鼻音。发音时软腭下降，打开鼻腔通道，舌面后部后缩抵住软腭，气流振动声带后从鼻腔通过。ng 在普通话中不作声母，只作韵尾。

与复韵母一样，鼻韵母发音时舌位、口形有个逐渐移动的过程。元音同后面的鼻辅音不是生硬地拼合在一起，而是由元音状态向鼻辅音过渡，元音的鼻音色彩逐渐增加，最后发音部位闭塞，形成鼻辅音。鼻辅音韵尾发音时，除阻阶段不发音，即发“唯闭音”。韵尾 n 与声母 n 的不同就在于，n 做韵尾时除阻阶段不发音，做声母时必须除阻。

训练提示：元音鼻化阶段对于鼻韵母的音色形成非常重要，但是不要用鼻化元音代替鼻音韵尾，导致鼻韵母归音不到位。

2.鼻韵母的分类

按照鼻韵尾发音部位的不同，鼻韵母可以分为两组：以舌尖鼻辅音 n 作韵尾的是前鼻韵母，以舌根鼻辅音 ng 作韵尾的是后鼻韵母。

前鼻音：an、ian、uan、üan、en、in、uen、ün。

后鼻音：ang、iang、uang、eng、ing、ueng、ong、iong。

四、韵母辩正

方言区的人学习普通话韵母时要注意以下几个问题：

(一)分辨鼻韵尾 n 和 ng

在很多南方方言中有前后鼻音不分的情况，学习普通话要注意分辨前后鼻音，掌握科学的训练方法。

1.分辨发音部位

分辨前后鼻韵母，首先要发准 n 和 ng 两个鼻音。n 和 ng 的不同，关键在于形成阻碍的部位不同。发韵尾 n 时，舌尖轻轻抵住上齿龈，口形稍闭。发 ng 时舌根抵住软腭，口形微开，鼻中气息较重。鼻韵母发音时要把整个韵母发音完毕才能除阻，否则容易发成鼻化音。

2.记字音

掌握了正确发音部位和发音方法后，还要利用一些方法记住哪些字以 n 结尾，哪些字以 ng 结尾。既可记住常用字的普通话读音，还可以利用声韵拼合规律来记忆。

3.记少不记多

记少不记多可以起到事半功倍的效果。例如与 z 声母相拼的鼻韵母 en/eng，前鼻音 zen 只有两个字“怎、谮”，其余的都是后鼻音 zeng，如“曾、憎、增、赠、锃、甑”等。记住了“怎、谮”字是前鼻音，剩下的就是后鼻音的字了。

(二)分辨 o 和 e

在东北地区一些方言中，常见 o 和 e 不分的情况。区分 o 和 e 关键在于正确地控制嘴唇形状。o 是圆唇，e 是不圆唇。此外，还要注意哪些字的韵母是 o，哪些字的韵母是 e。可利用声韵拼合规律辨音记字。在普通话中，o 只能拼 b、p、m、f，不拼 g、k、h 等其他声母。

(三)分辨韵头 i、u、ü

普通话的复韵母和鼻韵母有许多是有韵头 i、u、ü 的，有些方言有相混的情况，例如河南有些方言常丢掉韵头，把“duì(对)”读成“dèi”。也有的方言混淆韵头，把“luàn(乱)”说成“lüàn”，把“lún(轮)”说成“lǘn”。这些方言区的人学习普通话可利用声韵拼合规律记字。

普通话里双唇音声母、唇齿音声母和 n、l 声母可以拼 ei，不可以拼 uei。d、t、n、l 不与 en 相拼，那么“蹲、吞、轮”等字的韵母一定是 uen。普通话舌尖前音声母只跟 uei 韵母拼合，不跟 ei 韵母拼合。掌握这些规律有助于防止韵头的丢失或混淆。

(四)注意古入声字在普通话中韵母的读法

有些古入声字的韵母在方言中的读法与普通话有所不同，方言区的人在遇到这些字时要注意分辨。例如在河南大部分方言中，把普通话一些字的 e 韵读作 ê 或 ai，例如，把“tè(特)”说成“tê̄”或“tāi”，“dé(德)”说成“dê̄”或“dāi”，“kè(客)”说成“kê̄”或“kāi”等。还有的把普通话的一些 iao 韵字读作“ü”韵，如把“xúe(学)”说成“xüó”，“yào(药)”说成“yüō”等，这些字大都是古入声字。

第二节　韵母训练与吐字归音

在进行韵母字词发音训练之前，需要再次强调一下吐字归音对于韵母的处理技巧。

中国传统说唱戏曲艺术提出吐字要做到“字正腔圆”，根据汉语语音特点，将一个音节的发音过程分为“出字”“立字”“归音”三个阶段。出字阶段主要训练声母和韵头的发音动作，保证力度和准确度，即达到“字正”，而“立字”“归音”两个阶段，就是对韵母发音过程的控制阶段，“立字”要拉开立起，声音有亮度，实现“腔圆”的境界，“归音”要弱收到位，实现音节的完整度和界限感。

“立字”是指对字腹的处理，即一个音节当中韵腹的发音过程和动作控制。

这里有几个交叉概念：字腹是吐字归音理论使用的术语；韵腹是讨论汉语音节结构的术语，指一个音节的韵母当中的主要元音；元音是语音学术语。在一个音节“立字”过程中，三个术语所指是相同的，都指向主要元音。

立字的过程实际上就是在一个音节里突出韵母中的主要元音的过程。元音又称乐音，主要元音发音时口腔开度最大，持续时间最长，同时泛音共鸣也最为丰满，听觉上最响亮。

吐字归音理论强调立字要“拉开立起”。在普通话语音训练过程中，我们要打开口腔，挺起软腭，放松下巴，根据每一个元音的发音条件，在音位允许的范围内，把主要元音调整到圆润、饱满、响亮的状态。

训练提示：我们首先进行单元音韵母 a、o、e、i、u、ü 以及相关字词的发音训练，配合气息，来感受“声挂硬腭”的感觉。在发音过程中，我们要体会对舌位的高低、前后，以及唇形圆展的控制，通过气息和声音路线的调整，感受字音在口腔共鸣过程中字腹“拉开”和“立起”的感觉。“拉开”可以理解为音节的发音时长，而“立起”可以理解为音节发音口腔空间的打开程度。注意“提打挺松”，可使元音在通过口腔时立起、饱满，让元音有一定的“亮度”。

出字准确，要找到“力度”；立字饱满，要找到“亮度”；归音到位，要控制好“完整度”。发好普通话韵母，寻找立字的感觉，练好立字过程，对于普通话语音发音质量至关重要。关于吐字归音理论系统的全面讲解，我们将放在第二部分——“口腔控制”一节中来完成。

第三节 发音规范性训练——字词训练

下面按照韵母内部结构中音素的成分以及性质的分类进行训练。

一、单韵母

单元音发音时,舌位、唇形以及开口度始终不变。

练习单元音时,注意气息支撑,音色统一,体会“声挂硬腭”的亮度感。

(一)ɑ

发达 fādá 大厦 dàshà 哪怕 nǎpà 打靶 dǎbǎ 腌臜 āzā 刹那 chànà

训练提示:注意三个 ɑ 的区别,单元音韵母 ɑ 是央 ɑ,复元音韵母 ɑi 中的 ɑ 是前 ɑ,鼻韵母 ɑng 中的 ɑ 是后 ɑ,前 ɑ 和后 ɑ 不单用,注意区分 ɑ 的发音位置。

(二)o

磨墨 mómò 磨破 mópò 薄膜 bómó 婆婆 pópo 默默 mòmò 勃勃 bóbó

训练提示:单元音 o 发音时舌位、唇形以及开口度始终不变,不能发成复元音 uo;另外要注意保持圆唇音色,不能发成展唇音。

(三)e

客车 kèchē 色泽 sèzé 隔阂 géhé 特色 tèsè 合格 hégé 割舍 gēshě

训练提示:单元音 e 是后元音,发音时舌尖离开下齿龈,但舌尖不要上翘,尤其是在跟声母 zh、ch、sh 拼合时,要保持舌面元音的色彩,不要舌尖翘起带有儿化音色彩。

(四)i

集体 jítǐ 激励 jīlì 地理 dìlǐ 比拟 bǐnǐ 气息 qìxī 意义 yìyì

训练提示:i 是高元音,但注意发音时舌位与硬腭不要摩擦发成半元音,舌面与硬腭尽量保持一定的空间,让气流把 i 音送出去。

(五)u

鼓舞 gǔwǔ　图书 túshū　服务 fúwù　补助 bǔzhù　祖父 zǔfù　儒术 rúshù

训练提示:u 是后、高、圆唇元音,不容易发响亮,注意发音时舌位与软腭尽量保持一定的空间,双唇拢圆时要留出一定的空间,让气流把 u 音沿硬腭送出去。

(六)ü

区域 qūyù　旅居 lǚjū　雨具 yǔjù　须臾 xūyú　序曲 xùqǔ　豫剧 yùjù

训练提示:ü 是圆唇音,但注意双唇突起不要过长。

(七)ê

欸 ē　欸 ế　欸 ě　欸 è

训练提示:ê 是前元音,舌位在硬腭前,不要太靠后,舌尖一定要抵住下齿背。ê 在普通话中除语气词"欸"外,单用的机会不多,常出现在复韵母 ie、üe 中。

(八)-i(前)

此次 cǐcì　自私 zìsī　孜孜 zīzī　四次 sìcì　恣肆 zìsì　字词 zìcí

训练提示:-i(前)与声母 z、c、s 是整体认读,当声母发音部位、发音方法形成后,舌尖离开上齿背,但保持指向上齿背的动作,拉开适当距离,声带持续振动,发出这个特殊的舌尖前高元音。

(九)-i(后)

支持 zhīchí　指示 zhǐshì　制止 zhìzhǐ　史诗 shǐshī　咫尺 zhǐchǐ　迟滞 chízhì

训练提示:-i(后)与声母 zh、ch、sh 是整体认读,当声母发音部位、发音方法形成后,舌尖离开硬腭前,但保持指向硬腭前的动作,拉开适当距离,声带持续振动,发出这个特殊的舌尖后高元音。

(十)er

而且 érqiě　儿歌 érgē　耳环 ěrhuán　珥海 ěrhǎi　尔后 ěrhòu　二胡 èrhú

训练提示：er 音节下汉字的读音有一些细微的差别，但不区别意义。发音训练时注意数词“二”的实际读音是[ar]，其余的字如“而、耳”等实际读音为[ər]，前者开口度较大，后者开口度略小。

二、复韵母

(一)前响复韵母

发音时舌位由低向高滑动，开头的元音音素响亮清晰，收尾的音只表示舌位移动的方向，显得轻短模糊。

1.ai

买卖 mǎimài　彩排 cǎipái　开采 kāicǎi　爱戴 àidài　海带 hǎidài

2.ei

肥美 féiměi　北非 běifēi　配备 pèibèi　卑微 bēiwei　美眉 měiméi

3.ao

报告 bàogào　草帽 cǎomào　牢靠 láokào　高傲 gāoào　凹槽 āocáo

4.ou —

凑手 còushǒu　口头 kǒutóu　兜售 dōushòu　漏斗 lòudǒu　叩首 kòushǒu

(二)后响复韵母

发音时舌位由高向低滑动，收尾的元音音素响亮清晰，在韵母中处于韵腹地位，而开头的元音发音不太响亮，且比较短促。

1.ia

假牙 jiǎyá　加价 jiājià　恰恰 qiàqià　压价 yājià　下牙 xiàyá　下嫁 xiàjià

2.ie

结业 jiéyè　贴切 tiēqiè　铁鞋 tiěxié　乜斜 miēxié　切切 qièqiè　结节 jiéjié

3.ua

画刷 huàshuā　花瓜 huāguā　画画 huàhuà　耍滑 shuǎhuá　花袜 huāwà

4.uo

懦弱 nuòruò　蹉跎 cuōtuó　脱落 tuōluò　硕果 shuòguǒ　着落 zhuóluò

5.üe

绝学 juéxué　月缺 yuèquē　雪月 xuěyuè　约略 yuēlüè　雀跃 quèyuè

(三)中响复韵母

发音时舌位先由高向低滑动，再从低向高滑动。开头的元音音素不响亮且较短促，中间的元音音素响亮清晰，收尾的元音音素轻短模糊。

1.iao

教条 jiàotiáo　娇小 jiāoxiǎo　逍遥 xiāoyáo　巧妙 qiǎomiào　窈窕 yǎotiǎo

2.iou

优秀 yōuxiù　牛油 níuyóu　悠久 yōujiǔ　久留 jiǔliú　旧友 jiùyǒu

3.uai

怀揣 huáichuāi　外快 wàikuài　外踝 wàihuái　乖乖 guāiguāi　摔坏 shuāihuài

4.uei

摧毁 cuīhuǐ　水位 shuǐwèi　归队 guīduì　推诿 tuīwěi　荟萃 huìcuì

三、鼻韵母

(一)前鼻音韵母

元音同后面的鼻辅音不是生硬地拼合在一起，而是由元音状态向鼻辅音过渡，鼻音色彩逐渐增加，最后舌尖与上齿龈完全闭塞，形成鼻辅音。鼻辅音韵尾发音时，除阻阶段不发音，即发“唯闭音”。韵尾 n 与声母 n 的不同就在于，做韵尾时除阻阶段不发音，做声母时必须除阻。注意归音到位，韵母结束时检查发音动作是否成阻到位，不要用鼻化音代替鼻音韵尾结尾。

1.an

展览 zhǎnlǎn　散漫 sǎnmàn　斑斓 bānlán　湛蓝 zhànlán　坦然 tǎnrán

2.en

根本 gēnběn　认真 rènzhēn　深沉 shēnchén　本分 běnfèn　人参 rénshēn

3.ian

电线 diànxiàn　连绵 liánmián　年限 niánxiàn　偏见 piānjiàn　天仙 tiānxiān

4.in

尽心 jìnxīn　民心 mínxīn　濒临 bīnlín　亲信 qīnxìn　殷勤 yīnqín

5.uan

专断 zhuānduàn　转弯 zhuǎnwān　贯穿 guànchuān　宛转 wǎnzhuǎn　传唤 chuánhuàn

6.uen

论文 lùnwén　昆仑 kūnlún　春笋 chūnsǔn　伦敦 lúndūn　谆谆 zhūnzhūn

7.uan

全权 quánquán　源泉 yuánquán　全院 quányuàn　轩辕 xuānyuán　涓涓 juānjuān

8.un

军训 jūnxùn　均匀 jūnyún　循循 xúnxún　逡巡 qūnxún　菌群 jūnqún

(二)后鼻音韵母

发音时软腭下降，打开鼻腔通道，舌面后部后缩抵住软腭，气流振动声带后从鼻腔通过。普通话中 ng 不做声母，只能做韵尾。注意感受软腭与舌根相接成阻的感觉，重点体会主要元音向鼻音过渡时的鼻化音状态。

1.ang

帮忙 bāngmáng　　党章 dǎngzhāng　　方糖 fāngtáng

商行 shāngháng　　行当 hángdàng　　沧桑 cāngsāng

2.eng

征程 zhēngchéng　　丰盛 fēngshèng　　更正 gēngzhèng

乘风 chéngfēng　　整风 zhěngfēng　　生成 shēngchéng

3.ong

冲动 chōngdòng　　从容 cóngróng　　工农 gōngnóng

隆冬 lóngdōng　　通融 tōngróng　　中共 zhōnggòng

4.iang

向阳 xiàngyáng　　亮相 liàngxiàng　　强将 qiángjiàng

洋相 yángxiàng　　响亮 xiǎngliàng　　想象 xiǎngxiàng

5.ing

叮咛 dīngníng　　姓名 xìngmíng　　评定 píngdìng

灵性 língxìng　　清静 qīngjìng　　影星 yǐngxīng

6.iong

汹涌 xiōngyǒng　　炯炯 jiǒngjiǒng　　熊熊 xióngxióng

汹汹 xiōngxiōng

7.uang

状况 zhuàngkuàng　　狂妄 kuángwàng　　矿床 kuàngchuáng

往往 wǎngwǎng　　双簧 shuānghuáng　　窗柜 chuāngguì

8.ueng

老翁 lǎowēng　　渔翁 yúwēng　　嗡嗡 wēngwēng

水瓮 shuǐwèng

第四节 韵母发音综合性训练——绕口令训练

一、含 a、ua、uo 的绕口令训练

一个胖娃娃，捉了三个大花活蛤蟆，
三个胖娃娃，捉了一个大花活蛤蟆。
捉了一个大花活蛤蟆的三个胖娃娃，
真不如捉了三个大花活蛤蟆的一个胖娃娃。

训练提示：舌面单元音 a 韵母发音时口大开，舌尖微离下齿背，舌位低，舌面中部微微隆起和硬腭后部相对。后响复韵母发音时舌位由高向低滑动，收尾的元音音素响亮清晰。

二、含 u、ü 的绕口令训练

芜湖徐如玉，出去屡次遇大雾。
曲阜苏愚卢，上路五回遇大雨。

训练提示：u 和 ü 都是舌面圆唇元音，u 舌位靠后，ü 舌位靠前。要体会双唇和舌的力度，发清楚每一个字音。注意圆唇音双唇动作不要过分前突，有圆唇音色即可。

三、含 i、ü 的绕口令训练

这天天下雨，
体育局穿绿雨衣的女小吕，
去找穿绿运动衣的女老李。
穿绿雨衣的女小吕，
没找到穿绿运动衣的女老李，
穿绿运动衣的女老李，
也没见着穿绿雨衣的女小吕。

训练提示：i 和 ü 发音状况比较相似，舌位基本一致，区别是发 i 时不圆唇，发 ü 时两唇拢圆且略向前突（注意发 ü 时不要过分前突），练习时 i、ü 要辨识清楚。

四、含 ie、üe 的绕口令训练

真绝，真绝，真叫绝，
皓月当空下大雪，
麻雀游泳不飞跃，
鹊巢鸠占鹊喜悦。

训练提示：注意韵母 üe 中韵头是 ü 不是 u，韵腹是前半低不圆唇元音 ê。归音时保持前元音舌尖抵住下齿背的动作，不要发得接近后半高元音 o 或者 e。

五、含 o、e 的绕口令练习

坡上立着一只鹅，坡下就是一条河。
宽宽的河，肥肥的鹅，
鹅要过河，河要渡鹅。
不知鹅过河，还是河渡鹅？

训练提示：o 是圆唇音，e 是不圆唇音，二者共同之处都是后半高元音。注意韵腹 e 音拉开立起，尽量饱满响亮。

六、含 ian、üan 的绕口令训练

山前有个阎圆眼，
山后有个眼圆阎，
二人山前来比眼，
不知是阎圆眼的眼圆，
还是眼圆阎的眼圆。

训练提示：前鼻音韵母发音时元音同后面的鼻辅音不是生硬地拼合在一起，而是由元音状态向鼻辅音过渡，鼻音色彩逐渐增加，最后发音部位闭塞，形成鼻辅音。辨读时注意韵腹韵尾一致，韵头不同，需要发清楚。

七、含 uei、uen 的绕口令训练

会炖我的炖冻豆腐，
来炖我的炖冻豆腐，
不会炖我的炖冻豆腐，
就别炖我的炖冻豆腐。
要是混充会炖我的炖冻豆腐，
炖坏了我的炖冻豆腐，
那就吃不成我的炖冻豆腐。

训练提示：注意 uei、uen 和声母拼写时省略了中间的韵腹 e，但是发音时一定要有韵腹。此绕口令每句都有“炖冻豆腐”，练习时要注意节奏感。

八、含 ing 的绕口令训练

蜻蜓青，青浮萍，
青萍上面停蜻蜓，
蜻蜓青萍分不清。
别把蜻蜓当青萍，
别把青萍当蜻蜓。

训练提示：分辨前后鼻韵母，首先要发准 n 和 ng 两个鼻音。n 和 ng 的不同，关键在于形成阻碍的部位不同。发韵尾 n 时，舌尖轻轻抵住上齿龈，口形稍闭。发 ng 时舌根顶住软腭，口形微开，鼻中气息较重。而且鼻韵母发音时要把整个韵母发音完毕才能除阻，否则容易发成鼻化音。

九、含 en、eng 的绕口令训练

老彭捧着一个盆，
路过老庞干活儿的棚，
老庞的棚碰了老彭的盆。
盆碰棚，棚碰盆，
棚倒盆碎棚砸盆，
盆碎棚倒盆撞棚。

老彭要赔老庞的棚，老庞要赔老彭的盆。

老庞陪着老彭去买盆，老彭陪着老庞来修棚。

训练提示：此绕口令旨在辨识清楚前后鼻韵母。韵母 en、eng 的交替出现，增加了练习的难度。练习时注意节奏感和韵律美。

附录

押韵和韵辙

押韵又叫压韵，是指在特定的文体里，在某些句子的一定位置上使用同韵的字。押韵的文体称韵文。诗歌是最常见的韵文。汉语中押韵的位置一般在句子的最后一个字，称为韵脚。诗句、唱词、民歌等韵文押韵以后，句与句之间有了语音上的回环往复，音调和谐悦耳，易诵易记，增强了语言的节奏感和音乐美。

一、韵与韵母

押韵的"韵"与"韵母"不完全相同。凡韵腹相同或相近的，且韵尾相同的，都属于同一个"韵"，可以不管韵头的部分。古代的时候，"韵"还包括声调的成分，同韵的字必须同声调。现代押韵一般不考虑声调和韵头，有时候也不要求韵腹、韵尾完全相同。在韵的归并上，相同或相近的韵母经常可以一起押韵，归为一个韵。例如：

刘大哥讲话理太偏，　(ian)
谁说女子享清闲？　(ian)
男子打仗在边关，　(uan)
女子纺织在家园；　(üan)
白天去种地，
夜晚来纺棉；　(ian)
不分昼夜辛勤把活干，　(an)
将士们才能有这吃和穿。(uan)

——豫剧《花木兰》

这段词中出现了 ian、uan、üan 和 an 4 个韵母。这 4 个韵母韵头虽不同，但主元音相同、韵尾相同，属于同一个韵。

二、十三辙与十八韵

为了便于押韵，诗人有所依据，就需要把同韵的字、可以相押的字归并在一起，于是就形成了一个一个的韵。宋代的《广韵》分为 206 韵，明清以来的白话讲唱文学将押韵称作“合辙”,并分为“十三辙”。现代人使用的“十八韵”则是根据黎锦熙等编的《中华新韵》。现代人作诗押韵一般根据北京语音系统归纳出来的韵部,按十三辙或十八韵押韵,而作旧体诗仍要根据古代的韵书来押韵。见表 3-3。

表 3-3 韵辙表

十三辙	十八韵	普通话韵母	例字
1.发花	1.麻	a、ia、ua	发、达,霞、家,画、瓜
2.坡梭	2.波	o、uo	坡、摸,多、国
	3.歌	e	俄、车
3.乜斜	4.皆	ê、ie、üe	欸,斜、野,月、缺
4.姑苏	10.模	u	图、书
5.一七	5.支	-i[ɿ]、-i[ʅ]	私、自,志、士
	7.齐	i	西、医
	6.儿	er	而、耳
	11.鱼	ü	雨、区
6.怀来	9.开	ai、uai	派、来,外、快
7.灰堆	8.微	ei、uei(ui)	飞、雷,推、回
8.遥条	13.豪	ao、iao	高、考,笑、料
9.油求	12.侯	ou、iou(iu)	口、头,流、油
10.言前	14.寒	an、ian、uan、üan	斑、斓,先、前,转、弯,圆、圈
11.人辰	15.痕	en、in、uen(un)、ün	根、深,金、银,温、顺,均、匀
12.江阳	16.唐	ang、iang、uang	方、刚,响、亮,狂、妄
13.中东	17.庚	eng、ing、ueng	风、筝,英、明,翁、瓮
	18.东	ong、iong	空、中,汹、涌

表中韵辙的名称,是从该韵辙所属的字中挑选出来的代表字。这些字只用作韵辙名称,并不包含其他意义。

思考与练习

1.什么是韵母？韵母如何分类？

2.画出舌面元音舌位图，在图中指出普通话常用的舌面单元音的位置，简述单元音的发音条件。

3.简述复韵母的发音特点，画出复韵母的舌位动程图。

4.简述鼻韵母的发音特点，说出前后鼻音的区别。

5.念普通话韵母表，横着、竖着各念几遍。分析自己在韵母学习中的难点，并找出解决办法。

第四章 普通话声调

☞知识目标：认识普通话声调的性质和特点，明确普通话的调值和调类，掌握普通话阴平、阳平、上声、去声的发音要领。

☞能力目标：通过声调训练，发准普通话阴平、阳平、上声、去声。

汉语是有声调的语言。声调是汉语音节结构中不可缺少的成分，声调贯穿整个音节。声母、韵母相同的音节可以靠声调的不同来区别意义。

第一节 声调语音常识

一、什么是声调

声调是指音节具有区别意义作用的音高变化。声调是依附在音节上的超音段成分，主要由音高构成。声调的主要作用是区别意义。如普通话“汤”“糖”“躺”“烫”，这四个字读起来音段结构相同，只因声调不同，所表达的意义也有所不同。

二、声调的性质和特点

声调的变化是由音高来决定的，而音高取决于发音体在一定时间里振动的次数。在发音过程中，人们可以控制声带这一发音体的松紧。声带越紧，单位时间内振动的次数就越多，声音的频率就越高，声调就越高；反之，声带越松，声音的频率就越低，声调也就越低。

声调是由“相对音高”决定的。声调的音高不要求音高频率的绝对值，但声调高低升降的形式则是固定的。比如，读“去”时，成年人和儿童都是从最高音 5 度降到最低音 1 度。尽管儿童的最低音绝对值可能高于成年人的最高音，但两者声调的高低升降变化形式和幅度，即调型，是大体相同的，大家认为是一个声调。所以说，声调的音高是相对音高。需要注意的是，声调的音高升降变化的方式是逐渐滑动的，中间没有停顿和跳跃。

三、普通话的调值和调类

调值指依附在音节里高低升降、曲直、长短的音高变化的固定格式，也就是声调的实际音值或读法。

调类即声调的种类，是按照声调的实际读音归纳出来的类别，调值相同的归为一个调类。

普通话有 4 个基本调值，归纳出 4 个调类。如“春、天、花、开”这些音节调值同为 55，归为一类，称为阴平；“儿、童、文、学”的调值为 35，归为一类，称为阳平；“永、远、美、好”的调值为 214，归为一类，称为上声；“动、作、迅、速”的调值为 51，归为一类，称为去声。教学上也把这 4 个调类按顺序排列，称为第一声、第二声、第三声、第四声。

为了使声音形象化，便于学习者掌握普通话声调，一般采用赵元任创制的“五度标记法”来标记调值（见图 4-1）。用一条竖线表示声音的高低，由下而上分为五度，即低、半低、中、半高、高，分别用 1、2、3、4、5 依次表示。

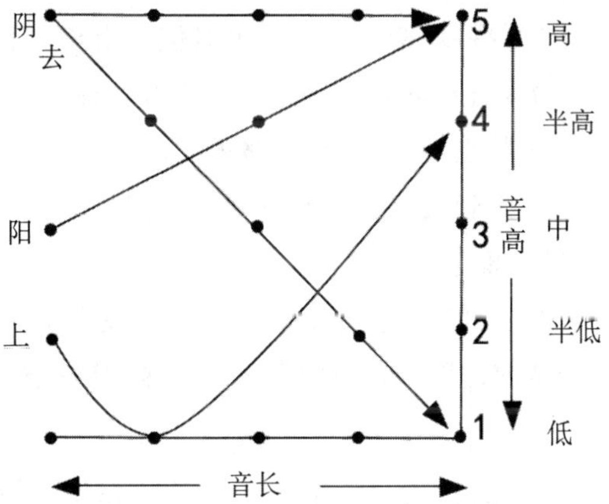

图 4-1　普通话调值五度标记法

调类和调值是“名”与“实”的关系。调类是声调的名称，调值是声调的实际读音。普通话声调系统中有 4 种基本调值，就可以归纳出 4 种调类。

训练提示：目前普通话调类的名称是在中国传统音韵学的古调类名称基础上命名的，汉语声调的分类始于南北朝时期，即“平、上、去、入”。古今调类在数量上、名称上有差异，同时也有着比较严整的对应规律，现在很多地方方言还保留着古调类。有兴趣的同学可以查阅相关文献，了解古今调类演变情况，掌握这种对应规律。这对我们更好地学习和掌握普通话声调，会有较大的帮助。

除了调值和调类，关于声调的标记法还有调型与调号，理清调值、调类、调型和调号之间的关系(见表 4-1)对学习声调大有裨益。

表 4-1 普通话声调相关概念关系表

调类	调值	调型	调号	例字	序号
阴平	55	高平调	ˉ	妈 mā	第一声
阳平	35	中升调	ˊ	麻 má	第二声
上声	214	降升调	ˇ	马 mǎ	第三声
去声	51	全降调	ˋ	骂 mà	第四声

四、普通话声调发音要领

(一)阴平

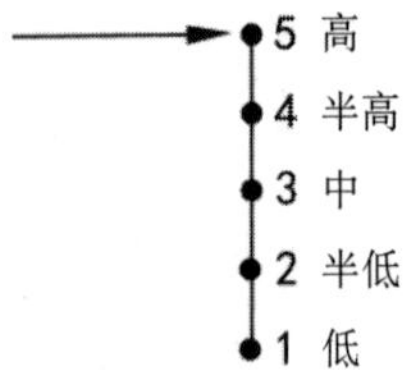

图 4-2 阴平调值示意图

高平调，调值为 55。发音时，声带绷紧并始终保持同样的紧张度，声音高且平，没有升降变化。应注意气息要平稳，自始至终保持均衡状态。阴平时值比上声、阳平略短，比去声稍长。例如：居安思危、声东击西、江山多娇。

特点：起音高高一路平。

发音关键：起调、终调保持高且平。

易错点：不够高平，或出现起伏。

产生原因：声带没有维持最紧的状态，气息不稳定；或者是受方言声调的影响。

解决方法：在阴平音节前加阳平音节配合练习。如：实施、读书、蓝天。

(二)阳平

中升调，调值为 35。发音时，声带呈不松不紧状态后，逐渐绷紧，直至最紧，声音由不低不高升到最高。气息要越来越足，用气把音高推上去。阳平时值比阴平、去声稍长，比上声略短。例如：名存实亡、竭泽而渔、含糊其词。

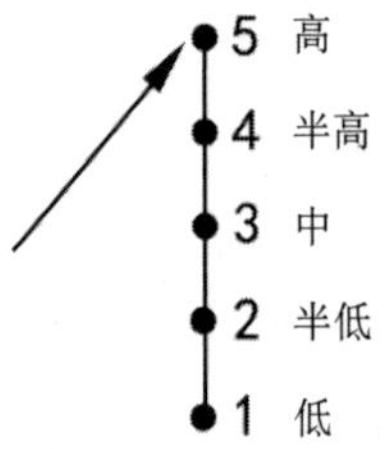

图 4-3 阳平调值示意图

特点：由中到高往上升。

发音关键：起音要保持适中，升高时要一直保持上升态势。

易错点：音高没有及时上扬，出现先平后扬，甚至先抑后扬，类似上声的曲折调。

产生原因：没有把握好中升调的调型。

解决方法：在阳平音节前加去声音节配合练习。例如：教材、召集、去年。

(三)上声

降升调,调值为214。发音时,声带从略微有些紧张开始,立刻松弛下来,再很快绷紧。声音下降时气息要下沉,上扬的时候气息要托上去,气息就像在U型管中滑动,不能硬拐弯。上声音长在四个声调中最长。例如:美好理想、有板有眼、岂有此理。

图4-4　上声调值示意图

特点:先降后升曲折起。

发音关键:起调要稍低,要降下再扬起。

易错点:降调部分没有降到最低,或者降到最低时声带却失去振动,声音中断后再升调部分又带出音,折起硬拐弯儿。

产生原因:声带与气息配合失误。

解决方法:可以在上声音节前加去声音节配合练习。利用去声音节末尾声带的松弛状态,读准上声。练习上声时避免选择上声音节相连的词语,因为上上相连时要变调。例如:电影、录取、地址。

(四)去声

全降调,调值为51。发音时,声带由紧张到放松状态,声音由最高降到最低。气息控制应注意强起弱收,去声末尾气息要托住。去声音长在四个声调中最短。例如:浴血奋战、变幻莫测、背信弃义。

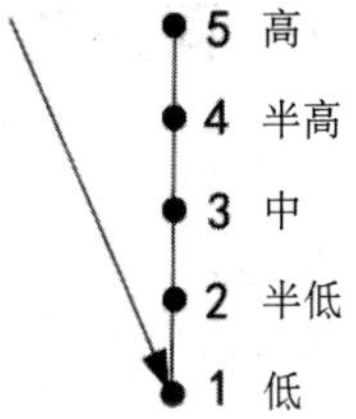

图4-5　去声调值示意图

特点:高起猛降到底层。

发音关键:起调要高,迅速下降。

易错点:起点不够高,终点下不去。

产生原因:开始发音时声带松弛,气息没有控制,到低音区时气息没有托住,声带松弛过快。

解决方法:在去声音节前加阴平音节配合练习。利用阴平音节发音时声带的紧张状态,读准全降调。例如:帮助、开会、来到。

第二节　声调训练与气息控制

声调的变化主要取决于音高的变化。音高的变化主要是由于声带和气流配合而产生的变化,与声带的松紧及单位时间内声带振动的频率有关,声带拉紧,振动快,声音就高,反之则低。把握普通话4种声调的气息控制特点,有助于更好地体现普通话作为有声调语言的节律美。

气息是发声的动力，声音的高低、强弱、长短跟呼出气流的速度、流量、密度有直接关系。

我们知道，声调是相对音高的变化。声调训练的重点在于将音高变化与气息控制相结合，随着音高的变化调整气息，感受气息的控制对完成声调音高变化的影响。先进行单音节字训练，然后进行双音节词语的练习。此外，还要配合音强、音长、音色的变化，准确把握普通话的声调。

普通话 4 个声调是阴平、阳平、上声、去声，调型分别为高平、中升、降升、全降，表 4-2 展示了 4 个声调的基本性质特点及发音时的气息控制方法。

表 4-2 普通话声调音高变化与气息控制配合表

声调	调值	调型	音高变化	气息控制	例字
阴平	55	高平调	起音高平莫低昂	气息平均不紧张	春、天、花、开
阳平	35	中升调	中音起音快上扬	用气弱起快加强	名、存、实、亡
上声	214	降升调	低降滑行尾音挑	低音气稳高音强	永、远、友、好
去声	51	全降调	高起一直向低降	强起弱收气通畅	浴、血、奋、战

一、同声韵夸张四声练习

八 bā	拔 bá	靶 bǎ	爸 bà
坡 pō	婆 pó	叵 pǒ	破 pò
妈 mā	麻 má	马 mǎ	骂 mà
飞 fēi	肥 féi	斐 fěi	费 fèi
答 dā	达 dá	打 dǎ	大 dà
踢 tī	提 tí	体 tǐ	剃 tì
妮 nī	泥 ní	你 nǐ	腻 nì
撩 liāo	辽 liáo	了 liǎo	料 liào
哥 gē	革 gé	葛 gě	硌 gè
棵 kē	咳 ké	渴 kě	克 kè
憨 hān	含 hán	喊 hǎn	汉 hàn
拘 jū	局 jú	狙 jǔ	具 jù
轻 qīng	擎 qíng	请 qǐng	庆 qìng
香 xiāng	详 xiáng	想 xiǎng	向 xiàng
只 zhī	直 zhí	纸 zhǐ	至 zhì
撑 chēng	成 chéng	逞 chěng	秤 chèng
深 shēn	神 shén	审 shěn	慎 shèn

△rū	茹 rú	汝 rǔ	入 rù
作 zuō	昨 zuó	左 zuǒ	座 zuò
猜 cāi	才 cái	彩 cǎi	蔡 cài
虽 suī	随 suí	髓 suǐ	碎 suì

训练提示：练习声调发音时，我们还要注意结合声母、韵母的发音要领。同声韵音节练习有助于我们准确把握4个声调在同样的发音部位、发音方法影响下的发音状态。在相对稳定的音高范围内，确定自己的高音5度和低音1度，并进行反复的对比练习。在此基础上体会音高的高低升降带来的声调变化，对比练习发准阴阳上去4种声调。

二、声调绕口令练习

(1)任命是任命，人名是人名，任不能认人，人不能认任。

(2)老罗拉了一车梨，老李拉了一车栗。老罗人称大力罗，老李人称李大力。老罗拉梨做梨酒，老李拉栗去换梨。

(3)老师老是叫老史去捞石，老史老是没有去捞石。老史老是骗老师，老师老是说老史不老实。

(4)路东住着刘小柳，路南住着牛小妞。刘小柳拿着大皮球，牛小妞抱着大石榴。刘小柳把大皮球送给牛小妞，牛小妞把大石榴送给刘小柳。

(5)石室诗士施史，嗜狮，誓食十狮。施氏时时适市视狮。十时，适十狮适市。是时，适施氏适市。施氏视是十狮，恃矢势，使是十狮逝世。氏拾是十狮尸，适石室。石室湿，氏使侍拭石室。石室拭，施氏始试食十狮尸。食时，始识十狮尸，实是十石狮尸。试释是事。

(6)学好声韵辨四声，阴阳上去要分明；部位方法要找准，开齐合撮属口形。

双唇班报必百波，舌尖当地斗点丁；舌根高狗坑耕故，舌面积结教坚精；

翘舌主争真知照，平舌资责早在增；擦音发翻飞分复，送气查柴产彻称。

合口呼午枯胡古，开口高坡歌安争；撮口虚学寻徐剧，齐齿忆依摇曳英。

前鼻恩因烟湾稳，后鼻昂迎中拥声。咬紧字头归字尾，阴阳上去记变声。

循序渐进坚持练，不难达到纯和清。

训练提示：

训练目标：结合绕口令进行声调与气息的配合训练，提高快速语流中声调发音的准确度和流畅度。

训练要点：开始练习绕口令时，速度一定要放慢，读准每个音节的声调，避免造成吐字发音含混不清的现象。练习绕口令一定要做到喉部放松、气息下沉、补气自如，轻松流畅。语流速度要由慢渐快，做到慢而不断、快而不乱。在这样的状态下，把普通话的4个声调读准，准确表达整个绕口令的意义内容。

第三节　声调发音规范性训练——字词训练

一、双音节词语声调组合训练

（一）阴平＋阴平

丰收　深山　播音　灯光　西安　端庄　参加　东风　交通
鲜花　书包　征婚　星空　精心　新编　沙滩　拉丁　拥军

（二）阴平＋阳平

资源　坚决　鲜明　飘扬　新闻　编排　新华　欢迎　胸怀
发言　加强　星球　中国　签名　安全　高潮　工人　宣传

（三）阴平＋上声

批准　发展　班长　听讲　灯塔　生产　黑板　充满　争取
艰苦　歌舞　公款　签署　根本　方法　加紧　编导　针灸

（四）阴平＋去声

庄重　播送　音乐　规范　通信　飞快　夸耀　高兴　方向
单位　希望　欢乐　中外　失事　加快　经济　声调　深入

（五）阳平＋阴平

国歌　联欢　革新　南方　群居　农村　人家　平均　节约
长江　航空　围巾　营私　原封　图书　滑冰　澄清　华东

（六）阳平＋阳平

红旗　灵活　儿童　模型　吉祥　全员　情怀　团结　昂扬
人民　辽宁　全权　联营　石油　临时　和平　滑翔　直达

（七）阳平＋上声

华北　黄海　遥远　泉水　勤恳　民主　防守　狭窄　和好

情感　描写　难免　迷惘　平坦　旋转　驳倒　截止　抵挡

(八)阳平+去声

豪迈　辽阔　模范　林业　盘踞　银行　情愿　常用　存放
革命　同志　局势　雄厚　行政　球赛　融化　移动　群众

(九)上声+阴平

指标　统一　转播　北京　纺织　整装　简单　匹夫　水波
掌声　法医　演出　广播　讲师　取消　柳荫　美观　五星

(十)上声+阳平

指南　普及　反常　谴责　讲完　朗读　偶然　海洋　巧合
考察　里程　起航　软席　领衔　党员　好人　可能　解读

(十一)上声+上声

指导　美好　礼品　矮小　把柄　尽管　婉转　给予　老板
手表　保险　本领　表演　舞蹈　窈窕　海水　普法　砝码

(十二)上声+去声

改造　舞剧　主要　访问　考试　想象　语调　股票　法治
土地　广大　写作　典范　选派　讲课　努力　领域　审判

(十三)去声+阴平

下乡　矿工　象征　地方　贵宾　列车　气息　射击　大家
卫星　认真　降低　特征　印刷　运输　健康　布衣　自私

(十四)去声+阳平

自然　化学　措辞　特别　电台　会谈　少年　部门　动摇
政权　配合　未来　要闻　调查　辨别　色泽　暂时　日常

(十五)去声+上声

耐久　剧本　跳伞　下雨　运转　外语　系统　韵脚　效果
恪守　信仰　戏曲　电影　历史　探险　治理　汇总　焰火

(十六)去声+去声

电视　借鉴　复制　叙事　议论　路线　订阅　作秀　数据
示范　降落　大厦　建造　破例　庆贺　客户　汉字　作用

二、四音节词语声调组合训练

(一)顺序组合：阴平—阳平—上声—去声

高原广阔　山河美丽　花红柳绿　花团锦簇　山明水秀　山穷水尽

山重水复　资源满地　发扬友爱　光明磊落　巍峨耸立　中国伟大
天然宝藏　中流砥柱　工农子弟　千锤百炼　身强体壮　精神百倍
心明眼亮　开渠引灌　风调雨顺　思前想后　优柔寡断　胸无点墨

(二)逆序组合:去声—上声—阳平—阴平

大好河山　一马平川　跃马扬鞭　顺理成章　厚古薄今　兔死狐悲
墨守成规　痛改前非　调虎离山　异曲同工　大雨瓢泼　细雨和风
万里晴空　妙手回春　破釜沉舟　四海为家　碧草如茵　热火朝天
智勇无双　耀武扬威　寿比南山　袖里乾坤　大有文章　暮鼓晨钟

(三)按声母顺序

b　悲痛欲绝　闭月羞花　变化多端　标新立异　比比皆是　兵不厌诈
p　萍水相逢　普天同庆　平易近人　排山倒海　鹏程万里　旁敲侧击
m　埋头苦干　马革裹尸　毛遂自荐　盲人摸象　毛骨悚然　妙笔生花
f　丰功伟绩　凤毛麟角　风和日丽　繁荣昌盛　发奋图强　肺腑之言
d　单打独斗　当机立断　颠扑不破　斗志昂扬　地广人稀　大言不惭
t　甜言蜜语　天罗地网　脱口而出　坦然自得　唾手可得　头头是道
n　南来北往　逆水行舟　能者多劳　宁死不屈　奶声奶气　囊空如洗
l　落花流水　乐极生悲　另眼相看　龙飞凤舞　力挽狂澜　拉枯折朽
g　瓜田李下　过眼云烟　勾心斗角　光彩夺目　故步自封　高瞻远瞩
k　口是心非　快马加鞭　克敌制胜　慷慨激昂　苦中作乐　扣人心弦
h　画龙点睛　哄堂大笑　后继有人　胡言乱语　好高骛远　恍然大悟
j　井井有条　惊涛骇浪　斤斤计较　九牛一毛　戛然而止　泾渭分明
q　取长补短　千人一面　七上八下　求之不得　齐心协力　巧夺天工
x　欣欣向荣　显而易见　响彻云霄　栩栩如生　息息相关　小心翼翼
zh　张灯结彩　卓尔不群　助人为乐　众志成城　至死不渝　知难而退
ch　春风化雨　成家立业　春华秋实　程门立雪　超凡入圣　插翅难逃
sh　山清水秀　舍己为人　水深火热　深情厚谊　石破天惊　说一不二
r　弱肉强食　人才辈出　日新月异　如火如荼　绕梁三日　孺子可教
z　走马观花　坐井观天　自以为是　赞不绝口　孜孜不倦　造化弄人
c　猝不及防　层出不穷　灿烂光明　从容就义　参差不齐　沧海一粟
s　俗不可耐　随心所欲　耸人听闻　思前想后　塞翁失马　四面楚歌

训练提示:把声调训练与气息控制结合起来,发准词语中的声调,为语段表达奠定基础。同时体会词语相对音高的变化,体会呼吸控制的变化,让气息控制贯穿声调练习之中。

第四节　声调发音综合性训练——诗词训练

古代格律诗讲究平仄对仗，利用声调的变化形成汉语诗词特有的节律。在这一部分，我们将结合古诗词进行声调与气息的配合训练，以体会汉语声调的韵律美。

平仄指的是声调。平，就是古汉语的平声，在现代汉语的普通话里分化为阴平和阳平；仄就是古代的上、去、入三声。在格律诗中平仄搭配有着一定的规律，如“平平仄仄平平仄，仄仄平平仄仄平”。在朗诵诗词时，一定要体味这些平仄变化，以增强作品的韵律感，准确地传达出作品的内涵。

在诗词综合训练中，我们须关注以下方面：

第一，找到诗句中的重点词语，声调要适度夸张。比如在唐代诗人李绅《悯农》的第一句“锄禾日当午，汗滴禾下土”中，“日”是仄声字，“当”是平声字，这两个字描绘出了农民劳作的艰辛，因而有必要处理为重音，将平仄声调以夸张的方式突出出来。

第二，突出诗句中的韵脚，声调要读完整。为体现语句的节律感，诗歌的韵脚要予以强调。强调韵脚的主要方法是加重和突出平仄声调。如唐代诗人李白《送孟浩然之广陵》中的诗句“故人西辞黄鹤楼，烟花三月下扬州”，“楼”和“州”为韵脚，都是平声字，在表达时要加强吐字力度，拉开字腹，同时按调型顺势延长字尾，以达到突出韵脚的效果。

第三，注意声调与语调的区分与配合。

一、阴平练习

凉州词（其一）

〔唐〕王之涣

黄河远上白云间，一片孤城万仞山。
羌笛何须怨杨柳，春风不度玉门关。

关山月（节选）

〔唐〕李白

明月出天山，苍茫云海间。
长风几万里，吹度玉门关。

二、阳平练习

芙蓉楼送辛渐

〔唐〕王昌龄

寒雨连江夜入吴，平明送客楚山孤。
洛阳亲友如相问，一片冰心在玉壶。

怨　情

〔唐〕李白

美人卷珠帘，深坐颦蛾眉。
但见泪痕湿，不知心恨谁。

三、上声练习

悯　农

〔唐〕李绅

锄禾日当午，汗滴禾下土。
谁知盘中餐，粒粒皆辛苦。

春　晓

〔唐〕孟浩然

春眠不觉晓，处处闻啼鸟。
夜来风雨声，花落知多少。

四、去声练习

醉花阴

〔宋〕李清照

薄雾浓云愁永昼，瑞脑消金兽。佳节又重阳，玉枕纱厨，半夜凉初透。
东篱把酒黄昏后，有暗香盈袖。莫道不消魂，帘卷西风，人比黄花瘦。

如梦令

〔宋〕李清照

常记溪亭日暮，沉醉不知归路。

兴尽晚回舟，误入藕花深处。

争渡，争渡，惊起一滩鸥鹭。

训练提示：

训练目标：结合格律诗的情景、意境进行练习，注意声调与气息的配合，达到声情并茂的效果，提高语言节律审美能力。

训练要点：

(1)注意音节同声调之间的配合。

(2)刻意延长各音节的音长，体会声调在具体运用时连贯自然的重要性。

(3)声调训练应与呼吸控制相结合，以较慢的语速将语句读出。

(4)在保证声调准确的情况下，控制字音，形成“枣核形”。

思考与练习

1.什么是声调？为什么说声调的音高变化是相对音高的变化？

2.声调音高的变化主要取决于哪些方面？

3.普通话有几个调类？调值分别是什么？

4.你在声调发音训练时常遇到的问题有哪些？是如何解决的？

第五章 普通话音节结构

☞知识目标：了解普通话音节基本结构与声韵拼合关系。

☞能力目标：能够掌握普通话音节的结构方式，学习声韵拼合表，掌握普通话的声韵拼合规律。

第一节 普通话音节结构常识

音节是语音的基本单位，是说话和听话时自然感到的最小语音单位。从字音的角度来看，音节是汉字读音的语音表现形式。一个汉字通常对应一个音节，但也有例外情况，儿化时两个汉字却只表示一个音节，如“花儿(huār)”。

一、音节的构成

普通话音节由声母、韵母、声调一起形成一个独特的结构。其中声母、韵母是音质成分，可以继续分析出更小的音素；韵母本身结构比较复杂，可以将之分为韵头、韵腹和韵尾。声调为超音质成分，贯穿声母和韵母发音的全过程。把音节的结构类型归纳出来，有利于说明普通话音节的结构特点(如表 5-1 所示)。

表 5-1 普通话音节结构

例字 \ 结构方式		声母	韵母				声调
			头	腹	尾		
		辅音	元音	元音	元音或辅音		
零声母	鹅(é)			e			阳平
	藕(ǒu)			o	u		上声
	叶(yè)		i	e			去声
	歪(wāi)		u	ɑ	i		阴平
	昂(áng)			ɑ		ng	阳平
	远(yuǎn)		ü	ɑ		n	上声

续表

结构方式 / 例字		声母	韵母				声调
			头	腹	尾		
		辅音	元音	元音	元音或辅音		
辅音声母	泥(ní)	n		i			阳平
	手(shǒu)	sh		o	u		上声
	节(jié)	j	i	e			阳平
	快(kuài)	k	u	ɑ	i		去声
	钢(gāng)	g		ɑ		ng	阴平
	宣(xuān)	x	ü	ɑ		n	阴平

二、普通话音节结构的特点

普通话的音节结构具有以下几个显著特点：

第一，音节最多可有 4 个音素。普通话的音节最多可以由 4 个音素组成，声母、韵头、韵腹和韵尾，声调贯穿整个音节。例如，表 5-1 中的“宣(xuān)”由 x、ü、ɑ、n 4 个音素组成，声调为阴平。

第二，元音占优势，有些音节可以没有辅音。每个音节都必须包含元音，元音可以是韵腹，也可以是韵头和韵尾。例如，“安(ān)”只有 1 个元音“ɑ”，而“快(kuài)”则有 3 个元音：u、ɑ、i。有些音节没有辅音声母，如“鹅(é)”“爱(ài)”等，这些音节被称为零声母音节。

第三，辅音的位置固定。辅音通常出现在音节的开头或末尾，不能有两个辅音相连的情况。例如，“床(chuáng)”的声母是“ch”，韵尾是“ng”，而“ch”和“ng”虽然由两个字母表示，但它们各自只代表一个辅音音位。

第四，韵腹和声调必不可少。每个音节都必须有韵腹和声调，这是普通话音节的基本特征。

此外，口语中有极个别特殊音节是由辅音加上声调来构成的，常用来表示应答或者感叹的声音。例如“呣、嗯”等。

三、普通话音节的声韵拼合关系

普通话语音系统中声母和韵母的拼合有比较强的规律性，掌握这种拼合规律，有助于我们深入了解普通话的语音系统，更好地学习普通话。普通话声母和韵母的拼合规律主要表现在声母的发音部位和韵母的四呼上，见表 5-2。

表 5-2 普通话声韵拼合简表

声母＼四呼	开口呼	齐齿呼	合口呼	撮口呼
b、p、m	+	+	只限 u	
f	+		只限 u	
d、t	+	+	+	
n、l	+	+	+	+
g、k、h	+		+	
zh、ch、sh、r	+		+	
z、c、s	+		+	
j、q、x		+		+
ø	+	+	+	+

从表 5-2 中可以看出，普通话声母和韵母的拼合存在以下几条重要的规律：

(1)b、p、m 基本上只能和开口呼、齐齿呼韵母拼合，跟合口呼韵母拼合时只限于单韵母 u，不和撮口呼韵母拼合。

(2)f 基本上只能和开口呼韵母拼合，跟合口呼韵母拼合时也只限于单韵母 u。在全部声母中，f 能拼合的韵母范围最窄。

(3)d、t 和 n、l 虽然发音部位相同，但拼合关系略有差别。d、t 不能和撮口呼韵母拼合，n、l 则可以。

(4)g、k、h，zh、ch、sh、r 和 z、c、s 这三组声母的拼合关系是相同的，都只能和开、合二呼的韵母拼合，不能和齐、撮二呼的韵母拼合。

(5)j、q、x 的拼合关系和上面三组声母正好相反，只能和齐、撮二呼的韵母拼合，不能和开、合二呼的韵母拼合。

(6)能和开口呼韵母拼合的声母最多，能和撮口呼拼合的声母最少，能和全部四呼韵母拼合的只限于 n、l 以及零声母。

以上只是一些较为宏观的基本规律，要了解普通话声韵拼合的全部规律，可以从普通话声韵拼合表(见表 5-3)中去找答案，表中的空格表示相应的声母、韵母不能相拼。

普通话的音节数量较少，在声韵拼合表中，只有 408 个基本音节。

	-i(前) -i(后)	a	o	e	ê	er	ai	ei	ao	ou	an	en	ang	eng	i	ia	ie	iao	iou	ian	in	iang	ing	u	ua	uo	uai	uei	uan	uen	uang	ueng	ong	ü	üe	üan	ün	iong
b		ba 巴	bo 玻				bai 白	bei 杯	bao 包		ban 般	ben 奔	bang 邦	beng 绷	bi 逼		bie 别	biao 标		bian 边	bin 宾		bing 兵	bu 布														
p		pa 爬	po 坡				pai 拍	pei 培	pao 抛	pou 剖	pan 潘	pen 喷	pang 旁	peng 烹	pi 批		pie 撇	piao 飘		pian 偏	pin 拼		ping 平	pu 普														
m		ma 妈	mo 摸	me 么			mai 买	mei 梅	mao 猫	mou 谋	man 瞒	men 门	mang 忙	meng 蒙	mi 迷		mie 灭	miao 秒	miu 谬	mian 棉	min 民		ming 名	mu 木														
f		fa 发	fo 佛					fei 非		fou 否	fan 帆	fen 分	fang 方	feng 风										fu 夫														
d		da 搭		de 德			dai 呆	dei 得	dao 刀	dou 兜	dan 担	den 扽	dang 当	deng 登	di 低		die 爹	diao 刁	diu 丢	dian 颠			ding 丁	du 杜		duo 多		dui 对	duan 端	dun 敦			dong 东					
t		ta 他		te 特			tai 胎		tao 掏	tou 偷	tan 摊		tang 汤	teng 滕	ti 梯		tie 贴	tiao 挑		tian 天			ting 听	tu 秃		tuo 托		tui 腿	tuan 团	tun 吞			tong 通					
n		na 拿		ne 讷			nai 奶	nei 内	nao 脑	nou 耨	nan 男	nen 嫩	nang 囊	neng 能	ni 泥		nie 捏	niao 鸟	niu 牛	nian 年	nin 您	niang 娘	ning 宁	nu 奴		nuo 挪			nuan 暖				nong 农	nü 女	nüe 虐			
l		la 拉		le 乐			lai 来	lei 雷	lao 老	lou 楼	lan 兰		lang 郎	leng 冷	li 梨	lia 俩	lie 列	liao 料	liu 溜	lian 连	lin 林	liang 良	ling 零	lu 炉		luo 罗			luan 乱	lun 论			long 龙	lü 吕	lüe 掠			
g		ga 嘎		ge 哥			gai 该	gei 给	gao 高	gou 沟	gan 干	gen 根	gang 刚	geng 庚										gu 姑	gua 瓜	guo 郭	guai 乖	gui 规	guan 官	gun 棍	guang 光		gong 工					
k		ka 咖		ke 科			kai 开		kao 考	kou 口	kan 看	ken 肯	kang 康	keng 坑										ku 枯	kua 夸	kuo 阔	kuai 快	kui 亏	kuan 宽	kun 困	kuang 筐		kong 空					
h		ha 哈		he 喝			hai 海	hei 黑	hao 耗	hou 侯	han 寒	hen 很	hang 杭	heng 哼										hu 呼	hua 花	huo 活	huai 怀	hui 灰	huan 欢	hun 昏	huang 荒		hong 轰					
j															ji 鸡	jia 家	jie 街	jiao 交	jiu 纠	jian 间	jin 斤	jiang 江	jing 京											ju 居	jue 决	juan 捐	jun 均	jiong 窘
q															qi 欺	qia 恰	qie 切	qiao 敲	qiu 秋	qian 千	qin 亲	qiang 腔	qing 青											qu 区	que 缺	quan 圈	qun 群	qiong 穷
x															xi 希	xia 瞎	xie 歇	xiao 消	xiu 休	xian 先	xin 新	xiang 香	xing 星											xu 虚	xue 学	xuan 宣	xun 勋	xiong 兄
zh	zhi 知	zha 渣		zhe 遮			zhai 摘		zhao 招	zhou 舟	zhan 占	zhen 针	zhang 张	zheng 争										zhu 朱	zhua 抓	zhuo 桌	zhuai 拽	zhui 追	zhuan 专	zhun 准	zhuang 庄		zhong 中					
ch	chi 吃	cha 插		che 车			chai 差		chao 超	chou 抽	chan 产	chen 陈	chang 昌	cheng 成										chu 出	chua 欻	chuo 戳	chuai 揣	chui 吹	chuan 川	chun 春	chuang 窗		chong 充					
sh	shi 诗	sha 沙		she 奢			shai 筛	shei 谁	shao 烧	shou 收	shan 山	shen 身	shang 商	sheng 生										shu 书	shua 刷	shuo 说	shuai 衰	shui 水	shuan 栓	shun 顺	shuang 双							
r	ri 日			re 热					rao 饶	rou 柔	ran 然	ren 人	rang 嚷	reng 扔										ru 如		ruo 弱		rui 锐	ruan 软	run 闰			rong 绒					
z	zi 滋	za 杂		ze 则			zai 灾	zei 贼	zao 遭	zou 邹	zan 簪	zen 怎	zang 藏	zeng 增										zu 租		zuo 昨		zui 嘴	zuan 钻	zun 尊			zong 宗					
c	ci 雌	ca 擦		ce 测			cai 猜		cao 操	cou 凑	can 残	cen 岑	cang 仓	ceng 层										cu 粗		cuo 错		cui 催	cuan 窜	cun 村			cong 葱					
s	si 司	sa 萨		se 色			sai 腮		sao 骚	sou 搜	san 三	sen 森	sang 桑	seng 僧										su 苏		suo 所		sui 虽	suan 酸	sun 孙			song 松					
ø		a 阿	o 喔	e 鹅	ê 欸	er 儿	ai 哀	ei 欸	ao 熬	ou 欧	an 安	en 恩	ang 昂	eng 鞥	yi 衣	ya 鸦	ye 耶	yao 腰	you 优	yan 烟	yin 因	yang 央	ying 英	wu 乌	wa 娃	wo 窝	wai 歪	wei 威	wan 弯	wen 温	wang 汪	weng 翁		yu 迂	yue 约	yuan 渊	yun 晕	yong 拥

第二节 普通话音节发音训练

了解普通话音节结构与声韵拼合关系的特点，我们可以有针对性地进行单音节发音训练，帮助普通话学习者准确掌握字音。

阿 ā	以 yǐ	吴 wú	豫 yù	饿 è	二 èr		
爱 ài	欧 ōu	叶 yè	巴 bā	坡 pō	出 chū	鸡 jī	思 sī
花 huā	飞 fēi	南 nán	梦 mèng	外 wài	院 yuàn		
快 kuài	官 guān	腔 qiāng	电 diàn	悬 xuán	床 chuáng	焦 jiāo	

训练提示：1.第一行音节结构简单，都是零声母音节，只有韵腹和声调。发音时注意零声母起始动作到韵腹元音开口度变化的控制，韵腹发音到位响亮，并配合不同声调贯穿元音。

2.第二行音节由两个音素组成，有的是“韵腹＋韵尾”，有的是“声母＋韵腹”。训练时注意韵腹在不同音节结构响度中心的作用；同时也要注意不同声母与韵母的拼合关系，例如“鸡(jī)”这个音节，声母 j 与 i 相拼时，不要靠近上齿背形成尖音。

3.第三行音节由 3 个音素组成，注意发音时声母与韵母拼合自然，不要有太重的拼合痕迹。注意声韵拼合规律，比如“梦 mèng”，不要读为“mòng”。

4.第四行音节由 4 个音素组成，发音时注意音节的整体性，仍然保持韵腹的主要地位，注意韵头的介音作用，声母与韵头的拼合衔接紧密自然，韵尾动作趋向鲜明。

延伸阅读

汉语音节结构是由声母、韵母、声调构成的一个整体性很强的结构。传统音韵学把音节分为声、韵、调三个部分。声，即声母，也叫字头。韵，即韵母，分为韵头(也叫字颈、介音)、韵腹(也叫字腹、主要元音)和韵尾(也叫字尾)。调，即声调(也叫字神)。

中国传统说唱艺术的吐字归音理论，就是基于汉语音节结构特点，把一个音节的声母、韵母结构按照发音动作的特点进一步分为字头、字腹和字尾三个部分，再将三个部分的发音动作归纳为出字、立字和归音三个阶段，吐字归音对出字、立字和归音的要求就落实在音节的字头、字腹和字尾上。在学习过程中，我们应该从汉语本身的发音特点出发。在进行音节声韵拼合训练时，我们一定要注意汉语音节结构的特点，不要把普通话音节的声母、韵母、声调割裂开来，须体会不同训练阶段对咬字提出的不同要求，最终达到“字正腔圆”的独特语音审美效果。

中国传统说唱艺术理论中有“咬紧字头归字尾”的说法，即“吐字归音”，它是音节发音必须遵循的原则。作为一项基本功，“吐字归音”也是我们传情达意，进行再创作的基础。

思考与练习

1.普通话音节有哪几种基本结构？

2.结合发音训练，分析普通话声韵拼合规律。

3.简述普通话音节结构的特点。

第六章　普通话语流音变

☞知识目标：正确认识普通话语流中的语音变化，在声母、韵母、声调发音标准的基础上，掌握普通话轻声、儿化、变调和语气词“啊”的音变以及词语的轻重格式等语流音变现象的一般规律和发音要领。

☞能力目标：熟练、准确掌握普通话语流音变，并进行交流和口语传播，获得良好的普通话语感，使表达自然流畅，更具表现力。

第一节　语流音变语音常识

语流音变是语言使用中很常见的现象。我们说话的时候，并不是孤立地发出一个个音节，而是连续发出一串音节，形成语流。在连续的语流中，由于受到相邻音节的相邻音素的影响，一些音节中的声母、韵母或声调会发生语音的变化，这就是语流音变。

普通话中最常见的语流音变现象有：轻声、儿化、变调、语气词“啊”的音变以及词的轻重格式。

一、轻声

（一）什么是轻声

普通话的每个音节都有它的声调，可是在词或句子里有些音节常常失去其原有的声调而念成一种较轻、较短的调子，即轻声。

（二）轻声的特点

轻声的音变比较复杂，与音高、音长、音强、音色都有关系。轻声的特点是发音时音长变短、音强变弱、音高不固定、音色出现声母浊化或元音弱化等现象。

轻声音节的音高取决于前一个音节。如用五度标调符号表示，大致情况如下：

阴平后的轻声念半低调，即2度：他的　哥哥　桌子　砖头

阳平后的轻声念中调，即3度：谁的　爷爷　房子　石头

上声后的轻声念半高调，即4度：你的　奶奶　椅子　枕头

去声后的轻声念低调，即1度：是的　弟弟　凳子　木头

(三)轻声的作用

第一，轻声对某些词或短语有区别词义的作用。

兄弟 xiōngdi(指弟弟)　　兄弟 xiōngdì(指哥哥和弟弟)

东西 dōngxi(物件)　　东西 dōngxī(指方向东和西)

大意 dàyi(疏忽)　　大意 dàyì(主要意思)

第二，轻声对某些词有区别词义和词性的作用。

对头 duìtou(仇敌、对手，名词)　　对头 duìtóu(正确、合适，形容词)

利害 lìhai(剧烈、凶猛，形容词)　　利害 lìhài(利益和损害，名词)

另外，还有一部分双音节词的第二个音节习惯读轻声，并没有区别词义或词性的作用。如：

扁担　巴结　粮食　骆驼　石榴　商量　窗户　阔气

明白　柴火　包袱　萝卜　葡萄　耳朵　爷爷　多么

(四)轻声出现的规律

在普通话中，下列一些成分通常读轻声。

第一，语气词“吧、吗、呢、啊”等读轻声。

走吧　去吗　你呢　不行啊

第二，助词“的、地、得、着、了、过、们”读轻声。

我的　慢慢地　好得很　说着　跑了　做过　同学们

第三，名词的后缀“子、儿、头”等读轻声。

桌子　门儿　石头

第四，方位词，原调、轻声两可，但轻声语感更好。

家里　墙上　地下　外边

第五，趋向动词，原调、轻声两可，但轻声语感更好。

回来　干起来　走出去　收下

第六，部分重叠名词、动词的第二个音节通常读轻声。

姑姑　叔叔　兰花花　看看　写写　读读

第七，双音动词重叠式 ABAB 和双音形容词重叠式 AABB 的第二、四音节读轻声。

考虑考虑　研究研究　老老实实　迷迷糊糊

二、儿化

(一)什么是儿化

儿化是普通话和某些方言中一种非常独特的语音现象。词尾“儿”本是一个独立的音节,由于在口语中长期处于轻读的地位,与前面的音节流利地连读而产生音变,“化”到了前一个音节上,只保留一个卷舌动作,这种现象叫儿化,带有卷舌色彩的韵母叫“儿化韵”。例如,“点儿”不是发成两个音节,而是一个音节 diǎr。即在发“点”(diǎn)这个字音的韵腹时,自然地加上一个卷舌动作,使韵母带上卷舌音“er”的音色。

(二)儿化的性质

基本性质:使一个音节的主要元音带上卷舌色彩。

基本条件:韵腹元音是否便于发生卷舌动作。便于卷舌,是指韵母的末尾音素是舌位较低或较后的元音(ɑ、o、e、ê、u),儿化时原韵母不变,直接卷舌。例如,“花儿”(huār)”“兔儿(tùr)” 。不便于卷舌,是指韵母的末尾音素是前、高元音(i、ü),舌尖元音[-i(前)、-i(后)]或鼻韵尾(-n、-ng),这些末尾音素的舌位与卷舌动作发生冲突,因此儿化时韵腹或韵尾便会产生变化。

注意:儿化的卷舌动作从韵腹开始至韵尾,韵头不受影响。

(三)儿化的音变规律

儿化的主要音变规律是:

(1)儿化音变是使韵腹(主要元音)、韵尾(尾音)发生变化,对声母和韵头 i-、ü-没有影响。

(2)丢掉韵尾-i、-n、-ng。

(3)在主要元音(i、ü 除外)上加卷舌动作。这些主要元音大多变为带有卷舌色彩的央元音 ɑr 或 er。

(4)在主要元音 i、ü 后面加上 er[ər]。包括原形韵母 5 个:i、in、ing、ü、ün。另外,儿化时舌尖元音-i(前)和-i(后)后加上 er,实际读音是用[ər]替换了原来的韵母。

(5)后鼻尾音韵母儿化时,除丢掉韵尾-ng 外,主要元音往往还要鼻化。

(四)儿化的作用

(1)儿化在有些词里有区分词性的作用。

画(动词)—画儿(名词)　　盖(动词)—盖儿(名词)

活(形容词)—活儿(名词)　　尖(形容词)—尖儿(名词)

零碎(形容词)—零碎儿(名词)

(2)儿化对有些词有区别词义的作用。

头(指脑袋)—头儿(指领头的人)

信(指信件)—信儿(指信息)

(3)儿化对有些同音词有区分词义的作用。

拉链儿(拉锁)—拉练(行军、野营、锻炼)

(4)有的词儿化后表示细小、轻微的意思。

小刀儿 药丸儿 一点儿 树枝儿 木棍儿 纸条儿

(5)有的词儿化后往往表示说话人的喜爱、亲切的感情。

小孩儿 老头儿 小脸蛋儿 鲜花儿 油画儿 山歌儿 您慢慢儿走 说说贴心的话儿 有工夫来玩儿

另外,有些词习惯上儿化,如“旁边儿”“圆圈儿”“走道儿”“带个信儿”等。

三、变调

音节在连读时,相邻音节声调发生变化的现象叫变调。普通话中的变调主要包括上声变调、去声变调、“一、不”变调。

变调是语流音变现象,不是多音字,因此在词典中标注拼音时只标注本调,不标记变调。

(一)上声的变调

上声变调属于逆向异化,上声因后一个音节的声调而发生异化。上声变调规律如下:

(1)上声音节单念或在句尾时,仍读本调。

(2)上声音节在非上声音节(阴平、阳平、去声和轻声)前面时,其调值 214 变为 21(即所谓半上)。

在阴平前:首都 北京 始终 普通 老师 小说 展开 产生

在阳平前:祖国 海洋 语言 旅行 改良 古文 拱门 赶忙

在去声前:感谢 岗哨 翡翠 晚饭 朗诵 准确 解放 法定

在轻声前:我们 斧子 老实 怎么 耳朵 里头 椅子 好了

(3)上声音节与上声音节相连时,前一个音节的调值由 214 变为 35(即所谓阳上)。

雨水 旅馆 百米 领导 勇敢 水果 选举 岛屿 打扫

场景 采取 笔挺 把守 美好 野草 恼火 理想 胆敢

(4)当三个及三个以上上声音节相连时,情况比较复杂,视词语内部的语义停顿而定。

如果前两个上声音节语义紧凑,语义停顿在第二个音节后,可称之为“双单格”,此时前两个音节变为阳平 35,即 214+214+214→35+35+214。

展览馆 选举法 打靶场

如果后两个上声音节语义紧凑，可称之为“单双格”，中间音节与后一个音节先组合，异化变调为35；第一个音节与35调组合，无须发生异化，读为半上21，即214＋214＋214→21＋35＋214。

党小组　小两口　冷处理

(二)去声的变调

去声音节在非去声音节前调值不变；在去声音节前则由全降调变成半降，即调值由51变成53。

记录　摄像　赞颂　救护　制胜　速递　验货　贵重　内陆

(三)“一、不”的变调

1.“一”的变调

(1)“一”在单念或在词句末尾时，念原调（阴平）。

不管三七二十一　全国第一　一、二、一

(2)“一”在阴平、阳平、上声前面时，变为去声。

在阴平前：一般　一边　一天　一生　一瞥　一端　一丝

在阳平前：一头　一直　一行　一时　一齐　一团　一条

在上声前：一统　一体　一起　一总　一早　一举　一己

(3)“一”在去声前面时，变为阳平。

一道　一半　一并　一定　一度　一律　一再　一贯　一切　一致

(4)“一”夹在重叠动词中间时，变为轻声。

说一说　闻一闻　看一看　跑一跑　闹一闹

2.“不”的变调

(1)“不”单念或在词句末尾时，念原调（去声）。

不　我不

(2)“不”在阴平、阳平、上声前面时，也念去声。

在阴平前：不安　不单　不支　不堪　不公　不屈　不消

在阳平前：不成　不停　不迭　不凡　不符　不才　不然

在上声前：不齿　不等　不法　不轨　不久　不朽　不许

(3)“不”在去声前面时，变为阳平。

不外　不幸　不论　不愧　不但　不孝　不逊　不屑　不适

(4)“不”夹在重叠动词中间时，变为轻声。

听不听　好不好　去不去

四、语气词“啊”的音变

“啊”用在句子末尾的时候，由于受到前面音节末尾音素的影响，读音会发生种种变化。其变化规律如下：

(1)前一音节收尾音素是 a、o (ao、iao 除外)、e、ê、i、ü 时，读成 ia，汉字可写作“呀”。

是他呀？

好多呀！

是你哥哥呀！

应该注意节约呀！

要认真学习呀！

好大的鱼呀！

(2)前一音节收尾音素是 u (包括 ao、iao)时，读成 wa，汉字可写作“哇”。

写得多好哇！

他的手多巧哇！

这是一本好书哇！

小李真是个多面手哇！

我们激动的心潮哇！

(3)前一音节收尾音素是 n 时，读成 na，汉字可写作“哪”。

多好看哪！

你走路可要小心哪！

他真是个不知疲倦的人哪！

(4)前一音节收尾音素是 ng 时，读成 nga，汉字仍写作“啊”。

大家一齐唱啊！

下午劳动啊！

这可不成啊！

歌声多好听啊！

(5)前一音节收尾音素是 -i (后)、er 时，读成 ra，汉字仍写作“啊”。

这究竟是怎么回事啊？

用什么纸啊？

今年六十二啊！

(6)前一音节收尾音素是 -i (前)时，读成 za，汉字仍写作“啊”。

两个什么字啊？

哪个公司啊？

你就去过一次啊！

五、词的轻重格式

(一)什么是词的轻重格式

在普通话和方言中,一句话里双音节词或多音节词中的每个音节都有轻重强弱的不同。造成这种变化的原因,除了音节与音节之间声调的区别外,还因为构成一句话的词或短语的每一个音节,有着约定俗成的轻重强弱差别,我们称之为词的轻重格式。

组成一段语流的各音节声音响亮程度并不完全相等,有的音节在语流中听起来比其他音节响亮,这就是重音音节;有的音节听起来比较微弱,这就是轻音音节;介于二者之间的称为中音音节。

我们在进行有声语言艺术表达时,如果把握不准词语的轻重格式,会导致听众在语义理解上产生偏差或障碍。

(二)双音节词语的轻重格式

1.中重格式

双音节词语绝大多数都是中重格式。

民主　自愿　主力　稳步　革命　火车　书包　第三　电脑　老刘

2.重中格式

前一个音节读重音,后一个音节读中音。这类词的第二个音节不读轻声,标注拼音时要标注声调符号。

工人　读者　颜色　听觉　古典　含蓄　动作　声响　性质　思想　必然

3.重轻格式

前一个音节读重音,后一个音节读轻音。

椅子　石头　我们　妈妈　力气　喉咙　清楚　痛快　坐下　上来　义气

(三)三音节词语的轻重格式

1.中中重

大多数三音节词语属于这种格式。重音在第三个音节,前两个音节读中音。

西直门　打字机　播音员　尼古丁　五一节　交强险　河南省　抛物线

2.中重轻

重音在第二个音节,第一个音节读中音,第三个音节读轻音。

胡萝卜　好家伙　老头子　枪杆子　大姑娘　牛脾气　卖关子　犯嘀咕

3.中轻重

重音在第三个音节,第一个音节读中音,第二个音节读轻音。

保不齐　备不住　小不点　生意经　数得着　豆腐渣　筒子楼　说得来

(四)四音节词语的轻重格式

1.中重中重

重音在第二和第四个音节,第一、第三个音节读中音。大部分具有并列关系的四字成语及少量其他结构关系的四字成语读作这个格式。

丰衣足食　心平气和　耳濡目染　赴汤蹈火　五光十色　鹤发童颜　心猿意马

2.重中中重

大部分具有修饰与被修饰、陈述与被陈述和支配与被支配关系的四字成语及1+3格式的成语读作这种格式。

惨不忍睹　义不容辞　敬而远之　诸如此类　相形之下　一扫而空　一波三折

3.中轻中重

大部分四音节的专有名词、叠音形容词和象声词读作这种格式。其中四音节专有名词的第二音节只比第一音节稍轻,不可失去原声调。

呼和浩特　集体经济　巴黎公社　奥林匹克　高高兴兴　噼噼啪啪　花里胡哨

训练提示:掌握词语的轻重格式,有助于把话说得清楚自然,符合普通话的要求。词语的轻重格式是约定俗成的,不是规定的。

第二节　语流音变训练

我们说话或朗读时,每个音节并不是简单地按照原有的声、韵、调机械地发出的。在连续的语流中,相邻的音节、音素、声调之间相互影响,读音会产生变化。如轻声、儿化、变调、语气词“啊”的音变、词语的轻重格式等都是普通话中常见的语流音变现象。练习时,我们要找到语流音变的规律,做到字音准确,内容连贯,符合普通话的规范。

一、普通话轻声练习

在普通话水平测试中,轻声发音时要注意以下问题:

第一,必读轻声词,不管是语法层面的轻声词,还是词汇层面的轻声词,都应读为轻声。

第二,轻声词中有元音脱落的现象,这是正常的。比如“不好意思”中的“思”、“师傅”中的“傅”的发音。但是在正式朗读、播音时,应该保留元音的存在。

第三,轻声是普通话中重要的也是复杂的一个音变现象,除了从词义、习惯角度分析外，还应结合语体来考虑。如"棉花"一词，在正式语体中"花"可以不读轻声，但在访谈等主持人节目中，"花"有时可以读轻声，这样显得更口语化。

(一)双音节词语轻声练习

1.阴平＋轻声

他的 珠子 妈妈 包袱 铺盖 眯缝 吩咐 作坊 村子 塞子 答应
溜达 扎实 窗户 烧饼 扔了 交情 欺负 稀罕 甘蔗 窟窿 花哨

训练提示:阴平后面的轻声音节应为半低调(2度)。在轻声音节中，两个音节相加的总时长基本不变，前一个音节适当加长，轻声音节时长适当变短。

2.阳平＋轻声

谁的 竹子 爷爷 白净 算盘 苗条 福气 琢磨 财主 俗气 笛子
头发 能耐 累赘 宅子 柴火 石榴 人家 橘子 勤快 行李 咳嗽

训练提示:阳平后面的轻声音节应为中调(3度)。在轻声音节中，两个音节相加的总时长基本不变，前一个音节适当加长，轻声音节时长适当变短。

3.上声＋轻声

你的 主子 奶奶 本事 笸箩 牡丹 斧子 祖宗 踩着 嫂子 打量
妥当 女婿 领子 枕头 场子 使唤 软和 脊梁 曲子 口袋 喜欢

训练提示:上声后面的轻声音节应为半高调(4度)。在轻声音节中，两个音节相加的总时长基本不变，前一个音节适当加长，轻声音节时长适当变短。

4.去声＋轻声

是的 柱子 弟弟 棒槌 漂亮 木匠 废物 自在 刺猬 岁数 动静
特务 念叨 利索 栅栏 畜生 认识 嫁妆 亲家 秀才 告诉 厚道

训练提示:去声后面的轻声音节应为低调(1度)。在轻声音节中，两个音节相加的总时长基本不变，前一个音节适当加长，轻声音节时长适当变短。

(二)三音节词语中连续两个轻声音节练习

下来吧 上头的 出去吧 起来了 看看吧 累得慌 拿起来 说出去

抬下去 站起来 熬过去 听见了 免不得 女人家 乡亲们 朋友们

训练提示:如果轻声后面再接一个轻声,第二个轻声应依据第一个轻声字调的高低逐级下降1度。

(三)轻声绕口令练习

(1)买卖人做买卖,买卖不公没买卖,没买卖没钱做买卖,买卖人做买卖得实在。

(2)屋子里有箱子,箱子里有匣子,匣子里有盒子,盒子里有镯子。镯子外面有盒子,盒子外面有匣子,匣子外面有箱子,箱子外面有屋子。

(四)轻声语篇练习

我这一辈子只看见了这么一回大热闹:男女老幼喊着叫着、狂跑着、拥挤着、争吵着,砸门的砸门,喊叫的喊叫,咔嚓!门板倒下去,一窝蜂似的跑进去,乱挤乱抓,压倒在地的狂号,身体利落地往柜台上蹿,全红着眼,全拼着命,全奋勇前进,挤成一团,倒成一片,散走全街。背着、抱着、扛着、拽着,像一片战胜的蚂蚁,昂首疾走,去而复归,呼妻唤子,前呼后应。

节选自老舍的《我这一辈子》

老憨憨田二不会知道叫他来做什么,当然也不可能弄清楚眼前发生了什么事。他看见这么多人在一起,只觉得热闹极了,于是便兴奋地走出这个"阶级敌人的"行列,两条胳膊胡乱舞着,嘴角挂着通常那丝神秘的微笑,嘟囔说:"世事要变了!世事要变了……"他的话淹没在一片笑声中。那个扛枪的民兵硬把他拉到原来的地方站好,并且对这个气焰张狂的老汉吼叫说:"老老实实站好!"

节选自路遥的《平凡的世界》

训练提示:先找出语篇中的必读轻声词,并将之画出来。注意语流中轻声的辨义性。另外,通过轻声语篇练习,体会和掌握普通话的语言节奏。

二、普通话儿化练习

(一)儿化词语练习

号码儿 山坡儿 饭盒儿 水珠儿 鲜花儿 手稿儿 封口儿 小牛儿
一下儿 豆芽儿 一块儿 宝贝儿 一会儿 耳垂儿 饭馆儿 快板儿
蒜瓣儿 脸盘儿 脸盆儿 脸蛋儿 脸庞儿 收摊儿 脚印儿 花裙儿
板凳儿 电影儿 胡同儿 药方儿 赶趟儿 香肠儿 瓜瓤儿 小米儿

有趣儿　针鼻儿　垫底儿　肚脐儿　玩意儿　树叶儿　戏词儿　果汁儿

训练提示：要准确判断出韵母的末尾音素是否便于卷舌。如果韵母的发音动作不便于卷舌，我们就要在卷舌的同时改变韵母的音色来迁就卷舌。儿化时，卷舌要到位，避免卷舌过轻或者舌位靠后。一些方言中没有卷舌动作，发音时靠舌位向后来代替。这一方言区的同学练习时，要特别注意正确的儿化发音。

（二）儿化对比练习

绳儿—神儿　棚儿—盆儿　杏儿—信儿　瓶儿—皮儿

缝儿—份儿　亮儿—链儿　腔儿—签儿　凉儿—帘儿

缸儿—肝儿　汤儿—摊儿　光儿—官儿　肠儿—茬儿

训练提示：应特别注意元音的鼻化情况。韵尾是ng的音节儿化时，如果元音不鼻化会与前鼻韵尾n的儿化混同，从而造成歧义。

（三）绕口令、语篇练习

（1）小哥儿俩，红脸蛋儿，手拉手儿，一块儿玩儿。小哥儿俩，一个班儿，一路上学唱着歌儿。学造句儿，一串串儿，唱新歌儿，一段段儿，学画画儿，不贪玩儿。画小猫儿，钻圆圈儿，画小狗儿，蹲庙台儿，画只小鸡儿吃小米儿，画条小鱼儿吐水泡儿。小哥儿俩，对脾气儿，上学念书不费劲儿，真是父母的好宝贝儿。

（2）进了门儿，倒杯水儿，喝了两口儿运运气儿，顺手儿拿起小唱本儿，唱一曲儿，又一曲儿，练完了嗓子我练嘴皮儿。绕口令儿，练字音儿，还有单弦儿牌子曲儿，小快板儿大鼓词儿，越说越唱我越带劲儿。

（3）最妙的是下点儿小雪呀。看吧，山上的矮松越发的青黑，树尖儿上顶着一髻儿白花，好像日本看护妇。山尖儿全白了，给蓝天镶上一道银边儿。山坡儿上，有的地方雪厚点儿，有的地方草色还露着；这样，一道儿白，一道儿暗黄，给山们穿上一件带水纹儿的花衣；看着看着，这件花衣好像被风儿吹动，叫你希望看见一点儿更美的山的肌肤。等到快日落的时候，微黄的阳光斜射在山腰上，那点薄雪好像忽然害了羞，微微露出点儿粉色。就是下小雪吧，济南是受不住大雪的，那些小山太秀气！

（4）桃树、杏树、梨树，你不让我，我不让你，都开满了花赶趟儿。红的像火，粉的像霞，白的像雪。花里带着甜味；闭了眼，树上仿佛已经满是桃儿、杏儿、梨儿。花下成千成百的蜜蜂嗡嗡地闹着，大小的蝴蝶飞来飞去。野花遍地是：杂样儿，有名字的，没名字的，散在草丛里，像眼睛，像星星，还眨呀眨的。

三、普通话变调练习

(一)上声变调练习

科普　台北　祖母　汉语　第九　无独有偶　耳濡目染　龙飞凤舞

演说　上声　警钟　展开　缓冲　点滴　脚跟

保持　北平　饱和　版权　海南　紧急　旅行

写字　曲调　丑恶　美丽　好像　讨论　赶快

喜欢　比方　打听　手巾　你们　显得　婶婶

主讲　体检　感慨　引导　偶尔　减少　品种

苦水井　冷水澡　草稿纸　保险锁　手写体

蒙古语　选举法　展览馆　打靶场　水彩笔

老古板　土产品　请允许　米老鼠　厂领导

很友好　小两口　党小组　冷处理　纸老虎

训练提示:上声变调情况比较复杂。根据上声变调规律,上声音节单念或在句尾时,读本调。在非上声音节前,调值变为半上。两个上声音节相连时,前一个上声音节变为阳上。三个及三个以上上声音节相连时,要根据语义内部结构而变。

(二)去声变调练习

立意　建构　定势　渗透　论证　注意　效益　重大　政治

训练提示:去声音节在非去声音节前时调值不变,在去声音节前时则由全降调变成半降调,即调值由51变成53。第二个音节的调值虽然有变化,但音节时长要保持不变,避免读成轻声。

(三)“一”的变调练习

一周　一心　一杯　一同　一旁　一时　一股　一口　一桶　一手

一气　一致　一共　一旦　一样　一再　一向　一路　一道

看一看　试一试　等一等　想一想　听一听　评一评

干什么工作都要一心一意、表里如一、言行一致、一丝不苟。情绪不能一高一低、一好一坏、一落千丈、一蹶不振。做事必须一是一,二是二,一清二楚,说一不二,以一当十。即便一无所有,也要一分为二,要一不做,二不休;一不怕苦,二不怕累;不屈不挠,一切从零开始;绝不能一而再、再而三地叫人摇头说不字。

训练提示:"一"的变调比较灵活,但很有规律。在非去声音节前面时,变为去声。在去声音节前面时,变为阳平。"一"夹在重叠动词中间变轻声。

(四)"不"的变调练习

不便　不过　不怕　不够　不当　不惑　不备　不必　不测　不力

行不行　走不走　打不打　吃不吃

不负众望　不尴不尬　不管不顾　不哼不哈　不卑不亢　不痛不痒

不破不立　不折不扣　不三不四　不声不响　不闻不问　不偏不倚

训练提示:"不"的变调也比较有规律。在非去声音节前面、单念或者在词语末尾时不变调。在去声音节前面时,变为阳平。"不"夹在重叠动词中间变轻声。练习时注意字音规范。

四、语气词"啊"的音变练习

(一)"啊"的音变绕口令练习

啪!啪!啪!谁啊?张果老啊!

怎么不进来啊?怕被狗咬啊!

衣兜儿里装的是什么啊?大酸枣啊!

怎么不吃啊?怕牙倒啊!

胳肢窝里夹着什么啊?破皮袄啊!

怎么不穿上啊?怕虱子咬啊!

怎么不叫你老伴儿拿拿啊?老伴儿死了!

你怎么不哭啊?

盆儿啊!罐儿啊!我的亲老伴儿啊!

(二)"啊"的音变语篇练习

小弟弟啊!

我灵魂中三颗光明喜乐的星,

温柔的,

无可言说的,

灵魂深处的孩子啊!

冰心《繁星·四》

梦儿是最瞒不过的啊，清清楚楚的
诚诚实实的，
告诉了
你自己灵魂里的密意和隐忧。

冰心《繁星·九》

人类啊！
相爱吧，
我们都是长行的旅客，
向着同一的归宿。

冰心《繁星·十二》

高峻的山巅，
深阔的海上——
是冰冷的心，
是热烈的泪；
可怜微小的人啊！

冰心《繁星·二十六》

儿时的朋友，
海波啊，
山影啊，
灿烂的晚霞啊，
悲壮的喇叭啊，
我们如今是疏远了吗？

冰心《繁星·四十七》

弱小的草啊！
骄傲些吧，
只有你普遍地装点了世界。

冰心《繁星·四十八》

大海啊，
哪一颗星没有光？
哪一朵花没有香？
哪一次我的思潮里
没有你波涛的清响？

冰心《繁星·一百三十一》

训练提示:语气词"啊"的音变是根据前面音节的韵尾顺势而发的。熟练掌握"啊"的音变,可以使语气变得更加自然流畅。但语气词都是轻声词,我们在语篇当中不必过分拘泥规则,不要过于强化语气词,这样可以避免发音呆板。

五、词语的轻重格式练习

(一)双音节词语的轻重格式发音练习

1.中重格式

播音　妥协　规则　出版　放心　日常　交通　自愿

黄金　时代　宝贵　阅读　理论　演化　国际　货币

2.重中格式

建筑　风格　重量　价值　浪漫　现象　性质　要求

气味　正确　情况　经验　温度　界限　背景　情感

3.重轻格式

唠叨　力气　喉咙　父亲　太阳　棉花　玫瑰　客人

玻璃　黄瓜　刺猬　臭虫　老虎　风筝　扁担　痛快

(二)三音节词语的轻重格式练习

1.中中重格式

居委会　天安门　办公室　收音机　东方红　火车站　红绿灯　立交桥

2.中重轻格式

命根子　脑瓜子　两口子　小姑娘　鼻梁子　老爷们　使绊子　鞋帮子

3.中轻重格式

保不齐　备不住　小不点　大不了　数得着　吃不消　对不起

(三)四音节词语的轻重格式练习

1.中重中重格式

轻歌曼舞　耳濡目染　根深蒂固　语重心长　眼明手快　慈眉善目　守株待兔

2.中轻中重格式

爱答不理　整整齐齐　稀里哗啦　大大方方　清清楚楚　酸不溜秋　糊里糊涂

3.重中中重格式

美不胜收　不以为然　艰苦奋斗　二氧化碳　义不容辞　敬而远之　一扫而空

附录 1

普通话水平测试用必读轻声词语表

说　明

说明：

(1)本表根据《普通话水平测试用普通话词语表》编制。

(2)本表供普通话水平测试第二项——读多音节词语(100 个音节)测试使用。

(3)本共收词 594 条(其中“子”尾词 217 条)，按汉语拼音字母顺序排列。

(4)本表遵照《汉语拼音正词法基本规则》(GB/T 16159－2012)的标调规则，必读轻声音节不标调号。

A

爱人 àiren
案子 ànzi

B

巴结 bā jie
巴掌 bāzhang
把子 bǎzi
把子 bàzi
爸爸 bàba
白净 báijing
班子 bānzi
板子 bǎnzi
帮手 bāngshou
梆子 bāngzi
膀子 bǎngzi
棒槌 bàngchui
棒子 bàngzi
包袱 bāofu
包子 bāozi
刨子 bào zi
豹子 bàozi
杯子 bēizi
被子 bèizi
本事 běnshi
本子 běnzi
鼻子 bízi
比方 bǐfang
鞭子 biānzi
扁担 biǎndan
辫子 biànzi
别扭 bièniu
饼子 bǐngzi
脖子 bózi
薄荷 bò he
簸箕 bòji
补丁 bǔding
不由得 bùyóude
步子 bùzi
部分 bùfen

C

财主 cáizhu
裁缝 cáifeng
苍蝇 cāngying
差事 chāishi
柴火 cháihuo
肠子 chángzi
厂子 chǎngzi
场子 chǎngzi
车子 chēzi
称呼 chēnghu
池子 chízi
尺子 chǐzi
虫子 chóngzi
绸子 chóuzi
出息 chūxi
除了 chúle
锄头 chútou
畜生 chùsheng
窗户 chuānghu
窗子 chuāngzi
锤子 chuízi
刺猬 cìwei
伺候 cìhou
凑合 còuhe
村子 cūnzi

D

耷拉 dāla
答应 dāying
打扮 dǎban
打点 dǎdian
打发 dǎfa
打量 dǎliang
打算 dǎsuan
打听 dǎting
打招呼 dǎzhāohu
大方 dàfang
大爷 dàye
大意 dàyi
大夫 dàifu
带子 dàizi
袋子 dàizi
单子 dānzi
耽搁 dānge
耽误 dānwu
胆子 dǎnzi
担子 dànzi
刀子 dāozi
道士 dàoshi
稻子 dàozi
灯笼 dēnglong
凳子 dèngzi
提防 dīfang
滴水 dīshui
笛子 dízi
嘀咕 dí gu

底子 dǐzi
地道 dìdao
地方 dìfang
弟弟 dìdi
弟兄 dìxiong
点心 diǎnxin
点子 diǎnzi
调子 diàozi
碟子 dié zi
钉子 dīngzi
东家 dōngjia
东西 dōngxi
动静 dòngjing
动弹 dòngtan
豆腐 dòufu
豆子 dòuzi
嘟囔 dūnang
肚子 dǔzi
肚子 dùzi
端详 duānxiang
缎子 duànzi
队伍 duìwu
对付 duìfu
对头 duìtou
对子 duì zi
多么 duōme
哆嗦 duōsuo

E

蛾子 ézi
儿子 érzi
耳朵 ěrduo

F

贩子 fànzi
房子 fángzi
废物 fèiwu
份子 fènzi
风筝 fēngzheng
疯子 fēngzi
福气 fúqi
斧子 fǔzi
富余 fùyu

G

盖子 gàizi
甘蔗 gānzhe
杆子 gānzi
杆子 gǎnzi
干事 gànshi
杠子 gàngzi
高粱 gāoliang
膏药 gāoyao
稿子 gǎozi
告诉 gàosu
疙瘩 gēda
哥哥 gēge
胳膊 gēbo
鸽子 gēzi
格子 gézi
个子 gèzi
根子 gēnzi
跟头 gēntou
工夫 gōngfu
弓子 gōngzi
公公 gōnggong
功夫 gōngfu
钩子 gōuzi
姑姑 gūgu
姑娘 gūniang
谷子 gǔzi
骨头 gǔtou
故事 gùshi
寡妇 guǎfu
褂子 guàzi
怪不得 guàibude
怪物 guàiwu
关系 guānxi
官司 guānsi
棺材 guāncai
罐头 guàntou
罐子 guànzi
规矩 guīju
闺女 guīnü
鬼子 guǐzi
柜子 guìzi
棍子 gùnzi
果子 guǒzi

H

哈欠 hāqian
蛤蟆 háma
孩子 háizi
含糊 hánhu
汉子 hànzi
行当 hángdang
合同 hétong
和尚 héshang
核桃 hétao
盒子 hézi
恨不得 hènbude
红火 hónghuo
猴子 hóuzi
后头 hòutou
厚道 hòudao
狐狸 húli
胡萝卜 húluóbo
胡琴 húqin
胡子 húzi
葫芦 húlu
糊涂 hútu
护士 hùshi
皇上 huángshang
幌子 huǎngzi
活泼 huópo
火候 huǒhou
伙计 huǒji

J

机灵 jīling
记号 jìhao
记性 jìxing
夹子 jiāzi
家伙 jiāhuo
架势 jiàshi
架子 jiàzi
嫁妆 jiàzhuang
尖子 jiānzi
茧子 jiǎnzi
剪子 jiǎnzi
见识 jiànshi
毽子 jiànzi
将就 jiāngjiu
交情 jiāoqing
饺子 jiǎozi
叫唤 jiàohuan
轿子 jiàozi
结实 jiēshi
街坊 jiēfang
姐夫 jiěfu
姐姐 jiějie

戒指 jièzhi
芥末 jièmo
金子 jīnzi
精神 jīngshen
镜子 jìngzi
舅舅 jiùjiu
橘子 júzi
句子 jùzi
卷子 juànzi

K

开通 kāitong
靠得住 kàodezhù
咳嗽 késou
客气 kèqi
空子 kòngzi
口袋 kǒudai
口子 kǒuzi
扣子 kòuzi
窟窿 kūlong
裤子 kùzi
快活 kuàihuo
筷子 kuàizi
框子 kuàngzi
阔气 kuòqi

L

拉扯 lāche
喇叭 lǎba
喇嘛 lǎma
来得及 láideji
篮子 lánzi
懒得 lǎnde
榔头 lángtou
浪头 làngtou
唠叨 lāodao
老婆 lǎopo
老实 lǎoshi
老太太 lǎotàitai
老头子 lǎotóuzi
老爷 lǎoye
老爷子 lǎoyézi
老子 lǎozi
姥姥 lǎolao
累赘 léizhui
篱笆 líba
里头 lǐtou
力气 lìqi
厉害 lìhai
利落 lìluo
利索 lìsuo
例子 lìzi
栗子 lìzi
痢疾 lìji
连累 liánlei
帘子 liánzi
凉快 liángkuai
粮食 liángshi
两口子 liǎngkǒuzi
料子 liàozi
林子 línzi
铃铛 língdang
翎子 língzi
领子 lǐngzi
溜达 liūda
聋子 lóngzi
笼子 lóngzi
炉子 lúzi
路子 lùzi
轮子 lúnzi
啰唆 luōsuo
萝卜 luóbo
骡子 luózi
骆驼 luòtuo

M

妈妈 māma
麻烦 máfan
麻利 máli
麻子 mázi
马虎 mǎhu
码头 mǎtou
买卖 mǎimai
麦子 màizi
馒头 mántou
忙活 mánghuo
冒失 màoshi
帽子 màozi
眉毛 méimao
媒人 méiren
妹妹 mèimei
门道 méndao
眯缝 mīfeng
迷糊 míhu
面子 miànzi
苗条 miáotiao
苗头 miáotou
苗子 miáozi
名堂 míngtang
名字 míngzi
明白 míngbai
模糊 móhu
蘑菇 mógu
木匠 mùjiang
木头 mùtou

N

那么 nàme
奶奶 nǎinai
难为 nánwei
脑袋 nǎodai
脑子 nǎozi
能耐 néngnai
你们 nǐmen
念叨 niàndao
念头 niàntou
娘家 niángjia
镊子 nièzi
奴才 núcai
女婿 nǚxu
暖和 nuǎnhuo
疟疾 nüèji

P

拍子 pāizi
牌楼 páilou
牌子 páizi
盘算 pánsuan
盘子 pánzi
胖子 pàngzi
狍子 páozi
袍子 páozi
盆子 pénzi
朋友 péngyou
棚子 péngzi
皮子 pízi
脾气 píqi
痞子 pǐzi
屁股 pìgu
片子 piānzi
便宜 piányi

骗子 piànzi
票子 piàozi
漂亮 piàoliang
瓶子 píngzi
婆家 pójia
婆婆 pópo
铺盖 pūgai

Q

欺负 qīfu
旗子 qízi
前头 qiántou
钳子 qiánzi
茄子 qiézi
亲戚 qīnqi
勤快 qínkuai
清楚 qīngchu
亲家 qìngjia
曲子 qǔzi
圈子 quānzi
拳头 quántou
裙子 qúnzi

R

热闹 rènao
人家 rénjia
人们 rénmen
认识 rènshi
日子 rìzi
褥子 rùzi

S

塞子 sāizi
嗓子 sǎngzi
嫂子 sǎozi
扫帚 sàozhou
沙子 shāzi
傻子 shǎzi
扇子 shànzi
商量 shāngliang
晌午 shǎngwu
上司 shàngsi
上头 shàngtou
烧饼 shāobing
勺子 sháozi
少爷 shàoye
哨子 shàozi
舌头 shétou
舍不得 shébude
身子 shēnzi
什么 shénme
婶子 shěnzi
生意 shēngyi
牲口 shēngkou
绳子 shéngzi
师父 shīfu
师傅 shīfu
虱子 shīzi
狮子 shīzi
石匠 shíjiang
石榴 shíliu
石头 shítou
时辰 shíchen
时候 shíhou
实在 shízai
拾掇 shíduo
使唤 shǐhuan
世故 shìgu
似的 shìde
事情 shìqing
试探 shìtan
柿子 shìzi
收成 shōucheng
收拾 shōushi
首饰 shǒushi
叔叔 shūshu
梳子 shūzi
舒服 shūfu
舒坦 shūtan
疏忽 shūhu
爽快 shuǎngkuai
思量 sīliang
俗气 súqi
算计 suànji
岁数 suìshu
孙子 sūnzi

T

他们 tāmen
它们 tāmen
她们 tāmen
踏实 tāshi
台子 táizi
太太 tàitai
摊子 tānzi
坛子 tánzi
毯子 tǎnzi
桃子 táozi
特务 tèwu
梯子 tīzi
蹄子 tízi
甜头 tiántou
挑剔 tiāoti
挑子 tiāozi
条子 tiáozi
跳蚤 tiàozao
铁匠 tiějiang
亭子 tíngzi
头发 tóufa
头子 tóuzi
兔子 tùzi
妥当 tuǒdang
唾沫 tuòmo

W

挖苦 wāku
娃娃 wáwa
袜子 wàzi
外甥 wàisheng
外头 wàitou
晚上 wǎnshang
尾巴 wěiba
委屈 wěiqu
为了 wèile
位置 wèizhi
位子 wèizi
温和 wēnhe
蚊子 wénzi
稳当 wěndang
窝囊 wōnang
我们 wǒmen
屋子 wūzi

X

稀罕 xīhan
席子 xízi
媳妇 xífu
喜欢 xǐhuan
瞎子 xiāzi
匣子 xiázi
下巴 xiàba

吓唬 xiàhu
先生 xiānsheng
乡下 xiāngxia
箱子 xiāngzi
相声 xiàngsheng
消息 xiāoxi
小伙子 xiǎohuǒzi
小气 xiǎoqi
小子 xiǎozi
笑话 xiàohua
歇息 xiēxi
蝎子 xiēzi
鞋子 xiézi
谢谢 xièxie
心思 xīnsi
星星 xīngxing
猩猩 xīngxing
行李 xíngli
行头 xíngtou
性子 xìngzi
兄弟 xiōngdi
休息 xiūxi
秀才 xiùcai
秀气 xiùqi
袖子 xiùzi
靴子 xuēzi
学生 xuésheng
学问 xuéwen

Y

丫头 yātou
鸭子 yāzi
衙门 yámen
哑巴 yǎba
胭脂 yānzhi
烟筒 yāntong
眼睛 yǎnjing
燕子 yànzi
秧歌 yāngge
养活 yǎnghuo
样子 yàngzi
吆喝 yāohe
妖精 yāojing
钥匙 yàoshi
椰子 yēzi
爷爷 yéye
叶子 yèzi
一辈子 yíbèizi
一揽子 yīlǎnzi
衣服 yīfu
衣裳 yīshang
椅子 yǐzi
意思 yìsi
银子 yínzi
影子 yǐngzi
应酬 yìngchou
柚子 yòuzi
芋头 yùtou
冤家 yuānjia
冤枉 yuānwang
园子 yuánzi
院子 yuànzi
月饼 yuèbing
月亮 yuèliang
云彩 yúncai
运气 yùnqi

Z

在乎 zàihu
咱们 zánmen
早上 zǎoshang
怎么 zěnme
扎实 zhāshi
眨巴 zhǎba
栅栏 zhàlan
宅子 zháizi
寨子 zhàizi
张罗 zhāngluo
丈夫 zhàngfu
丈人 zhàngren
帐篷 zhàngpeng
帐子 zhàngzi
招呼 zhāohu
招牌 zhāopai
折腾 zhēteng
这个 zhège
这么 zhème
枕头 zhěntou
芝麻 zhīma
知识 zhīshi
侄子 zhízi
指甲 zhǐjia(zhījia)
指头 zhǐtou(zhítou)
种子 zhǒngzi
珠子 zhūzi
竹子 zhúzi
主意 zhǔyi(zhúyi)
主子 zhǔzi
柱子 zhùzi
爪子 zhuǎzi
转悠 zhuànyou
庄稼 zhuāngjia
庄子 zhuāngzi
壮实 zhuàngshi
状元 zhuàngyuan
锥子 zhuīzi
桌子 zhuōzi
自在 zìzai
字号 zìhao
粽子 zòngzi
祖宗 zǔzong
嘴巴 zuǐba
作坊 zuōfang
琢磨 zuómo
做作 zuòzuo

附录 2

普通话水平测试用儿化词语表

说 明

(1)本表参照《普通话水平测试用普通话词语表》及《现代汉语词典》(第 7 版)编制。加 * 的是以上二者未收,根据测试需要而酌增的条目。

(2)本表仅供普通话水平测试第二项——读多音节词语(100 个音节)测试使用。本表儿化音节,在书面上一律加“儿”,但并不表明所列词语在任何语用场合都必须儿化。

(3)本表共收词 200 条,列出原形韵母和所对应的儿化韵,用符号>表示由哪个原形韵母变为儿化韵。描写儿化韵中的“:”表示“:”之前的是主要元音(韵腹),不是介音(韵头)。

(4)本表的汉语拼音注音,只在基本形式后面加 r,如“一会儿 yīhuìr”,不标语音上的实际变化。

a>ar	板擦儿 bǎncār	打杂儿 dǎzár
	刀把儿 dāobàr	号码儿 hàomǎr
	没法儿 méifǎr	戏法儿 xìfǎr
	找碴儿 zhǎochár	
ai > ar	壶盖儿 * húgàir	加塞儿 jiāsāir
	名牌儿 míngpáir	小孩儿 xiǎoháir
	鞋带儿 * xiédàir	
an > ar	包干儿 bāogānr	笔杆儿 bǐgǎnr
	快板儿 kuàibǎnr	老伴儿 lǎobànr
	脸蛋儿 liǎndànr	脸盘儿 liǎnpánr
	门槛儿 ménkǎnr	收摊儿 shōutānr
	蒜瓣儿 suànbànr	栅栏儿 zhàlanr
ang > ar(鼻化)	赶趟儿 gǎntàngr	瓜瓤儿 * guārángr
	香肠儿 xiāngchángr	药方儿 yàofāngr
ia > iar	掉价儿 diàojiàr	豆芽儿 dòuyár
	一下儿 yīxiàr	
ian > iar	半点儿 bàndiǎnr	差点儿 chàdiǎnr
	坎肩儿 kǎnjiānr	拉链儿 lāliànr
	聊天儿 liáotiānr	露馅儿 lòuxiànr

	冒尖儿 màojiānr	扇面儿 shànmiànr
	馅儿饼 xiànrbǐng	小辫儿 xiǎobiànr
	心眼儿 xīnyǎnr	牙签儿 yáqiānr
	一点儿 yīdiǎnr	有点儿 yǒudiǎnr
	雨点儿 yǔdiǎnr	照片儿 zhàopiānr
iang > iar(鼻化)	鼻梁儿 bíliángr	花样儿 huāyàngr
	透亮儿 tòuliàngr	
ua > uar	大褂儿 dàguàr	麻花儿 máhuār
	马褂儿 mǎguàr	脑瓜儿 nǎoguār
	小褂儿 xiǎoguàr	笑话儿 xiàohuar
	牙刷儿 yáshuār	
uai > uar	一块儿 yīkuàir	
uan > uar	茶馆儿 cháguǎnr	打转儿 dǎzhuànr
	大腕儿 dàwànr	饭馆儿 fànguǎnr
	拐弯儿 guǎiwānr	好玩儿 hǎowánr
	火罐儿 huǒguànr	落款儿 luòkuǎnr
uang > uar(鼻化)	打晃儿 dǎhuàngr	蛋黄儿 dànhuángr
	天窗儿 tiānchuāngr	
üan > üar	包圆儿 bāoyuánr	出圈儿 chūquānr
	绕远儿 ràoyuǎnr	人缘儿 rényuánr
	手绢儿 shǒujuànr	烟卷儿 yānjuǎnr
	杂院儿 záyuànr	
ei > er	刀背儿 dāobèir	摸黑儿 mōhēir
en>er	把门儿 bǎménr	别针儿 biézhēnr
	大婶儿 dàshěnr	刀刃儿 dāorènr
	高跟儿鞋 * gāogēnrxié	哥们儿 gēmenr
	后跟儿 hòugēnr	花盆儿* huāpénr
	老本儿 lǎoběnr	面人儿 miànrénr
	纳闷儿 nàmènr	嗓门儿 sǎngménr
	小人儿书 xiǎorénrshū	杏仁儿 xìngrénr
	压根儿 yàgēnr	一阵儿 yīzhènr
	走神儿 zǒushénr	
eng> er(鼻化)	脖颈儿 bógěngr	钢镚儿 gāngbèngr
	夹缝儿 jiāfèngr	提成儿 tíchéngr

ie>ier	半截儿 bànjiér	小鞋儿 xiǎoxiér
üe>üer	旦角儿 dànjuér	主角儿 zhǔjuér
uei > uer	耳垂儿 ěrchuír	墨水儿 mòshuǐr
	跑腿儿 pǎotuǐr	围嘴儿 wéizuǐr
	一会儿 yīhuìr	走味儿 zǒuwèir
uen> uer	冰棍儿 bīnggùnr	打盹儿 dǎdǔnr
	光棍儿 guānggùnr	开春儿 kāichūnr
	没准儿 méizhǔnr	胖墩儿 pàngdūnr
	砂轮儿 shālúnr	
ueng> uer(鼻化)	小瓮儿 * xiǎowèngr	
-i(前)> er	瓜子儿 guāzǐr	没词儿 méicír
	石子儿 shízǐr	挑刺儿 tiāocìr
-i(后)> er	记事儿 jishìr	锯齿儿 jùchǐr
	墨汁儿 mòzhīr	
i> i：er	垫底儿 diàndǐr	肚脐儿 dùqír
	玩意儿 wányìr	针鼻儿 zhēnbír
in > i：er	脚印儿 jiǎoyìnr	送信儿 sòngxìnr
	有劲儿 yǒujìnr	
ing > i：er(鼻化)	打鸣儿 dǎmíngr	蛋清儿 dànqīngr
	花瓶儿 huāpíngr	火星儿 huǒxīngr
	门铃儿 ménlíngr	人影儿 rényǐngr
	图钉儿 túdīngr	眼镜儿 yǎnjìngr
ü > ü：er	毛驴儿 máolǘr	痰盂儿 tányúr
	小曲儿 xiǎoqǔr	
ün > ü：er	合群儿 héqúnr	
e > er	挨个儿 āigèr	唱歌儿 * chànggēr
	打嗝儿 dǎgér	单个儿 dāngèr
	逗乐儿 dòulèr	饭盒儿 fànhér
	模特儿 mótèr	
u>ur	泪珠儿 lèizhūr	梨核儿 * líhúr
	没谱儿 méipǔr	碎步儿 suìbùr
	媳妇儿 xífur	有数儿 yǒushùr
ong>or(鼻化)	抽空儿 chōukòngr	果冻儿 guǒdòngr
	胡同儿 hútòngr	酒盅儿 jiǔzhōngr

	门洞儿 méndòngr	小葱儿 xiǎocōngr
iong>ior（鼻化）	小熊儿 * xiǎoxióngr	
ao> aor	半道儿 bàndàor	灯泡儿 dēngpàor
	红包儿 hóngbāor	叫好儿 jiàohǎor
	绝着儿 juézhāor	口哨儿 kǒushàor
	口罩儿 kǒuzhàor	蜜枣儿 mìzǎor
	手套儿 shǒutàor	跳高儿 tiàogāor
iao> iaor	豆角儿 dòujiǎor	火苗儿 huǒmiáor
	开窍儿 kāiqiàor	面条儿 miàntiáor
	跑调儿 pǎodiàor	鱼漂儿 yúpiāor
ou > our	个头儿 gètóur	老头儿 lǎotóur
	门口儿 ménkǒur	年头儿 niántóur
	纽扣儿 niǔkòur	线轴儿 xiànzhóur
	小丑儿 xiǎochǒur	小偷儿 xiǎotōur
	衣兜儿 yīdōur	
iou > iour	顶牛儿 dǐngniúr	加油儿 jiāyóur
	棉球儿 * miánqiúr	抓阄儿 zhuājiūr
uo > uor	被窝儿 bèiwōr	出活儿 chūhuór
	大伙儿 dàhuǒr	火锅儿 huǒguōr
	绝活儿 juéhuór	小说儿 xiǎoshuōr
	邮戳儿 yóuchuōr	做活儿 zuòhuór
(o)>or	耳膜儿 * ěrmór	粉末儿 fěnmòr

附录 3

“普通话语音”题库

第一章 语音概说

1.汉语普通话，是以________为标准音，以______为基础方言，以______________为语法规范的现代汉民族共同语。(填空)

2.________是中华人民共和国通用语言。(填空)

3.用听感可以区分的语音结构基本单位______。(填空)

4.语音的物理属性可以从______、______、______、______四个方面进行分析。(填空)

5.确定音位的标准主要是根据语音的(　)性质来判断的。(单选)

A.生理属性

B.社会属性

C.物理属性

D.心理属性

6.语音具有物理性、生理性和(　)。(单选)

A.表意性

B.音义结合性

C.社会性

D.口语性

7.下列关于音高的说法正确的是?(　)(单选)

A.与声波的频率高低有关

B.与声波振幅大小有关

C.指声波振动持续时间的长短

D.指声音的特色和本质

8.汉语音节中没有辅音声母的音节叫作什么?(　)(单选)

A.无声母音节

B.元音音节

C.鼻音尾音节

D.零声母音节

9.下列关于元音说法正确的是?(　)(多选)

A.发音时气流在口腔中不受明显阻碍

B.发音时声带振动

C.都是乐音

D.发音时气流在口腔受到明显阻碍

第二章　普通话声母

1.辅音的发音过程有______、______、______三个阶段。(填空)

2.普通话有____个声母,包括____个辅音声母和零声母。(填空)

3.普通话声母按照发音部位可以分为七组,分别是双唇阻、________、________、________、________、________、舌根阻。

4.普通话声母常见的发音方法有塞音、______、______、______、边音。

5.零声母音节是指没有辅音声母的音节。(判断)

A.正确

B.错误

6.普通话塞音和塞擦音声母在同一位置在解除阻碍时,呼出气流的强弱也能够区别意义。(判断)

A.正确

B.错误

7.以下关于声母j的成阻部位描述正确的是(　)。(单选)

A.上唇与下唇

B.舌尖与齿背

C.舌尖与硬腭前部

D.舌面前部与硬腭前部

8.下列四组中声母与发音部位对应完全正确的是(　)。(单选)

A.双唇音 b、p、m、f

B.舌尖前音 j、q、x

C.舌尖中音 d、t、n、l

D.舌尖后音 g、k、h

9.下列4组声母中,按发音方法分,都属于塞擦音的一组是(　)。(单选)

A.声母 n l h x

B.声母 j q z c

C.声母 s zh r f

D.声母 b p g k

10.声母n和l的异同的描述正确的是(　):(多选)

A.发音部位不同

B.发音方法不同

C.发音部位相同

D.发音方法相同

第三章　普通话韵母

1.影响舌面元音发音的条件主要有________、________、唇形的圆展。

2.普通话单元音韵母有10个，其中舌面元音有7个：__、__、__、__、__、__、ê。

3.鼻韵母是由元音和鼻辅音韵尾构成的韵母。(判断)

A.正确

B.错误

4.单元音发音时唇形舌位始终保持不变。(判断)

A.正确

B.错误

5.下面关于单韵母ü发音情况，描述正确的是(　)。(单选)

A.舌面 央 高 圆唇元音

B.舌尖 前 半高 圆唇元音

C.舌面 前 高 圆唇元音

D.舌面 前 高 不圆唇元音

6."怨"字韵母开头元音是(　)。(单选)

A.u

B.i

C.ü

D.w

7.韵母按韵母开头元音的唇形特点可分为(　　)。(多选)

A.开口呼

B.齐齿呼

C.合口呼

D.撮口呼

8.下面全为撮口呼韵母的一组是(　　)。(多选)

A.里 旅 起 去

B.履 曲 于 据

C.西 以 粗 巨

D.徐 聚 域 女

9.普通话中的两个辅音韵尾是(　　)。(多选)

A.-o

B.-u

C.-n

D.-ng

10.下列关于复韵母发音特点描述正确的是(　　)

A.是简单的两个或三个元音相加

B.是舌位唇形由一个元音滑动、变化到另一个元音

C.复元音韵母韵腹口腔开度最大

D.复元音韵母韵腹发音持续时间最长

第四章　普通话声调

1.声调是汉语音节固有的,具有________作用的高低升降的变化。(填空)

2.声调的性质主要取决于:(　)(单选)

A.音高

B.音强

C.音长

D.音色

3.目前描写普通话声调调值的主要变化方法是________。(填空)

4.声调的实际读法叫作_____。(填空)

5.普通话声调有四个调类,调类名称分别是____、____、____、____。

6.下列双音节词前后两个音节声调完全相同的是哪一组?(多选)

A.人民 辽宁 合格

B.灵活 新闻 星球

C.存栏 存款 遥远

D.导演 广场 领导

7.声调贯穿音节始终,主要作用在韵腹上。(　)(判断)

A.正确

B.错误

8.普通话阴平、阳平、上声、去声的调值排列正确的是(　)。

A.55、35、211、51

B.35、53、55、31

C.55、35、214、51

D.33、55、214、51

第五章　普通话音节结构

1.普通话音节结构中必不可少的部分是(　)。(单选)

A.辅音声母

B.韵腹

C.韵头

D.韵尾

2.下列 4 组韵母中，都不能与辅音声母相拼的一组是（ ）。（单选）

A.韵母 a、ia、ua

B.韵母 i、u、ü

C.韵母 üe、üan、ün

D.韵母 ê、er、ueng

3.能跟舌面前声母(j、q、x)相拼的韵母是（ ）。（单选）

A.开口呼、齐齿呼韵母

B.合口呼、撮口呼韵母

D.开口呼、合口呼韵母

C.齐齿呼、撮口呼韵母

4.普通话声母 j、q、x 不能和哪一组韵母相拼合？（ ）（多选）

A.开口呼

B.齐齿呼

C.合口呼

D.撮口呼

5.普通话声母 g、k、h 能和哪一组韵母拼合？（ ）（多选）

A.开口呼

B.齐齿呼

C.合口呼

D.撮口呼

6.普通话声母 z、c、s 不能和哪一组韵母拼合？（ ）（多选）

A.开口呼

B.齐齿呼

C.合口呼

D.撮口呼

7.以下音节有韵尾的是（ ）。（多选）

A.美

B.丽

C.中

D.国

第六章 普通话语流音变

1.音节在连读时相邻音节有些声调会发生变化的现象叫变调。( )(判断)

A.正确

B.错误

2.轻声音节发音时会变得轻而短,同时音高、音色也会有变化。( )(判断)

A.正确

B.错误

3.上声音节在阴平、阳平、去声和轻声音节前,其调值变为( )。(单选)

A.214

B.211

C.35

D.204

4.两个上声音节连读,前一个音节调值变为( )。(单选)

A.214

B.211

C.35

D.204

5.下列哪组词语都是必读轻声音节?( )(单选)

A.尾巴 鼓励 甘蔗

B.姑娘 麻烦 喜欢

C.应酬 巩固 宝贝

D.力量 大夫 语言

6.下列词中"不"读原调的是( )。(多选)

A.不巧

B.不怕

C.无不

D.来不来

7.下列词语中属于儿化韵的是( )。(多选)

A.一点儿

B.儿童

C.捎信儿

D.宠儿

8.下列哪组词语中的"一"字须变调为35?( )(单选)

A.一尘不染　一丝不苟

B.一路平安　一窍不通

C.一问一答　一蹶不振

D.一蓑烟雨　一唱一和

9.下列语气词“啊”在语流中,变读成“呀”的是(　)。(多选)

A.祖国啊!我亲爱的祖国!

B.这件衣服多少钱啊?

C.大海啊!

D.我们尽情地歌唱啊!

第二部分

科学发声

发声训练是针对广播、电视、网络直播等传媒领域有声语言从业人员及语言爱好者而进行的一种系统性训练，这种训练旨在通过科学的方法和技巧，优化发声机制，提升声音的表现力和感染力，让其更好地服务于信息传递和公众沟通。

本部分根据普通话有声语言艺术创作的实用性、审美性要求，分别从呼吸控制、口腔控制、喉部控制、共鸣控制等方面讲解发声的原理、艺术语言发声的技巧及需要掌握的要领，并配有较充足的训练材料。通过学习和训练，读者可掌握发声的基本理论和科学的发声方法，以理论知识解决发声实践中的问题，逐步改变不良发声习惯，使发声能力不断提高，从而让声音达到清晰、集中、圆润、明朗、朴实、大方、富于变化的要求，以适应不同语言环境中表达的需要。掌握正确的发声方法还需要读者坚持不懈的练习，具备练功的毅力，循序渐进，才能达到理想状态。

第七章　有声语言艺术发声概说

☞知识目标：了解有声语言艺术发声的基本要求，了解科学发声的物理、生理、心理基础。

☞能力目标：学会以科学发声理论指导发声实践，提高自我调节发音动作的能力，提高发声效率和发声质量。

有声语言艺术是以人类嗓音为表现载体的综合艺术形式，涵盖播音主持、舞台朗诵、戏剧表演、影视配音等，其核心发声要求可归纳为：

用气发声　气沉丹田

喉部放松　声音贯通

吐字如珠　清晰圆润

声随情动　流畅自然

有声语言艺术发声概说，是从物理（声学）、生理（发音器官、机理）、心理（意识、感受、情感）等方面，在理论与实践结合的基础上，阐述用气发声的规律和训练方法的。练声，就是运用系统的方法和材料，对具有一定先天条件的人，开发发音器官的潜在能力，以适应特定技术要求的声音训练过程，最终达到美化声音，丰富声音的表现力，使之具备一定的审美价值的目标。科学的练声过程是理论和实践、方法和效果高度统一的过程。以科学发声理论指导发声实践，能有效提高自我调节发音动作的能力，这样才能够更好地提升发声效率和发声质量，从而符合有声语言艺术创作的要求。

第一节　发声的物理基础

声音的物理属性包括音高、音强、音长和音色。这也是我们发声的物理基础。

一、音高

音高指声音的高低，取决于声波的频率。

从语音的角度看音高：主要考察音高在区别意义上起到的作用，即声调和语调。声调、语调不标准会导致交流障碍。

从发声的角度看音高：

发音体大、长、松、厚，振动慢，频率低，则声音低。

发音体小、短、紧、薄，振动快，频率高，则声音高。

一个人音域越宽，其声音的表现力也越强。一般口语传播中，音高变化幅度常常在自然音域底部不到一个八度的范围内，有声语言艺术表达一般要求自如声区能达到一个半八度到两个八度之间。

二、音强

音强指声音的强弱，是由声波的振幅大小决定的。

一定频率的声波，振幅大声音就强，振幅小声音就弱。

从语音的角度看音强：主要考察轻声、词语的轻重格式等影响意义表达的音强的变化。

从发声的角度看音强：有声语言中音强体现为音量。有声语言艺术创作对音量的要求是强度不高，幅度不大，但层次要多。有声语言艺术发声中对音量的控制应该体现出丰富的层次性，以增强有声语言的表现力。

生活中人们经常把音量大小和声音的响度混为一谈。音量大小是人耳对声音强度的主观感受。响度不仅与音强有关，还跟音高、音长有关。我们听到一个洪亮的声音时，声音的音强比较强，也常常伴随着较高的音高。声音低沉时音高比较低，但是音强不一定弱。

经过发声训练的人，声音强度的运用会有明显改进，这也和气息控制有很大关系。

三、音长

音长指声音的长短，即声音的时值，取决于发音体振动的持续时间。

从语音的角度看音长：英语中有长短元音的区别，而在汉语普通话中音长没有特别的区别意义的作用，轻声现象中音节会短一点，还有一些方言的入声字声调比较短促。

从发声的角度看音长：音长的变化直接影响着语速，它也是构成语言节奏的重要因素，在明确语句目的或表现情感的分寸时起着重要作用。

四、音色

音色指声音的特色和本质,取决于发音体振动的形式和波形。

从语音的角度看音色。我们观察一个语音系统最重要的方法就是分析语音音色。语音音色是语音中用来区别意义的不同音素(音位)的声音特点,主要取决于发音方法的不同和共鸣器形状的不同。比如 i 跟 u 的不同主要是由于唇形的不同,n 和 l 的不同主要是由于发音方法的不同。

从发声的角度看音色。声音色彩,是指发音过程中持续表现出的具有个人风格的声音特点,又称音色或音质。这种超出语言意义的声音特点是由发音的音高、响度、速度和音色混合而成的。除发音器官的个体差异外,它还与发音人的社会背景有着密切的关系。声音色彩在很大程度上取决于发音人的感情状态及具体语境。对于声音色彩,人们常常根据个人感觉,使用"明亮、沉闷、宽厚、扎实、纤细、柔和"等词语来描述。

第二节　发声的生理基础

语音是在大脑的统一支配下,通过人体的头、颈、胸、腹等部位的肌肉控制着各发音器官协调运动而发出的。这些在发音中起着不同作用的器官构成了整个声道系统,按照自下而上的顺序可以分为三部分:动力系统、声源系统和成音系统。

一、动力系统

动力器官——肺和气管。由肺和气管呼出的气息是发声的动力。动力系统主要由肺、气管、胸廓以及膈肌、腹肌等组成。人的呼吸就是通过胸廓和膈肌的运动改变胸腔的容积,从而利用体内外空气压力的变化产生气息。呼吸控制对于发声训练具有重要意义。

二、声源系统

振动器官——喉和声带。声带在气流的作用下产生振动,发出声音。喉部肌肉的运动可以使喉部以及声带的状态发生改变,从而产生音色、音高的变化。提升喉部控制能力,可以更好地修正、调整自己的嗓音,有效提升发声能力。

三、成音系统

共鸣器官——喉腔、咽腔、口腔、鼻腔以及胸腔、头腔等。共鸣腔的调节直接参与语音的制作,例如我们通过改变口腔共鸣腔形状而形成 a、i、u 等不同的元音音色。共鸣腔的调节还有一个重要的作用就是扩大和美化声带发出的微弱声音。提高共鸣控制的能力，可以有效提高发声效率，改善声音质量，丰富声音的表现力。

咬字器官——舌、唇、齿及齿龈、硬腭、软腭等口腔器官。咬字器官的运动与相互配合对喉部发出的声束和肺呼出的气流加以节制，从而形成不同的音素和音节的组合。生成语音的复杂过程集中在口腔，因此，良好的口腔控制对于语音的准确、清晰、圆润、集中、流畅起着重要的保障作用。

第三节　发声的心理基础

人类运用有声语言的过程，首先从意识活动开始。这种意识活动选择编制语言代码，将其变为发音动作的指令，再通过神经系统控制人体的发音器官，从而产生出言语的声波把有声语言传播出去。

在发声过程中，心理活动起着决定性作用，其决定了发音器官是否运动协调。在这个过程中，说话人发音器官的运动和发出的声音随时处在说话人大脑意识的监督之下，能够感受、控制自己的发音动作，听到自己发出的声音，并根据动作和声音的反馈及时调整自己的发音动作，来保证所发语音的准确无误，这就是发声过程的动觉反馈和听觉反馈。这些反馈常常是下意识的，在发声训练中，我们要有意识地提升动觉和听觉反馈的能力，有助于客观认知自己的声音，提高训练效果。

发声时，大脑同时接收到发音器官和所属肌肉上的感觉神经反馈的信号，对发声动作进行校正。这种保证发音器官动作不偏离正确运动的监督控制过程，就是发声过程的动觉反馈。

说话人发出的声波通过自己的耳朵和骨传导接收传回大脑，当说话人听到所发语音不正确时，大脑会发出指令使发音器官修正错误，这种监督叫听觉反馈。

另外，心理状态也是影响发声的一个重要因素。积极愉快的心理状态会使大脑活动积极灵敏，发声也比较流畅自如；紧张、悲哀等消极心理状态则会使发声的心理过程受阻，影响发声的顺畅。

第四节　有声语言艺术表达的特点

有声语言艺术表达区别于日常口语表达的地方，就在于语言传播环境、传播目的、传播方式对声音的规范性、传播性、审美性、功能性要求更高。主要体现在以下几点：

一、准确性——规范性要求

（1）要求字音准确，不能出现错别字现象。

（2）要求发音准确，字音中的声韵调准确规范，包括声母发音部位、发音方法准确；

韵母唇形、舌位准确；声调规范、语调自然。

二、清晰——传播性要求

“清晰”建立在“准确”的基础上。吐字清晰是建立在一系列行之有效的发音技巧上的。有声语言艺术表达要求较强的口腔控制能力，唇舌灵活有力，运用自如。

三、圆润——审美性要求

(1)嗓音条件：嗓音条件与声音圆润度有直接关系，但圆润的嗓音，不一定能做到“字正腔圆”的“圆”。

(2)吐字如珠：吐字归音技巧的运用，可以使字音变得饱满，弥补先天嗓音的某些不足。

(3)丰富的泛音共鸣：共鸣技巧的运用，可以使声音得以有效地扩大和美化。

四、集中——功能性需求

通过发声动作的调整，在发声过程中发音器官力量和路线相对集中，声音有目标，有距离感。可以做到声音集中，具有“穿透力”。

五、流畅——表达需求

有声语言艺术发声以日常口语为基础，我们在做到字正腔圆的同时，克服吐字刻板僵化，避免“说字”“念字”现象，音节与音节之间过渡流畅，进而获得良好的有声语言艺术表达效果。

思考与练习

1.什么是音高、音强、音长、音色？有声语言艺术发声对它们有什么要求？

2.简述发声的生理基础。

3.查阅资料，阐述发声的心理基础对发声训练的作用。

4.简述有声语言艺术表达的特点。

第八章　呼吸控制

☞知识目标：明确有声语言艺术创作中呼吸控制的重要意义，清楚呼吸系统的构成，准确阐释胸腹联合式呼吸法的原理及特点，牢固掌握有声语言艺术创作对吸气、呼气和换气的要求及动作要领。

☞能力目标：通过吸气、呼气和换气训练，能够在有声语言运用过程中对气息进行自如控制，使气息顺畅均匀、深浅适中、收放自如。

第一节　呼吸控制常识

一、呼吸控制的重要意义

呼吸是人的本能，气息是发声的原动力，人类利用呼吸产生的气息和声带配合制造出声音，呼吸运动贯穿整个发音和发声的过程。"气者，音之帅也"，"气动则声发"，气息控制能力的强弱直接影响声音的质量。有声语言艺术和歌唱艺术一样，在表达过程中情感变化与声音变化比较丰富，对声音与气息的配合有着较高的审美性要求。因此，气息控制训练对从事有声语言艺术创作的人来说十分重要。想要达到艺术语言表达对气息的审美性要求，我们就必须通过系统的学习和训练，掌握科学的呼吸方法，提高气息控制能力，最终达到气息控制运用自如的状态。

(一)提升声音质量

呼吸控制能使声音更加稳定，避免在长时间的播音主持中出现声音颤抖或气息不足的情况。同时，它还能确保声音在连续发音过程中保持持久性，缓解嗓音疲劳。

良好的呼吸控制能够为声音提供充足的动力，使声音更加饱满有力。此外，它还能提高声音的清晰度，确保信息传达的准确性。

(二)保护发音器官

科学的呼吸控制能够减少发音器官(如声带、喉部等)的磨损。通过调整呼吸方式，可以降低声带受到的冲击，减少声带炎、咽炎等职业病的发生。这不仅有助于有声语言从业者保持身体健康，还能延长职业生涯。

(三)增强语言感染力

呼吸是情感表达的重要载体。通过控制呼吸的节奏、力度和方式，有声语言从业者可以更加自如地表达不同的情感色彩，从而增强语言的感染力。这样的声音能够更好地打动受众，引起共鸣，从而提升传播效果。

(四)促进声音与情感的融合

呼吸控制是情感与声音之间的桥梁。通过调整呼吸，有声语言从业者可以更加准确地传达文字背后的情感色彩，使声音与情感实现完美结合。这样的声音不仅能够增强表达的感染力，还能触动受众的心灵。

二、有声语言艺术表达与胸腹联合式呼吸法

(一)有声语言艺术表达对气息的要求

有声语言艺术表达对气息的基本要求为：稳劲、节省、持久、自如、协调，即能够运用胸腹联合式呼吸法调节气息，做到气息顺畅均匀、深浅适中、运用自如。吸气量是基础，而在使用过程中，最重要的是呼气与发声的配合练习。所以胸腹联合式呼吸法不过分强调进气量大，而是要求有足够的气息，能够支撑有声语言艺术创作时所需的动力。也就是说，重点是我们控制气息呼出过程中的急缓、疏密、深浅。

(二)正确认识呼吸原理

在进行胸腹联合式呼吸训练之前，我们首先要了解呼吸的原理。

1.呼吸系统

人的呼吸系统由呼吸道、肺、胸廓和有关肌肉、横膈膜以及腹部肌肉组成(见图8-1)。呼吸道则由鼻、咽、喉、气管、支气管和肺内的各级支气管组成。

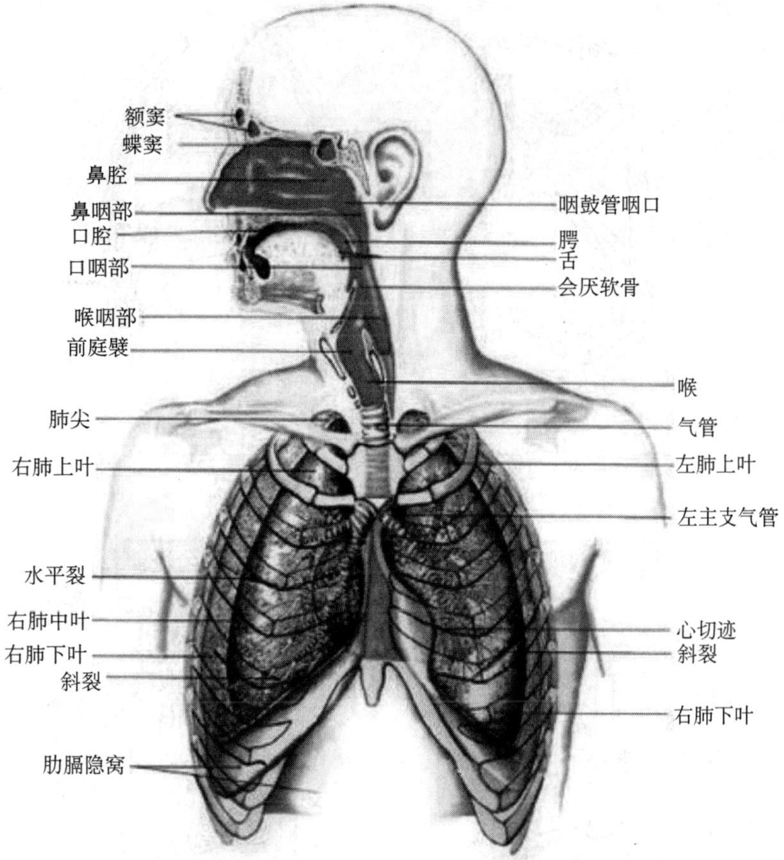

图 8-1 呼吸系统

2.呼吸过程和原理

呼吸过程就是气息交换的过程。首先是通过鼻腔和口腔吸入空气，接着气流经过咽、喉进入气管，最后到达肺部。

气体进出肺部的基本过程如下：大量吸气时，肋间肌收缩，肋骨向上、向外移动，膈肌收缩下降，这些都增加了胸廓的容积，同时外界气压大于肺内气压，空气就进入了肺部；然后肺泡内和毛细血管内血液中的气体通过单层的血管壁细胞和肺泡壁细胞进行气体交换，使得氧气进入血液，被循环系统运输到全身细胞，参与细胞呼吸；而细胞产生的二氧化碳通过循环系统回到肺部，肋间肌舒张，肋骨下降，膈肌舒张回复到原位，这些又使得胸腔容积减少，肺内气压增大，大于外压，因此肺泡内空气就被排出了体外（见图 8-2、图 8-3）。

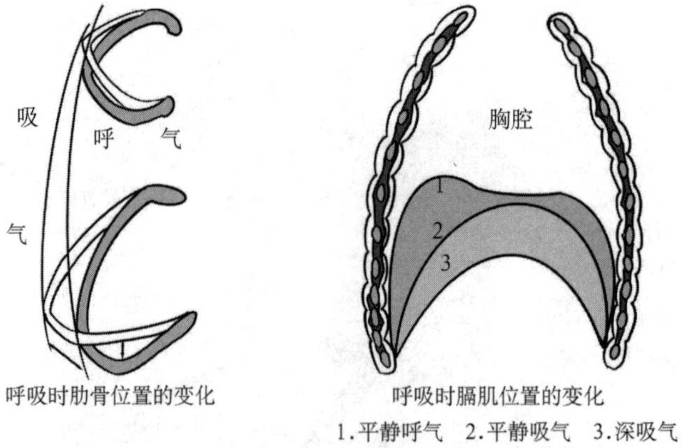

图 8-2 呼吸时肋骨和膈肌位置变化示意图

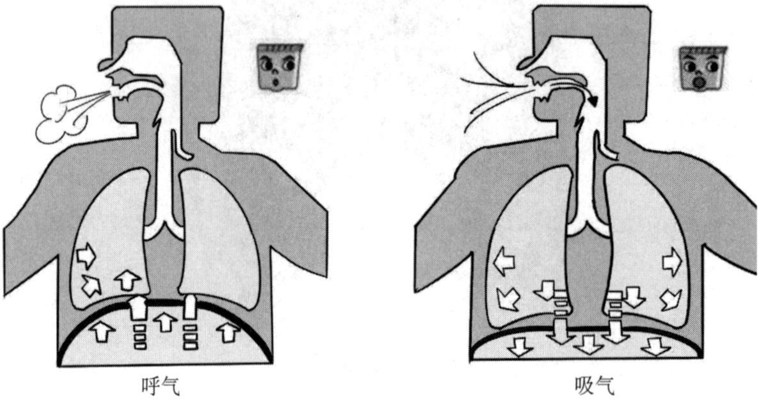

图 8-3 呼吸时肺部和膈肌变化示意图

3.胸腹联合式呼吸法

胸腹联合式呼吸法有别于日常呼吸方式中的胸式呼吸、腹式呼吸，是胸、腹共同参与到呼吸运动过程中的一种呼吸法。这种呼吸法通过加强对胸腔、横膈膜及腹部肌肉的控制，使我们获得更有效的气息支持。胸腹联合式呼吸法要求我们在吸气过程中扩大胸腔周围径的同时，有意识地扩大胸腔的上下径，以便吸入并容纳更多的气息；在呼气过程中，尽量稳定保持吸气时两肋及横膈膜的张力和来自小腹的收缩力量，延缓呼气肌肉群的收缩过程，形成呼吸肌抗衡控制，从而延长、稳定呼气时间，增强呼气时的力量控制能力。小腹的收缩力量对于呼气控制至关重要，因而在发声训练中，小腹被称为“气根”或者“气息支点”，也就是我国民族声乐以及戏剧曲艺等艺术发声理论中所说的“丹田气”。《乐府杂录》中说：“善歌者，必先调其气。氤氲自脐间出。”“丹田”就位于脐下三指处。

三、胸腹联合式呼吸法的运用

胸腹联合式呼吸的要求：吸气时，口鼻同时进气，两肋向两侧扩张，腰带感觉渐紧，小腹控制渐强。呼气时，保持住腹肌的收缩感和后腰的撑开感，以牵制膈肌与两肋，使其不能快速回弹。随着气流的缓缓呼出，小腹逐渐放松，但最后仍然要有控制的感觉。膈肌和两肋在这种控制下，逐渐恢复自然状态。

训练提示：我们不可将胸腹联合式呼吸法中的吸气与呼气割裂看待，因为吸气肌肉群除了对吸气过程有较强的支撑外，在呼气过程中也依然保持与呼气肌肉群的对抗力量，以控制呼出气流的强弱快慢。所以，我们在练习吸气与呼气时，要体会“互相对抗、互相制约”的感觉。

（一）吸气要领

有控制的胸腹联合式呼吸，应首先从吸气练习开始。在吸气过程中，我们要调动胸廓的吸气肌肉、膈肌和腹肌积极运动，使之参与控制，并有效地扩大胸腔容积，增加吸气量。吸气的基本要领如下：

1.气沉到底

体会气息吸到肺底的感觉，引导气息通达体内，使膈肌明显收缩下降，这样能够有效地增加进气量。

2.两肋打开

吸气时，应在肩胸放松的情况下使下肋得到较充分的扩展，下肋同时向两侧扩张。我们可以想象一下吹气球时，气球逐渐鼓胀的感觉。

3.膈肌下降

吸气时，两肋同时向两侧扩张，我们可以通过腰部的打开幅度感受膈肌下降的程度，即气息的下行感。

4.腹壁“站定”

吸气时，在胸部扩张的同时，应使腹部肌肉向小腹“丹田”位置收缩，上腹壁保持不凸不凹的状态。

以上要领是胸腹联合式呼吸吸气动作的分解，实际上它们在吸气过程中是“同步”进行的。所以，在分解体会的基础上，我们还应该体会“一次吸气”的综合感觉，体会胸、膈、腹在吸气过程中的相互作用。

训练提示：在吸气过程中，"双肩是否放松"是自我检测吸气方法正确与否的重要动作。如果吸气时双肩紧张上抬，气息也容易上浮，堆积在上胸部，使得腰腹两个部位的控制感变弱，正确的胸腹联合式呼吸必然受到阻碍。所以，练习吸气时，我们要尽量保证肩膀的相对放松。

(二)呼气要领

有控制的胸腹联合式呼吸的运用，应该从呼气练习开始，因为人的语音是在呼气过程中形成的。呼气与发声的配合，是呼吸运用的关键所在。呼气的基本要领如下：

1.体会对抗

有声语言艺术表达对气息的主要要求是"稳劲"，而稳劲状态是通过呼吸两大肌群的对抗产生的。我们借用《中国播音学》中所提到的方法，体会呼气时呼吸两大肌群的对抗感。我们把胸腔比作气球，喉口为气球的进出气口，充好气后，有以下两种情况：

第一种情况：如果突然放手，球内的空气会由于球皮向内的弹力，不规则地一下子放空。这就如同生活中的呼气一样，吸气肌肉群的力量一放松，胸廓马上回缩，体内的气瞬间就呼出了，气息不能够持久。

第二种情况：如果用手指将气球的出气口束小，出气便会受到明显的限制，气球回缩时间就会延长。但就人体呼吸来说，束小出气口相当于束紧喉头。人为地束紧喉头虽然在发声过程中可以延长气息控制的时间，但是会造成发音器官紧张，导致声音紧张僵持，声音状态不稳定。

气球结构比较简单，只存在一致向内的弹力，因此气球很难实现在不束缚出口的情况下有节制地放气。但是通过气球的例子，我们更容易明白人体可以在一定程度上对呼吸进行控制，这就是我们前面说到的吸气肌肉群和呼气肌肉群的对抗。呼气时，我们运用吸气肌肉群扩张的力量抵抗呼气肌肉群收缩的力量，稳劲控制呼气，形成一种"拮抗"，使呼气更加规则、均匀。

2.保持持久

一口气能维持较久，发出较多音节，以及长时间保持良好的呼吸状态，是气息持久的两层含义，它们对于语言表达具有实际意义。

首先，要用小腹的收缩"拉住"气息，使气息不会毫无控制地向上浮动，这种"拉住"的感觉来自控制膈肌回升的向下的力量。如果不注意这种"保持住"的感觉，会出现两种情况：吸气过满导致气息僵化；发声时过多送气，从而缩短用气时间。

其次，控制气量。吸气时，两肋打开，膈肌下降，肺部空间增大，气息的充盈感增强。但是肺部进气量绝不是越多越好，而是要留有余地，气息量要根据表达内容和情感需要来增减。

最后，加强唇舌力度。在咬字过程中，唇的一启一闭，舌的一抬一落，都在不同程度上形成了对呼出气流的控制。因此，加强唇舌力度，也可以起到节省气息的作用。

3.气随情动

语言的表现力是靠声音色彩的变化来实现的，而声音色彩的变化在很大程度上又依赖于富有活力的气息运动。因此在获得稳劲、持久的呼吸控制能力的基础上，还应进一步掌握运动着的气息的控制规律，做到气息能随内容和感情的变化而变化。

唐代诗人白居易的《与元九书》中说："感人心者，莫先乎情，莫始乎言，莫切乎声，莫深乎义。"大意是说，能够打动人心的事物，没有能超过情感的，没有不是从语言开始的，没有比声音（韵律）更切合的，没有比道理更深入的。在实际的有声语言艺术创作中，创作主体想要达到与受众情感共鸣的状态，应情发于衷，情动于衷，情富于意，情融于理。

延伸阅读

中国传媒大学张颂教授认为："情要取其高，声要取其中，气要取其深。"这其实说出了情、声、气三者之间的关系：以情带声，以声传情，气随情动，声随情走。所以，气息不只是发声的动力，它还是重要的表达手段。气息是情感和声音的重要联系。进行呼吸控制训练时，我们必须要注意情、声、气三者的统一和谐。

人的情感离不开"悲、欢、喜、怒、恼"等，在长期的播音主持教学中，教育工作者总结出了一些规律，能够帮助初学者找到适当的气息调动和练习的方法。一般规律如下：

人在喜悦的状态下，气息饱满；被爱包围或者想要表达爱的感情时，气息舒缓且绵长；怒的时候，气息粗重；急的时候，气息短促且气口浅；冷冰冰的时候，气息少且平；悲伤的时候，气息沉重拽不动；憎恶的时候，气息足且有憋住的感觉；疑虑的时候，通常气细声黏；静的时候，气息舒展缓和；害怕恐惧的时候，气提且抖动感强。

分析人们的真情实感，可帮助初学者在进行气息句段、语篇练习时更快更好地找到气息调动的方法。

（三）换气的要领

气息必须在使用的过程中及时不断地补充，才能持久地发挥动力作用。换气必须注意以下几点：

1.句首换气

除了句中的气息补充外，我们在全句结束后往往须另行换气，此时注意不要马上进气，而是要在下句开始前进气，否则会破坏句子间的情感转换，并给人以急促感。

2.换气到位

换气时丹田及下肋的感觉可以时大时小，但不能时有时无，不能因换气而改变呼吸方式。

3.换了就用

吸气后要马上使用，非感情需要尽量不作较长停顿，否则容易憋气，导致气息凝滞。

4.留有余地

吸气应适度，并非越多越好，一般七八分满即可，吸气过满会导致气凝僵持。使用气息时，应有所储存，即到该换气时，体内仍有部分余气。如果等用完了再吸，就会使人感到声嘻力竭。

5.无声吸气

用声时，小腹保持控制状态，胸腔状如一个有弹性的橡皮球，气息一有欠缺，便会在语言的顿挫中得以“自动”、及时、无声地予以补充。

播讲、朗诵时多为快吸慢呼，因此保持上述状态并学会偷气、抢气是十分重要的。气补得及时才会用得从容。

在有声语言艺术表达过程中，气息的补换是利用语言的停顿进行的。补换的方法主要可归纳为以下三种：偷气，即短时无声地吸气；抢气，可以不顾及有无声音的吸气；就气，虽有停顿，并不进气，而是调动体内的余气进行贴补。其中偷气是最常用的一种方式。

第二节 呼吸控制发声训练

一、呼吸肌的训练

胸腹联合式呼吸法主要强调吸气肌肉群和呼气肌肉群的对抗，膈肌作为吸气肌、腹肌作为呼气肌，在呼吸控制中起主要作用。因此，在呼吸肌的训练中，应把腹肌、膈肌列为锻炼的重点。

(一)腹肌的训练

(1)平躺，在腹部放一摞书，先反复做慢吸慢呼动作，之后做快吸慢呼动作。快吸时注意体会腹肌迅速向丹田收缩的状态，且不能使书本倾倒；慢呼时自然轻松地发出平稳的“ü”音(见图 8-4)。这种训练方法可以让初学者体会腹部肌肉在保持呼吸稳劲状态中的作用。

(2)仰卧起坐。男生至少连续做 40 次，女生至少连续做 30 次。

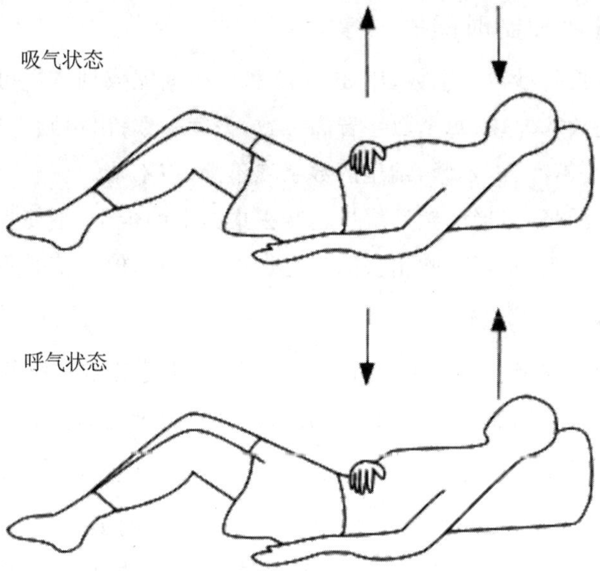

图 8-4 平躺状态下呼吸变化示意图

(3)站立,喉部放松,用腹肌爆发力将气集中成束送到口腔前部,一声一声地发"hei"音,体会腹肌弹动和发音时的配合。

(二)膈肌弹发练习

(1)变开口为闭口,类似于小狗喘气,体会膈肌的收缩。

(2)变无声为有声,在呼气的同时发"hei"音。发这个音的步骤可分为两步:首先深吸气发一个扎实的"hei"音;然后在膈肌单声弹发状态稳定后,增加连续发音的次数。

(3)膈肌弹发口令操,"1234,2234,3234,4234"。吸气时膈肌放松下降,喊号时有意识地弹发。发出的数字要饱满、圆润、干脆,有一定的力度。

二、胸腹联合式呼吸基本状态的训练

我们进行呼吸基本状态练习的目的,是体会和掌握胸腹联合式呼吸法的基本动作要领,并逐渐加强胸腹联合式呼吸控制的能力。我们的训练,先从吸与呼的简单配合开始,然后逐渐提高吸与呼配合的复杂性、综合性及难度。

(一)慢吸慢呼的训练

(1)一口气吸满,体会"吸到肺底,两肋打开,腹壁站定"的感觉,然后撮口做吹灰尘或者吹小瓶子发声的动作,将气缓缓吹出。要求呼气匀速、缓慢,量小且集中。

(2)呼气时发出延长的不间断的"si"音,用声音来检验呼出气流的控制是否匀量、匀速。反复练习后,应能够持续 30—40 秒。

(二)延长呼吸控制时间的训练

(1)数数。尽量每秒数1个数,用30—40秒的时间完成训练即可。要求中途不换气不补气,并保证数数匀速,每个数字音高一致,力度一致;出声则出气,不出声则不漏气。开头的数字气不冲、声不紧,结尾的数字气不憋、声不噎。

(2)吹灰尘。深吸一口气,然后缓慢地吹去桌面上的尘土,不使尘土飞扬。

(3)吹蜡烛。深吸一口气,吹出去的气息让火苗歪斜,但火苗并不会被吹灭。

(三)慢吸快呼的训练

用口鼻慢吸气,气吸七八分满,然后用一口气尽量说又多又快的话。可以用简单重复的绕口令来练习,例如:"圆圈圆,圈圆圈,圆圆娟娟画圆圈。"

(四)快吸快呼的训练

口鼻同时进气,在一瞬间吸气到位,肚皮有往外撑胀的感觉。

(1)情境训练:你正在路上走着,一抬头,突然在远处发现你找了好久而且是着急找的人,张嘴就想喊他的名字。主要体会准备喊他名字瞬间的吸气状态。

(2)贯口段子练习:

青罗伞盖撤下,只见张飞豹头环眼,面如润铁,黑中透亮,亮中透黑,海下扎里扎煞的一部黑钢髯,犹如钢针,恰似铁线,头戴镔铁盔,二龙斗宝朱缨飘洒,上嵌八宝:云、罗、伞、盖、花、罐、鱼、长。身披锁子大叶连环甲,内衬皂罗袍。足蹬虎头战靴,胯下马万里烟云兽,手使丈八蛇矛。站在桥头之上,咬牙切齿,捶胸愤恨,大骂:"曹操听真,呔!今有你家张三爷在此,尔等或攻或战或进或退或争或斗,不攻不战不进不退不争不斗,尔乃匹夫之辈。"大喝一声,曹军吓退;大喝二声,顺水横流;大喝三声,把当阳桥喝断。后人有诗赞之曰:长坂坡前救赵云,吓退曹操百万军。姓张名飞字翼德,万古流芳莽撞人。

节选自相声《八扇屏》

(五)快吸慢呼的训练

快而短促地吸气,并保持住气息;将气缓慢呼出,配合声音,平稳均匀。快吸慢呼在吸气时要注意腹肌的弹跳感。

(1)选择发音响亮的音节组成的成语进行练习,比如"中国伟大、八面来风、花好月圆"等。

(2)情境训练:假设有个人在远处,你发现了他,于是要喊他,迅速地抢吸一口气,然后拖长腔喊他,比如"小兰""阿毛"等。

(六)换气训练

周朴园:梅家的一个年轻小姐,很贤惠,也很规矩。(**不停顿,一句话表达完,就气**)有一天夜里,忽然地投水死了。后来,后来(**偷气**),——你知道么?(**慢速,心虚,想要**

打探情况，因此，疑问感强，气细声黏）

……

鲁侍萍：她是个下等人，不很守本分的。（偷气）听说她跟那时周公馆的少爷有点不清白，生了两个儿子。生了第二个，才过三天，忽然周少爷不要她了。（偷气）大孩子就放在周公馆，刚生的孩子她抱在怀里，在年三十夜里投河死的。（极力克制愤怒，避免被认出，句尾余气托送）

周朴园：（汗涔涔地）哦。

鲁侍萍：她不是小姐，她是无锡周公馆梅妈的女儿，她叫侍萍。（偷气）

周朴园：（抬起头来，抢气）你姓什么？

鲁侍萍：我姓鲁，老爷。

周朴园：（喘出一口气，沉思地）侍萍，侍萍，对了……你可以打听到她的坟在哪儿么？（抢气，表现出心情忧虑）

……

鲁侍萍：这个人现在还活着。（气息下沉）

周朴园：（惊愕）什么？（气提声凝）

训练提示：内容选自话剧《雷雨》中周朴园和鲁侍萍的对话。练习者要根据人物感情的发展变化调整气息，决定换气的位置、方式等。

三、胸腹联合式呼吸控制能力的综合训练

有声语言艺术创作的内容千变万化，只有掌握控制气息的方法，按照作品内容调节气息，作品中的感情色彩变化才有依托。我们经过长期、有意识、大量、反复训练，熟练掌握胸腹联合式呼吸中吸与呼的配合要领，方能获得自由的、本能的呼吸运动感觉。

（一）情境设置训练

通过情境设置，调动真情实感，依情取气，按照感情的发展变化决定换气的位置、方式以及气息使用的量，突出情感对气息的影响，最终通过情感的调动与支配，获得“自动、本能”的呼吸状态。

假如你和阿毛是朋友，试设想自己处于以下几种情况：

(1)正在上课，你想要小声说话又怕被老师看到，悄声喊“阿毛”。

(2)下课后，阿毛在教室门口，你在座位上喊“阿毛”。

(3)你站在楼下，喊此时位于二楼的阿毛。

(4)阿毛已经走出校门，你在教室门口。你希望阿毛等你，大声喊“阿毛”。

(5)阿毛丢了，你漫山遍野去寻找，拖长声音喊“阿毛”。

（二）文稿训练

体会播读不同文体风格的稿件时气息对声音的支持力度。

1.清新舒展的文体风格

桃树、杏树、梨树，你不让我，我不让你，都开满了花赶趟儿。红的像火，粉的像霞，白的像雪。花里带着甜味儿；闭了眼，树上仿佛已经满是桃儿、杏儿、梨儿。花下成千成百的蜜蜂嗡嗡地闹着，大小的蝴蝶飞来飞去。野花遍地是：杂样儿，有名字的，没名字的，散在草丛里，像眼睛，像星星，还眨呀眨的。

“吹面不寒杨柳风”，不错的，像母亲的手抚摸着你。风里带来些新翻的泥土的气息，混着青草味儿，还有各种花的香，都在微微润湿的空气里酝酿。鸟儿将巢安在繁花嫩叶当中，高兴起来了，呼朋引伴地卖弄清脆的喉咙，唱出宛转的曲子，与轻风流水应和着。牛背上牧童的短笛，这时候也成天嘹亮地响着。

训练提示：内容节选自朱自清的散文《春》。这篇散文写作风格清新，描绘了春天的美景。练习时声音柔和，气息深沉而绵长。

2.高亢明亮的文体风格

海霞：今天是你的生日，我的中国。在这个不同寻常的节日，相信每一位中华儿女都会从心底里说一句，我爱你，中国。

康辉：70年风雨兼程，天安门广场上的红飘带寓意红色基因连接历史、现实与未来。

海霞：今天的天安门广场是世界瞩目的中心，今天的中国正前所未有地靠近世界舞台中心。

康辉：长安街上，人民军队精神抖擞，这支曾经穿草鞋、拿梭镖走上征途的队伍，现在已经拥有了自己的航母和新一代隐身战机，正阔步迈向世界一流军队。此时此刻，4名上将、2名中将、100多名少将、近15,000名官兵列队完毕，等待接受统帅的检阅，接受祖国和人民的检阅。

海霞：长安街两侧，身穿节日盛装的10万游行群众已集结完毕，一个多小时后，他们将组成一个个方阵，从天安门前通过，向全世界展示自由生动、欢愉活泼。70年前中国人的平均预期寿命只有35岁，70年后的今天已经达到77岁。70年来，不断创造奇迹的中国让世界刮目相看。

康辉：新中国用短短几十年的时间走过了西方发达国家几百年的工业化历程，70年前的中国满目疮痍、积贫积弱，今天中国已经成为世界第二大经济体，是全球经济发展的第一引擎。

海霞:长安街始建于明代,寓意长治久安。回望长安大街,它记载着一个国家的兴衰和曾经有过的悲伤挣扎、奋斗喜悦,也记载着我们浴血奋战得解放、披荆斩棘成大道、砥砺奋进新时代的伟大征程。今天,走在中国特色社会主义道路上,我们无比自豪、无比自信。

康辉:黄河长江的浪、长城内外的风,起起伏伏,多少仁人志士上下求索。

海霞:革命先行者孙中山,凝视着天安门广场,他曾经奋力让黑暗的中国走向黎明。

康辉:开国领袖毛泽东,注视着天安门广场,他让沉睡的东方雄狮昂起了头颅。

海霞:1949 年,一唱雄鸡天下白,中国迈向新纪元。

康辉:此时此刻,地域不同、口音不同的人们汇聚在这里,有 56 个民族的兄弟姐妹,有港澳台同胞和海外侨胞,有关心和支持中国发展的外国友人,我们将共同见证历史。

训练提示:内容为庆祝中华人民共和国成立 70 周年阅兵式的解说词节选。练习时应注意气息扎实、稳劲。

3.义正词严的文体风格

我的大炮就要万炮轰鸣,我的装甲车就要隆隆开进! 我的千军万马就要去杀敌! 就要去拼! 就要去流血! 可刚才,有那么个神通广大的贵妇人,她竟有本事从几千里之外,把电话打到我这前线指挥所! 此刻,我指挥所的电话分分秒秒,千金难买! 可那贵妇人来电话干啥? 她来电话是让我给她儿子开后门,让我关照关照她儿子! 走后门,竟敢走到我这流血牺牲的战场上,没二话,我雷某要让她的儿子第一个扛炸药包,去炸碉堡! 去炸碉堡!!

训练提示:内容节选自电影《高山下的花环》雷军长的一段台词。这段台词带有强烈的驳斥、反问语气,态度严肃。练习时声音明亮,丹田有力,气息饱满,强调力量,忌高喊。

4.低沉悲痛的文体风格

相依为命的儿子走了。大树底下,春草那双已经渐渐失去光泽的眼睛里,又重新燃起了期盼的火苗。当时间这根残酷的皮鞭,抽打得春草心灵滴血的时候,儿子终于回来了。儿子是躺在一只精致的骨灰盒里回来的。部队上的人对春草说:好妈妈,您的儿子为了救三个落水儿童光荣牺牲了。

当大树旁边又多出一座坟茔的时候,那条挂在山下的小路,突然变成了一道耀眼的闪电，金光一闪，蓦地无声无息地消逝了。春草的眼睛从此什么也看不见了。春草的眼睛失去了光明，心里却越来越明亮了。那条通往山外的小路，已经深深地铭刻在她的心中。无时无刻，春草都能够看见丈夫和儿子顺着山路，正一步一步地朝自己走来。春草在大树底下也长成了一棵大树。

此时，山脚下大型的水利工程轰轰烈烈上马了。移民工作组来到了大树下。他们在春草面前欲言又止，谁也不忍心惊扰这位苦命而又让人肃然起敬的春草大娘。春草说："我知道你们想对我说什么。我老了，一辈子都是在大树底下过来的，我的根已经和大树连在一起了。"

移民工作组的同志十分为难，眼看大部分移民已经搬迁出去了，哪怕只剩下春草大娘一人不走，也不能算是完成了移民搬迁任务，何况春草大娘还是一个令人尊敬的烈属、一个英雄的母亲。移民工作组的同志谁也不说话，只是天天都到大树底下默默地陪伴着春草大娘。

那一天，春草枯涩的眼窝里，突然流下两行清泪。大树底下，春草跪在丈夫和儿子的坟前，呜咽着说："我走了。我已经把你们全印在心上了。"

训练提示：内容节选自第二十四届"齐越节"选材立意特别奖《大树下的春草》，文章以春草大娘为线索，情节的推进充满了悲壮色彩。播读前，应缓慢进气，吸到肺底；播读时，气息可以稍微加重，表现出沉重、坚定的情感。

在播读低沉悲痛的文体时，声音通常较为低沉，停顿点多，因此，在停顿期间，要迅速而平稳地补充气息，为下一句话的播读做好准备。

（三）诗词训练

在呼吸控制训练中，利用诗词进行训练是一种非常有效的方法。

1.利用诗词进行呼吸节奏训练

（1）慢吸慢呼练习

静夜思

〔唐〕李白

床前明月光，疑是地上霜。
举头望明月，低头思故乡。

训练提示：该诗节奏较慢、情感深沉，在表达时，注意吸气要深而慢，呼气要均匀且悠长。通过控制呼吸的节奏，使声音更加平稳和连贯。

(2)快吸慢呼练习

满江红

〔宋〕岳飞

怒发冲冠,凭栏处、潇潇雨歇。抬望眼,仰天长啸,壮怀激烈。三十功名尘与土,八千里路云和月。莫等闲,白了少年头,空悲切。

靖康耻,犹未雪。臣子恨,何时灭!驾长车,踏破贺兰山缺。壮志饥餐胡虏肉,笑谈渴饮匈奴血。待从头、收拾旧山河,朝天阙。

训练提示:该词节奏明快、情感激昂。快速短促地吸气,并保持气息;呼气时缓缓呼出,配合声音,平稳均匀。这种练习可以帮助我们在快速吸气后,仍能保持声音的平稳和连贯。

2.利用诗词进行情感表达训练

(1)表达悲伤情感

春 望

〔唐〕杜甫

国破山河在,城春草木深。
感时花溅泪,恨别鸟惊心。
烽火连三月,家书抵万金。
白头搔更短,浑欲不胜簪。

训练提示:对于表达悲伤情感的诗词,在朗诵时,要调整呼吸的节奏和力度,使声音低沉、缓慢,以表达诗词中的悲伤情感。同时,注意保持声音的连贯性和稳定性,避免气息不足或声音颤抖。

(2)表达激昂情感

沁园春·雪

毛泽东

北国风光,千里冰封,万里雪飘。
望长城内外,惟余莽莽;大河上下,顿失滔滔。
山舞银蛇,原驰蜡象,欲与天公试比高。
须晴日,看红装素裹,分外妖娆。

江山如此多娇,引无数英雄竞折腰。
惜秦皇汉武,略输文采;唐宗宋祖,稍逊风骚。
一代天骄,成吉思汗,只识弯弓射大雕。
俱往矣,数风流人物,还看今朝。

训练提示:对于表达激昂情感的诗词,在朗诵时,要快速吸气并保持气息,使声音更加有力、激昂。同时,注意控制语速和语调,使声音与诗词中的情感相协调。

3.利用诗词进行气息控制综合训练

(1)强弱控制练习

水调歌头

〔宋〕苏轼

明月几时有?把酒问青天。不知天上宫阙,今夕是何年?我欲乘风归去,又恐琼楼玉宇,高处不胜寒。起舞弄清影,何似在人间!

转朱阁,低绮户,照无眠。不应有恨,何事长向别时圆?人有悲欢离合,月有阴晴圆缺,此事古难全。但愿人长久,千里共婵娟。

训练提示:对于情感丰富、节奏多变的诗词,在朗诵时,应根据诗词的情感变化和节奏要求,灵活调整呼吸的强弱控制。在表达强烈情感时,呼吸急促而有力;在表达细腻情感时,呼吸轻柔而缓慢。通过这种练习,可以提高我们对气息控制的灵活性和准确性。

（2）换气技巧练习

将进酒

〔唐〕李白

君不见黄河之水天上来，奔流到海不复回。
君不见高堂明镜悲白发，朝如青丝暮成雪。
人生得意须尽欢，莫使金樽空对月。
天生我材必有用，千金散尽还复来。
烹羊宰牛且为乐，会须一饮三百杯。
岑夫子，丹丘生，将进酒，杯莫停。
与君歌一曲，请君为我倾耳听。
钟鼓馔玉不足贵，但愿长醉不复醒。
古来圣贤皆寂寞，惟有饮者留其名。
陈王昔时宴平乐，斗酒十千恣欢谑。
主人何为言少钱，径须沽取对君酌。
五花马，千金裘，呼儿将出换美酒，与尔同销万古愁。

训练提示：对于长句较多、情感连贯的诗词，我们要注意换气技巧的运用。在换气时，要保持呼吸的平稳和连贯，避免气息中断或声音突兀。同时，要根据诗词的节奏和情感要求，合理安排换气位置和时间。

思考与练习

1.简述胸腹联合式呼吸法的原理。

2.胸腹联合式呼吸法吸气和呼气要领分别是什么？

第九章　口腔控制

☞知识目标：认识咬字器官，准确说出咬字器官及其相互配合要领，理解吐字归音的理论基础，牢固掌握吐字归音的出字、立字和归音技巧。

☞能力目标：咬字器官的整体配合灵活自如，准确到位；把握吐字归音技巧，做到每一个音节准确、清晰、圆润、集中，字正腔圆。

第一节　口腔控制常识

一、什么是口腔控制

日常生活中我们看电视、听广播时，偶尔会发现播音员、主持人吐字含混不清，这与他们的口腔控制有关。口腔控制，即有声语言艺术表达中所说的“吐字归音”，它强调发音时咬字器官的整体配合状态。口腔控制从生理基础的角度研究有声语言艺术发声，侧重研究各咬字器官对有声语言艺术发声的作用，目的是使有声语言艺术发声的吐字能达到“字正腔圆”的要求和效果。

二、口腔控制的重要性

一般而言，受众对播音员、主持人等有声语言艺术工作者吐字发声的要求是“字正腔圆”，而良好的口腔控制是实现字正腔圆的基本保障。口腔既是构字器官，又是最重要的共鸣器官。一方面，唇、齿、舌、腭等肌肉组织和器官的正确配合对字音的形成和发展起着至关重要的作用，是保证有声语言艺术发声“字真、字正、字纯、字清”的核心要素。另一方面，在有声语言艺术发声中，鼻腔、胸腔等共鸣状态更多体现为一种感觉，口腔形状大小的改变以及肌肉力量的调整是我们可以实际控制的，这种可控性为我们的吐字创造了有利的条件。吐字归音作为有声语言艺术表达的一项基本功，播音员、主持人通过掌握其要领，使吐字准确清晰、圆润集中、流畅自然和富于变化，从而有效保证发声的质量。

吐字归音原则从汉字的音系特征与音节的结构特点出发，是适应汉语特点的口腔控制方法。遵循普通话语音出字、立字、归音的规律，是保证受众准确获取信息的前提条件。

三、咬字与咬字器官

通过前面呼吸控制知识的学习，我们明白了由肺呼出的气流是发声的动力来源，当气流逐渐上升至喉部时，催动声带振动，进而发出声音。此时，经过咽腔到达口腔的声音，在口腔中受到腭、舌、齿、唇等部位的阻碍而形成了不同的字音，其中唇与舌的动作最为积极，作用最大。比如发“ba”和“du”音时，咬字器官的配合作用为口腔造出不同的“形”，进而形成了两种不同的字音。这里提到的“阻碍”过程，就是咬字的过程，而口腔内对声音起阻碍作用的部位就是咬字器官（见图 9-1）。

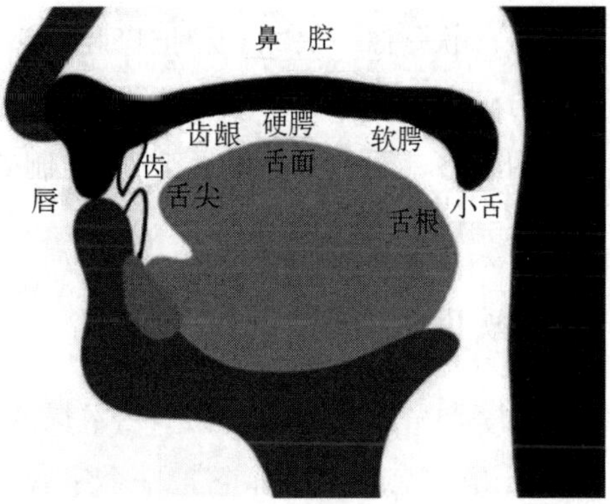

图 9-1　咬字器官

（一）唇

唇是声音的主要出口，吐字的重要器官。

在普通话语音的构成中，双唇除了可以形成双唇阻、唇齿阻声母外，还可以利用唇形圆展的不同，使韵母有开口呼、齐齿呼、合口呼和撮口呼之分，造就不同音色的声音。我们对双唇的控制要求为“兜得住、放得开、收得拢”。

（二）齿

唇齿相依，因此，齿也是咬字的重要器官。

上齿、下齿与舌头、嘴唇的配合能够阻塞、节制气流，产生不同的语音。上颌和下颌之间的关节（即牙关）运动，可以使口腔产生开合变化，对口腔泛音共鸣有着重要的影响。另外，牙关打开也给口腔内舌的活动提供了场所。牙齿咬合不佳可能影响辅音声母的发音质量。

（三）舌

舌是活动最积极、影响最大的咬字器官。

舌内肌与舌外肌的协同动作，使舌能进行复杂而灵活的伸、缩、卷、绕等运动，对语音的形成起到了重要的作用。比如，多数辅音都是舌与口腔中其他部位构成阻碍而形成的；而发元音时，舌位高低前后的运动发挥着主要作用。另外，舌是口腔内体积与表面积最大的无骨质肌肉组织，它的状态能对口腔共鸣产生明显影响。从整个吐字来讲，舌的滑动还决定了字音的美感程度。舌的滑动感越强、幅度越大，字音就越圆润饱满。所以字音的准确、清晰、集中、圆润与舌的活动关系很大。对舌的活动进行控制训练是吐字中最重要的一环。

(四)腭

腭俗称“口盖”，位于口腔上部。它分前后两部分，前三分之二是硬腭，后三分之一是软腭。软腭像一块“隔板”把口腔和鼻腔分隔开来。

腭对口腔共鸣和构字起着不可忽视的作用。通常情况下，上腭的隆起状态决定了共鸣的状态。软腭升降较灵活，它控制着鼻腔通路的开闭，因此鼻音发音主要靠软腭升降来完成。

四、吐字归音

吐字归音是我国传统说唱艺术提及咬字方法时所用的一个术语，这种咬字方法是从汉语语音特点出发的，它把一个字音分为字头、字韵、字尾三部分，其对应的发音过程分为出字、立字、归音三个阶段，对每个发音阶段进行不同的控制，使吐字达到清晰、圆润、弹发有力的“吐字如珠、字正腔圆”的要求。吐字归音既包括发音的基本要领，也包括发音的审美要求。

吐字归音是汉语独有的口腔控制的方法，是我国传统说唱艺术根据汉语音节结构特点提出来的。一般情况下，一个汉字代表一个音节。传统音韵学把音节分为声、韵、调三个部分。声，即声母，也叫字头。韵，即韵母，分为韵头(也叫字颈、介音)、韵腹(也叫字腹、主要元音)和韵尾(也叫字尾)。调，即声调(也叫字神)。吐字归音对出字、立字、归音的要求就落实在对音节的字头、字腹和字尾发音动作的处理上。学习过程中，我们应该从汉语本身的发音特点出发，注重把握音节的整体性。

(一)出字

出字是对字头的处理，即声母和韵头的发音过程。字头是一字之头，对其的处理影响到整个音节的质量。咬得无力，有声无字；咬得过狠，字拙且滞。所以字头的发音要“叼住弹出”。

“叼住”指找准声母的成阻部位，即“咬字”。“叼住”要求出字要用巧力，就像用手抓豆腐一样，力道太小豆腐会从手中滑落，力道过大豆腐就会碎掉，只有不松不紧，恰到好处才可以。它要求：第一，咬字头要有力，成阻的肌肉要有一定的紧张度，阻气有力，蓄气充足。第二，声母的唇形(受介音影响)要合适，特别是发“齐齿呼”“合口呼”

“撮口呼”时，若无相应的唇形，则谈不上“叼住”。第三，咬字的力量要集中在相应部位的中纵部，而不是满口用力。

“弹出”主要指声母的除阻阶段，要求发音要像弹弹丸一样，轻捷有力，不黏不滞，不拖泥带水，不使拙劲，且要注意对韵头的处理。韵头虽属韵母部分，但在实际发音中紧跟着声母，决定着出字时的口形。如 qie、que 两个音，声母都是 q，但二者韵头不同，一个是 i，一个是 ü，出字时声母“q”的唇形就不一样。为了便于掌握发音动作，吐字归音理论把声母和韵头合并为“字头”。出字时，我们要把握好声母的发音部位和发音方法，将其迅速和韵头结合。

b、p 做声母的字可以采取喷崩法，先紧闭双唇吸气，然后再让气流爆破而出，将字吐出来，如“pàobīng（炮兵）”。d、t 做声母的字可以用弹舌法，利用舌头的弹力，将字弹出来，如“dōngtiān（冬天）”。j、r 做声母的字可以用震牙法，使气流强烈冲击牙齿，有力地将字吐出，如“ jiànjiě（见解）”。g、k、h 做声母的字可以用开喉法，让口腔后部尽量打开，使气流充足，吐送有力，如“kuòkuān（扩宽）”。

（二）立字

立字是对字腹的处理，即对韵腹发音过程的控制。一个音节的发音能否达到珠圆玉润，与韵腹的发音有着密切的关系。主要元音在一个音节中口腔开度最大，泛音共鸣最丰满，声音最响亮。在发字腹时要注意“拉开立起”。字头弹出后，口腔要随之打开到适当的开度，韵腹要发得响亮并且有一定的长度，要感受到字音随上腭的提起、舌位的运动而“立”起来，以便获得比较清晰的音色和比较丰富的泛音共鸣。以“tiào”为例，出字后，立即打开口腔至 a 的状态，气流要稳定，口腔开度要大，以便产生充分的口腔共鸣。与头尾相比，韵腹 a 的发音过程最长，口腔开度最大，声音最响亮，要有立起的感觉，这样韵腹 a 才能发得稳健坚实，声音才会响亮并且送得远。窄元音 i、u、ü 充当韵腹时，口腔开度要大些，有“立起”的感觉。

（三）归音

归音是对字尾的处理，即音节发音的收尾过程。每发一个音节都伴随着肌肉紧张度的增而复减，音节紧张高峰总是落在字腹上，而紧张渐弱阶段就是字尾发音阶段。

字尾的发音要干脆利索，趋向鲜明。如果在发音时只注意声音的响亮，不注意归音，就很容易把处于衰弱阶段的字尾忽略掉，形成“半截字”，这就会影响字音的清晰度，有时还会造成语义的混淆，因而把握归音的要领至关重要。归音过程是力渐松、气渐弱、口渐闭、声渐止的过程，对字尾的处理一定要弱收到位。对于韵尾是 i 的音节，归音时应平展双唇，如“ fēikuài（飞快）”。韵尾是 u 或 o 的音节，归音时应聚拢双唇，如“bàoxiāo（报销）”。韵尾是 n 的音节，归音时舌尖应抵住上齿龈，如“sēnlín（森林）”。韵尾是 ng 的音节，归音时应气灌鼻腔，穿鼻而出，如“cāngmáng（苍茫）”。

出字、立字、归音是音节发音的三个阶段，汉语音节整体性很强，发音时要把这三个部分联系起来。字头叼住弹出，字腹拉开立起，字尾弱收到位；吐字过程圆润、平滑，从字头滑到字腹，再滑到字尾，力求做到字头、字腹、字尾浑然一体，形成两头小中间大的“枣核形”。整个音节头、腹、尾各个部分的发音特点要表现鲜明，但不能对字音进行分解，依次读出各个音素，而要声韵相拼，浑然一体。

延伸阅读

“枣核形”是民间说唱艺人对吐字过程形象的描述。它是指合乎出字、立字、归音要求的吐字过程应构成一个完整、立体的形状——“枣核形”。发音时，字腹占的时值最长，口腔开度最大，声音最饱满、最响亮，整个音节就像一个两头小、中间大的“枣核”（见图 9-2）。

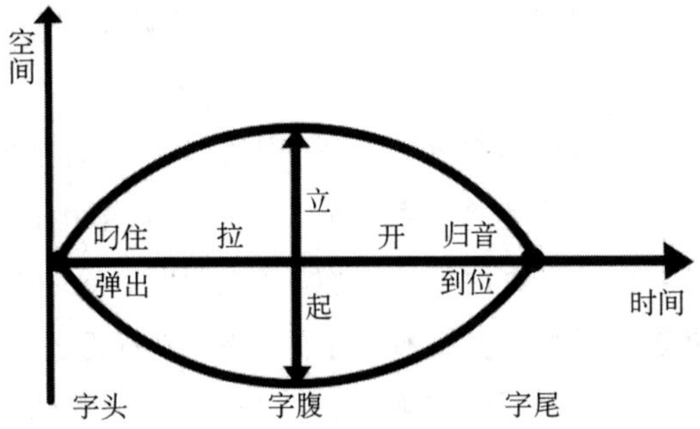

图 9-2 吐字归音的“枣核形”

吐字归音的“枣核形”也是基于汉语音节之间界限清晰的特点，不允许出现连读吃字现象。需要注意的是，在有声语言艺术表达中，不可能做到字字如“核”。“枣核”的大小、圆扁、长短等，要随内容表达的需要而变化，语流中的字音要找到“大珠小珠落玉盘”的感觉。

吐字归音理论实际是将汉语音节结构与发音动作过程结合起来，以发音器官的动作作为划分字头、字腹、字尾的标准，汉语的所有音节都可以在这个理论框架之下进行操作。即使是零声母音节和无韵尾音节，在发音动作上仍然可以找到字头、字腹、字尾。例如表 9-1 的例字中，西安的“安”字是零声母音节，音节开头无辅音声母，实际发音时会加一个喉塞音[ʔ]，使音节与前一个音节的界限更加清晰，避免将“西安（xī’ān）”读成“先（xiān）”。

表 9-1　吐字归音例解

音节	字头	字腹	字尾
安	[ʔ]	ɑ	n
南	n	ɑ	n
段	du	ɑ	n
亮	li	ɑ	ng
昂	[ʔ]	ɑ	ng
我	[w]	u	o
到	d	ɑ	[u]
达	d	ɑ	[ʔ]
一	[j]	i	[ʔ]

(四)吐字的综合感觉

吐字的综合感觉可概括为五个字：拢、弹、滑、挂、流。

拢：指发音有关部位着力点向口腔中纵部集中。

弹：指字音从口腔出去时灵活轻快，弹发有力。

滑：指吐字过程中唇舌对音素的过渡要有滑动感。

挂：指字音出口前要挂在硬腭前部。

流：指字音在口腔内要有沿中纵线向前流动的感觉。

五、咬字器官配合要领

(一)打开口腔

字音主要由咬字器官配合发出，而每一个音节的声、韵、调的正确发出则需要我们打开口腔、控制好口腔。打开口腔的要领可以用四个字来概括：提(提颧肌)、打(打牙关)、挺(挺软腭)、松(松下巴)(见图 9-3)。

1.提颧肌

“提”就是抬起上腭前部的动作，不是“提笑肌”，而是让颧肌整体向上提拉，同时口腔前端和上腭顶部展开，鼻孔略张，上唇和上齿相依，使唇的运动有依托，便于我们更好地调动发音器官，对提高声音亮度和字音清晰度有明显的作用。

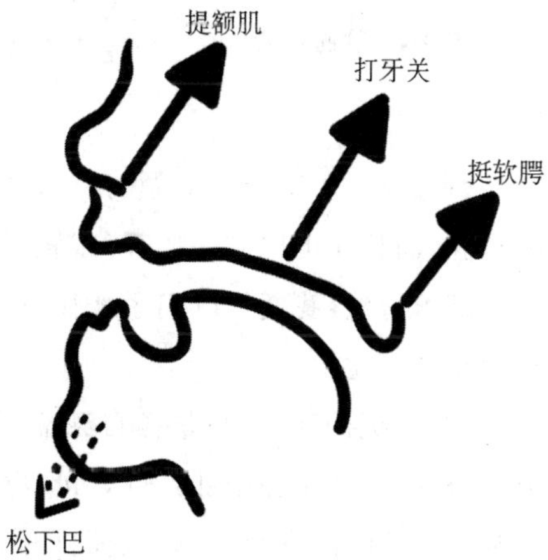

图 9-3　“打开口腔”的要领

练习方法：

第一种：通过“微笑”来体会提颧肌的动作要领。

第二种：用舌面音(j、q、x)与撮口呼相拼的音节来体会提颧肌，如“选举、戏曲、序曲”等。

第三种：用舌尖前音(z、c、s)与ong相拼的音节来体会提颧肌，如“综、聪、送”等。

2.打牙关

上颌和下颌之间的关节俗称“牙关”。打牙关就是使上下槽牙在咬字时有一定的距离，双侧上后槽牙有整体向上提起的感觉，目的是增加口腔容积，丰富口腔共鸣。

练习方法：通过“张大嘴巴咬苹果”的状态来感受动作要领。

注意：第一，打开牙关不是打到最大，而是开合自如；第二，打开牙关时，不仅要打开后槽牙，还要保持软腭坚实，上腭平滑。

3.挺软腭

“挺”指发音时上腭的后部肌肉有整体向上提拉的感觉，口腔容积扩大，舌的前后活动空间加大，舌位前后对比加强，通过鼻腔的气流减少，进而减少鼻音的产生。

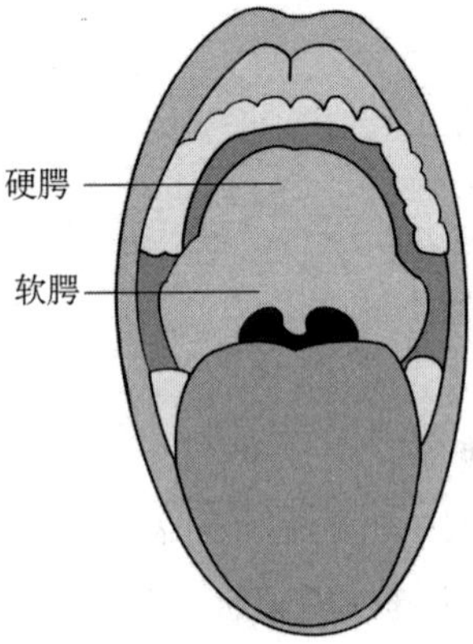

图 9-4　软腭位置

练习方法：

第一种：挺软腭时找到“半打哈欠”的状态，不必把嘴完全张开，但还是需要做出深吸气的动作，此时后咽壁有“吸凉气”的感觉，可较明显地体会到“挺软腭”的动作。

注意：“半打哈欠”时嘴巴张得过大，可能会导致喉部肌肉过于紧张，声带无法放松，造成说话时有受挤压的感觉。

第二种：想象你在大街上偶遇好朋友，你特别兴奋地跟他说：“欸(ê)，朋友。”距离他50米的时候，你这么喊他，感受口腔中挺软腭的感觉。软腭位置示意图见图9-4。

4.松下巴

“松”就是主动放松下颌骨。放松下巴不但有利于打开口腔，而且还可以放松喉部，减轻喉部的负担，使得用声更加松弛、持久。

练习方法：我们可以用手托住下巴，进行左右的移动，同时反复发“yɑ”音来体会下巴放松的感觉。

“提打挺松”练习并非各自独立，而是一个联动的整体。“提颧肌”使口腔前部打开，“打牙关”使口腔中部打开，“挺软腭”扩大了口腔后部的容积，“松下巴”使下颌内收放松，四步相互配合使口腔全面打开，为吐字发声提供了良好的场地和共鸣环境。

(二)力量集中

口腔打开之后,就到真正的咬字环节了。咬字更需要各个咬字器官的紧密配合,字音集中首先依赖的就是咬字器官的力量集中。怎么做才能让咬字器官的力量更加集中呢?我们需要重点关注唇、舌力量的集中。

第一,唇的力量必须集中在上唇的中央三分之一段,这样唇部才能保持较强的收撮力,做到弹动轻快、出字有力。

第二,舌的力量必须集中在舌体的前后中纵线上,这样在打开口腔的前提下,舌头才能灵活有力地吐字。

(三)声挂前腭

咬字之后就进入出字阶段。在这里需要强调的是,字音的发出是有既定路线的,即字音的声束必须沿着上腭的中纵线前行并"挂"在硬腭前部,而不是从下巴"铲"出来。

硬腭前部是口腔共鸣的主要内感区,控制好这一位置可以明显地改善音色,提高发声效率。发声时保持清晰的口腔控制引导意识,引领经由口腔出来的声音沿着上腭的中纵线前行,经由软腭向硬腭前部冲击。这样就会感觉声音仿佛是"挂"在硬腭上,字音能透出口外,且有穿透力。结合以下方法进行训练,能有效地改善声音质量,使声音润泽、响亮、集中。

练习方法:"喊山"练习。向远方呼喊单字或者短句,体会声音发出的路线和打在硬腭前的感觉。练习时要想象呼喊的对象距离自己很远,让声音有距离感。

爸爸,你～好～吗?

阿毛,回～家～吃～饭～了!

再～见～

练习时注意收下巴,喉咙始终保持松弛状态。最好在室外或空旷的形体室练习,想象着面前有一条很宽的河,隔着河向对面呼喊。

第二节　口腔控制发声训练

一、口部操

(一)唇部力量的训练

(1)咧唇:双唇先闭紧尽力向前噘起,然后嘴角用力向两边伸展。反复练习,旨在锻炼唇的圆展能力。

(2)绕唇:双唇闭紧向前噘起,然后顺时针或逆时针做 360 度转圈运动。反复练习,旨在锻炼唇的灵活性。

(3)双唇打响:双唇紧闭,将唇的力量集中于唇中央三分之一处,唇齿相依,不裹唇,阻住气流,然后连续喷气出声,发出 p 音。旨在练习双唇的闭合力量,尤其是合口呼、撮口呼撮唇不好的学生可多加练习。

(二)舌部力量的训练

(1)刮舌:舌尖抵触下齿背,上齿接触舌前部;舌前部逐渐挺起,将口腔撑开;上齿沿舌面中纵线从前往后刮动,注意舌面中纵线一定要明显隆起与上门齿缝接触刮动。这一练习可以锻炼舌面隆起的力量。

(2)顶舌:闭起双唇,用舌尖顶住左内颊,用力顶;然后再用舌尖顶住右内颊。左右交替,反复练习。这一练习有助于提高舌的接触力度。

(3)立舌:将舌尖向后,贴住左侧槽牙齿背,然后将舌沿齿背推至门齿中缝,使舌尖向右侧用力翻,之后做方向相反的练习。这一练习有助于提高舌的接触力度和灵活度。

(4)转舌:闭起双唇,将舌尖放置于唇内齿外,顺时针或逆时针进行 360 度转动。这一练习有助于提高舌的灵活度。

(5)舌打响:分为三种方法。

第一种,将舌尖顶住硬腭,用力持阻,然后突然弹开,发出类似 de 的响声。

第二种,将舌尖顶住上齿龈,体会用力发 da 时舌尖与上齿龈成阻、持阻、除阻时的动作。然后,用舌尖抵住上齿龈阻住气流,再突然放开,爆发出"t"的声音。刚开始练习的时候,由于舌尖无力,t 音的响声较小。待舌尖有力后,响声才能越来越大。在做舌打响练习的时候,注意声带不要振动。发不好 d、t、n、l 的同学可以多做这种练习。

第三种,把舌根抬起至软硬腭交界的位置,体会用力发 ga 音时,舌根与软硬腭交界处成阻、持阻、除阻时的动作。然后,发 h 音,舌根与软硬腭交界处连续做阻气后突然打开,然后再阻气再打开的打响动作。

训练提示:口部操主要是针对唇、舌力量和灵活度的训练。在发音时加强唇的力量可以使声音清晰、集中。双唇松懒发出来的声音则散漫、无力;唇形不正确还会使字音有缺陷,影响语义。舌头是口腔中活动最积极的咬字器官,如果发音时舌无力,就会影响语音的清晰度。

二、吐字归音

(一)字头叼住弹出

字头出字时要注意四点:一是成阻部位要准确,成阻部位的肌肉有一定紧张度,阻气要有力；二是成阻的力量应集中在相应部位的中纵线上，不要满口用力；三是要“叼”，不要“咬”，即成阻要用巧劲；四是声母的唇形要与后拼韵母的“四呼”相对应。

出字训练容易出现的问题主要有三种：一是“松”，指唇舌无力，叼不住字，导致字音不够清晰；二是“拙”，指成阻用力过大，持阻时间过长，或是满口用力，听起来字音不自然；三是“艮”，指每个字音的独立性过于明显，影响了语流的连贯性和音节在语流中的变化。在具体出字训练时需要用适度的夸张，体会肌肉动作的力度变化和配合，只有力量集中且快速有力才能做到对字头的“叼住”和“弹出”。只有适当把握咬字的力度，才能使整个发音响亮清晰。

1.字词练习

• 双唇阻 b、p、m(成阻部位：上唇与下唇，力量集中在唇中央三分之一处)

巴　北　表　怕　朋　平　马　忙　明

八宝　标本　卑鄙　澎湃　评判　乒乓　木马　渺茫　面貌

• 唇齿阻 f(成阻部位：上齿与下唇，注意 f 是擦音，不要咬字过紧)

发　冯　方　非　佛

发福　反复　仿佛　非凡　复方

• 舌尖前阻 z、c、s(成阻部位：舌尖与齿背，注意控制气流擦上门出背弹出)

砸　字　做　苍　错　词　桑　思　俗

造作　罪责　自尊　仓促　催促　从此　思索　色素　缫丝

• 舌尖中阻 d、t、n、l(成阻部位：舌尖与上齿龈，注意弹发的力度)

刀　电　队　她　特　天　拿　年　奴　乱　梁　路

大典　等待　顶端　忐忑　铁塔　团体　男女　泥泞　袅娜　凌乱　力量

• 舌尖后阻 zh、ch、sh、r(成阻部位：舌尖与硬腭前，注意弹出后舌尖及时离开上齿龈，气流摩擦不宜过长，但也不能过短)

章　知　著　禅　迟　楚　收　是　说　让　日　润

战争　专职　踯躅　超产　踌躇　彳亍　闪烁　施舍　硕士　柔韧　荣辱

• 舌面阻 j、q、x(成阻部位：舌面前与硬腭前，注意保持舌尖在下齿背，立起的舌面不要碰到或过于接近上齿背。注意保持舌中纵线发力)

嘉　肌　精　掐　其　清　夏　喜　星

积极　讲解　节俭　恰巧　秋千　齐全　喜讯　学习　血性

• 舌根阻 g、k、h(成阻部位：舌面后部与硬腭软腭交界处，注意力量集中在舌面中纵线上)

敢　格　谷　开　坤　哭　航　花　红

干戈　故宫　改过　开口　空旷　慷慨　呼唤　含混　汇合

2.绕口令练习

爸爸抱宝宝，宝宝笑爸爸，爸爸哈哈笑，宝宝也哈哈。（双唇阻）

一平盆面，烙一平盆饼，饼碰盆，盆碰饼。（双唇阻）

缝一条裤子七道缝，斜缝竖缝和横缝，缝了斜缝缝竖缝，缝了竖缝缝横缝。（唇齿阻）

黑化肥发灰会挥发；灰化肥挥发会发黑。（h、f）

早晨早早起，早起做早操.人人做早操，做操身体好。（舌尖前阻）

太阳从西往东落，听我唱个颠倒歌。天上打雷没有响，地上石头滚上坡。江里骆驼会下蛋，山里鲤鱼搭成窝。腊月炎热直流汗，六月寒冷打哆嗦。（舌尖中阻）

夏日无日日亦热，冬日有日日亦寒，春日日出天渐暖，晒衣晒被晒褥单，秋日天高复云淡，遥看红日迫西山。（舌尖后阻）

稀奇稀奇真稀奇，麻雀踩死老母鸡，蚂蚁身长三尺六，八十岁的老头躺在摇篮里。（舌面阻）

哥哥过河捉个鸽，回家杀鸽来请客。客人称鸽吃鸽肉，哥哥请客乐呵呵。（舌根阻）

3.零声母音节的字头练习

吐字归音理论对没有辅音声母的零声母音节同样有效。零声母音节发音时虽然没有开头辅音，但在语流中为了保持字音的独立性，其第一个元音在发音前具有某些辅音发音特性的起始动作，这些动作如果做不到位，也会出现字音不够清晰、吃字等现象。所以在发音练习时，也应该注意零声母音节的“叼字”问题。

• 开口呼零声母

暗暗　昂昂　偶尔　傲岸　阿姨　安逸　熬夜　而已

昂扬　暗语　讹误　厄运　额外　阿谀　耳语　恩爱

训练提示：开头元音 a、o 前，零声母以喉塞音开始，声带声门关闭，然后发 a、ai、ao、ou、an、ang。开头元音 e 前，零声母以软腭通音开始，舌根与软腭靠近的瞬间有关闭动作，然后发 e、er、ei、en、eng。训练时注意加强对喉塞音与软腭通音的发音部位和发音方法的控制。

• 齐齿呼零声母

演艺　扬言　药业　夜莺　一样　医药　言语　养育

遥远　业余　音乐　意义　议案　要隘　银耳　因为

训练提示：以 i 打头的齐齿呼零声母音节，实际发音在硬腭处有轻微摩擦，开头发半元音[j]，如：yi、ya、ye、yao、you、yan、yin、yang、ying。训练时注意气流在硬腭下着力的感觉。

• 合口呼零声母

万物　慰问　罔闻　无畏　威望　威武　玩味　忘我

物业　威严　晚安　文艺　蜿蜒　婉约　蛙泳　巍峨

训练提示：以 u 打头的合口呼零声母音节，实际发音在双唇时有轻微摩擦，开头发半元音[w]，如：wu、wa、wo、wai、wei、wan、wen、wang、weng，注意不要发成唇齿浊塞音[v]。

• 撮口呼零声母

愉悦　原文　悦耳　冤案　用意　语言　鸳鸯　雨衣

云游　玉宇　预约　圆月　远洋　玉簪　月牙　月夜

训练提示：以 ü 打头的撮口呼零声母音节以隔音字母 y 开头，ü 上两点去掉。实际发音在圆唇的同时也带有轻微摩擦，开头发半元音[ɥ]，如：yu、yue、yuan、yun、yong。

(二)字腹拉开立起

从吐字的"枣核形"要求来看，字腹是饱满、圆润、时值最长的。字腹在音节中应该是口腔开度最大、泛音共鸣最丰富、听起来最响亮圆润的，因此，在这个部分的训练内容里首先要进行的是打开口腔的热身训练。

打开口腔包含提颧肌、打牙关、挺软腭、松下巴四步：

第一步，提颧肌。颧肌提起时，嘴角微微向上扬起，口腔前部和上颚顶部有展宽的感觉，这一步改善的是共鸣器的出口状态。

第二步，打牙关。使双侧上后槽牙保持向上提起的感觉，这一步拓展了口腔共鸣器的空间。

第三步，挺软腭。也就是抬起口腔上壁的后部，这一步主要是为了进一步改善口腔共鸣器的顶部空间和状态。

第四步，松下巴。可以用手扶住放松的下巴，起到固定下巴的作用。这一步改善了共鸣器底部状态，使舌头更自如地在空间中伸展。

1."声挂前腭"的训练

ɑ：擦　达　伐　洒　旮旯　腊八　马达　砝码

o：播　泼　摸　佛　婆婆　默默　磨破　泼墨

e：饿　鹅　隔　惹　赫哲　隔阂　折射　色泽

i：级　低　其　西　激励　漆皮　戏迷　睥睨

u：铺　福　读　卤　补助　舒服　突出　互助

ü：迂　鱼　雨　玉　曲剧　趋于　语句　女婿

er：儿　尔　二　而　儿歌　而后　而已　儿女

训练提示：我们能够通过单元音韵母 ɑ、o、e、i、u、ü、er 的相关字词发音来感受"声挂前腭"。这些单元音所充当的韵母本身就是韵腹，因此在发音过程中，舌位的高低、前后以及唇形的圆展，能够让我们感受到字腹的"拉开"和"立起"的感觉。拉开是时间上的感觉，而立起是空间上的感觉。注意"提、打、挺、松"，这样字腹才能有饱满的感觉。

2.改善音色的训练

第一，以"开音"带"闭音"，达到"闭音"稍开的目的。

奥秘　巴黎　道具　来去　毛衣　暗器

第二，以"闭音"带"开音"，达到"开音"稍闭的目的。

巨大　提拔　孤傲　寄放　里拉　抵挡

第三，以"前音"带"后音"，达到"后音"稍前的目的。

预告　因果　版图　难过　以往　余额

第四，以"后音"带"前音"，达到"前音"稍后的目的。

高低　个别　暴雨　谷雨　功课　厚意

训练提示：这里的改善音色主要指语音的音色特征，语音音色的改善是以发音位置为基础的，在不影响表意的前提下，可以适当调整口腔的开合度和发音部位。

"开音"是指开口度较大的音节，"闭音"是指开口度较小的音节，以前一个音节的发音位置带动后一个音节的发音位置，使后一个音节的发音位置略作改变。比如"巴黎"这个词，"巴"的元音 ɑ 开度大，"黎"的元音 i 开度小，我们用 ɑ 的口腔开度带动第二个音节"黎"的开度适当加大。

"前音"是指发音舌位偏前的音节，"后音"是指发音舌位偏后的音节。"前音""后音"原理同"开音""闭音"。

（三）字尾弱收到位

字尾归音处于音节发音的最后阶段，对于音节发音的完整性很重要。无论有无韵尾的音节都存在归音问题。所以，对于字尾归音的要求是“弱收到位”。“弱收”是指音节结尾的发音要渐弱收音，这样才能保证音节发音的完整性和音节之间的区分。“到位”是指有韵尾的音节，发音时字尾音素的舌位要到规定位置，或者可以理解为音节发音结束时，口腔肌肉要有的“紧张感”。在字尾归音的时候我们通常会出现发音不到位、拖泥带水，或者吃字、弱收不到位等问题，这些都会影响到整体发音，因此，对于字尾的发音处理，也是我们不可忽视的。

早　雁

〔唐〕杜牧

金河秋半虏弦开，云外惊飞四散哀。
仙掌月明孤影过，长门灯暗数声来。
须知胡骑纷纷在，岂逐春风一一回？
莫厌潇湘少人处，水多菰米岸莓苔。

训练提示：这首诗韵脚压怀来辙，大多韵尾音节为元音 i，归音时应平展双唇，韵尾弱收到位。

泊秦淮

〔唐〕杜牧

烟笼寒水月笼沙，夜泊秦淮近酒家。
商女不知亡国恨，隔江犹唱后庭花。

训练提示：这首诗韵脚是发花辙，要注意发元音 ɑ 时唇形、舌位以及肌肉要保持紧张感，口腔要有立起的感觉。保持 ɑ 发音稳健坚实，声音响亮且送得远，然后气息渐弱收音。

秋　思

〔唐〕张籍

洛阳城里见秋风，欲作家书意万重。
复恐匆匆说不尽，行人临发又开封。

训练提示：这首诗韵脚是中东辙，以鼻辅音 ng 为主。字尾是 ng 的音在归音时，舌根要隆起并且要与软腭接近。

(四)吐字归音综合训练

沁园春·长沙

毛泽东

独立寒秋,湘江北去,橘子洲头。
看万山红遍,层林尽染;漫江碧透,百舸争流。
鹰击长空,鱼翔浅底,万类霜天竞自由。
怅寥廓,问苍茫大地,谁主沉浮?

携来百侣曾游,忆往昔峥嵘岁月稠。
恰同学少年,风华正茂;书生意气,挥斥方遒。
指点江山,激扬文字,粪土当年万户侯。
曾记否,到中流击水,浪遏飞舟?

训练提示:词人在上阕中通过对自然景色的生动描绘,巧妙地寓情于景,将内心的情感与眼前的景色融为一体。下阕则转入对往事的回忆与对未来的展望,使全词在情感上更加饱满与丰富。朗诵时首先注意重音的咬字,尤其是一些动词性很强的词语应该重读,并读出一定的气势,例如,“看万山红遍”中的“看”、“浪遏飞舟”中的“遏”等。

这首词韵脚是油求辙,“秋、头、透、流、由、游、稠、遒、侯、舟”字头、字腹、字尾俱全。具体来说,字头要叼住弹出,字腹要拉开立起,字尾要弱收到位,注意韵脚的吐字清晰,字音饱满,归音到位。

思考与练习

1.咬字器官有哪些,作用分别是什么?

2.简述吐字归音的要领。

3.如何“打开口腔”?

4.咬字器官力量如何集中?

5.何为“声挂前腭”?

6.分析自己在口腔控制学习中的难点,并找出解决办法。

7.赏析京韵大鼓《丑末寅初》,分析传统说唱艺术是如何运用“枣核形”吐字归音的。

《丑末寅初》

第十章　喉部控制

☞知识目标：了解人体喉部结构和制声机理，理解并掌握嗓音和喉部控制训练要领。

☞能力目标：能够正确运用喉部控制要领，获得有声语言艺术发声所需要的变化自如、高质量的声音。

喉部是声带振动发声的关键之处，喉部肌肉与声带控制声音高、低、强、弱、明、暗的变化，直接影响一个人的发音质量。如果没有掌握正确的喉部控制技巧，就会导致发音时喉部用力紧张、挤压嗓子等情况的发生，这样不仅会影响喉部的发音能力，严重时甚至会引发喉部疾病。学习正确的喉部控制方法，可以改善发音质量，使声音色彩变化丰富，并且能够保证发音器官的健康、稳定。

第一节　喉部控制常识

一、喉的位置与构造

喉是呼吸的通道，也是发音的器官。喉上通咽腔，下达环状软骨下缘并接气管，如图 10-1 所示。

喉由软骨支架、肌肉、韧带和纤维组织膜等构成。在构成软骨支架的 9 块软骨中，环状软骨、甲状软骨、勺状软骨、会厌软骨(见图 10-2)等对发音有直接意义。

(1)环状软骨。形如指环，是喉的基础软骨，位于气管上端，是保证喉畅通的重要构成，对喉部制声功能的发挥影响较大。

(2)甲状软骨。位于环状软骨之上，是喉软骨中最大的。它构成了喉的前、外侧壁，由左右两个四边形软骨板构成。两个甲状软骨连接处男女有别，男性为锐角，上端前凸成喉结，女性为钝角，喉结不明显。一般而言，喉结角度对制声的基本功能有一定

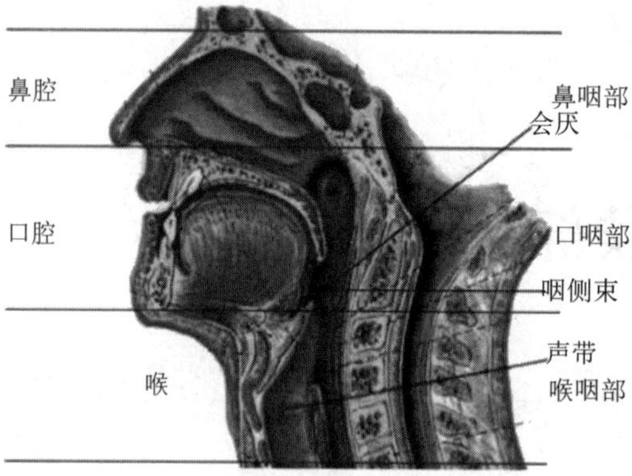

图 10-1　喉的位置

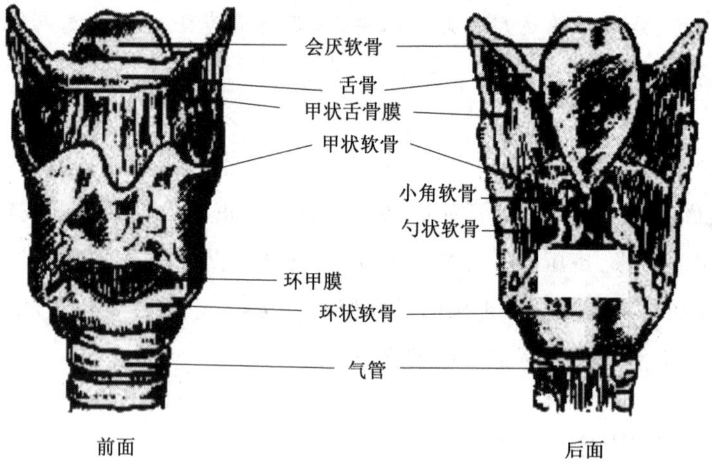

图 10-2　喉头结构

影响。

(3)勺状软骨。作为成对软骨,其位于环状软骨板上缘两侧,形似三棱锥形。它底部的前角为声带突,是声带附着处。勺状软骨由环勺关节连在环状软骨的后部。这些关节使勺状软骨能滑动和跨动。滑动使勺状软骨与关节轴作平行移动,而跨动可使勺状软骨在关节轴的垂直方向作转动,使勺状软骨展开或收拢。这些动作关系到声带的松紧和声门的开闭。

(4)会厌软骨。位于喉的入口处、甲状软骨之上,形似树叶,上宽下窄,属于弹性纤维软骨,平时喉口张开,气流通畅。日常吞咽食物时封闭喉口,以防食物进入气管。

二、声音的产生

人的发音器官主要是喉，而声带则是发音的主要部位。声带是两片带状的纤维质薄膜，附在喉部的勺状软骨上（见图 10-3）。四块肌肉组成的喉肌，各司其职地控制着声带的紧张和松弛以及声门张开的大小（见图 10-4）。

人在发声时，先吸入空气，然后将声带内收、拉紧，并暂时屏住呼吸。自肺部呼出的气流冲击声带使之振动，这种振动还会引起喉腔中的空气一起振动，这时我们就发出声音了。人的声音有的尖细，有的低沉，有的细若游丝，有的高亢洪亮，这些都是声带振动的频率和振幅不同所导致的物理现象。

正常情况下，发音的条件是声带有一定的张力，声带运动正常，声带边缘整齐，声门能闭合。喉部发出的声音是原音，其经咽、腭、舌、齿、唇等部位的修整及鼻腔、鼻窦、胸腔等处的共鸣产生了不同的、被放大的声音。

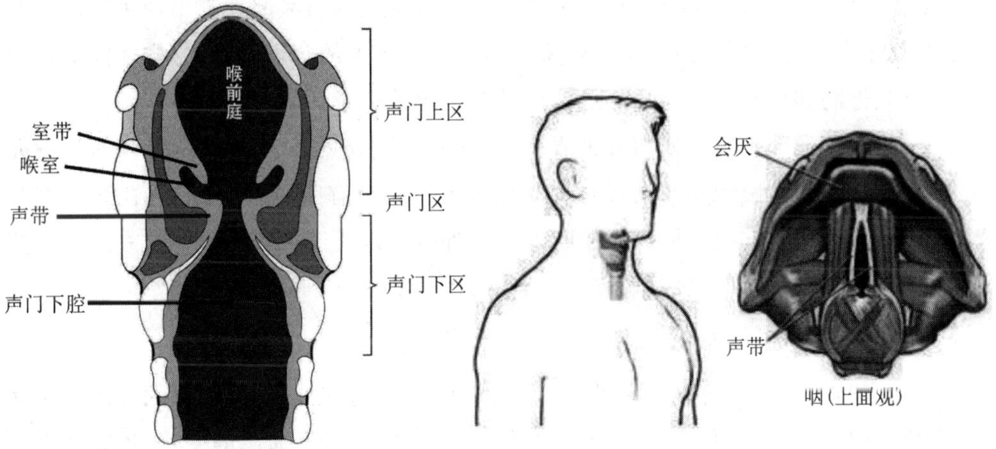

图 10-3 声带位置

图 10-4 不同状态下的声门开闭情况

三、喉部控制要领

(一)喉头相对稳定

喉头是人声的声源体。发声时喉头垂直位移的幅度对音色、音质、字音清晰度等有较明显的影响,保持喉头的相对稳定是保证声音变化、和谐、通畅的重要因素。

科学用声讲求喉头下降,保持相对稳定。训练时最好微微保持深呼吸的状态,不能让喉头上下乱动。这里的"相对稳定"指喉头位移控制在较小的幅度内。需要说明的是,喉头下降位置相对稳定并不是喉头降得越低越好,喉头降得过低容易使低频泛音增加,发音不够自然。我们可以通过自然发出 u 音来找到喉头下降的位置并保持住,同时注意下巴放松。除此之外,还可以用手指弹击甲状软骨板,以此确定喉头基准位,即喉头位移训练的中心点。

(二)喉头相对放松

很多人面对话筒时会出现声音"卡嗓"的现象,这说明是喉部控制出现了问题。有声语言艺术发声对喉部的控制是在喉头相对放松状态下的合理紧张,这样才能保证发声的自然、饱满和富于变化。喉部过分的放松会导致声音无力、沙哑、暗淡。

一般而言,喉部不够放松的常见表现为"压喉"或"挤嗓",为此我们可以通过发元音来进行改善训练,因为元音发音时气流通过口腔时没有明显阻碍,能够让我们充分体会气流通过喉部、喉部保持放松的状态。另外也可以通过下颌的上下左右运动来放松喉部上方的肌肉,借助喉部肌肉的放松来放松声带。

(三)喉部控制与呼吸控制、口腔控制配合

由肺、气管、胸廓等构成的呼吸系统为发声提供动力支持,由肺呼出的气流经过气管、喉部声门时,在声门的控制下,处于喉部的声带产生松紧、薄厚的变化,进而产生音色不同的喉元音,经过咽腔到达口腔,在口腔内受到唇、齿、舌等咬字器官的"塑造",最终产生具有一定意义的语音。

发声的过程是各发音器官在大脑的统一指挥下协同完成的。喉部控制必须与呼吸控制、口腔控制相配合。如果我们过于关注喉部动作,把喉部当作气息的开关,特别容易产生压喉现象,影响声音质量。要想使喉部得到有效的控制,应该在发声的过程中"抓两头,放松中间",即加强呼吸控制和口腔控制,强调用气息将字音托住并送出口腔,让喉部状态放松。

(四)注意克服不良发声习惯和动作

在发声过程中,以下不良习惯和动作容易对喉部造成较大伤害,大家要注意避免。

(1)压喉。一些男生为了使声音显得厚实、有磁性,刻意通过压喉改变音质。主要表现为舌根后缩,压迫甲状软骨,导致喉咽腔缩小。压喉容易限制口腔的灵活度,导致

声音表现不够自如，且损伤声带。

（2）挤嗓。指为了使声音变得尖细而捏紧喉部，这种情况较多出现在女生发声时。挤嗓会导致声音泛音少，单薄乏味，听起来很不自然。

（3）过多送气。指过多用气声说话，使声音听起来很虚。

第二节　喉部控制发声训练

喉部控制的训练主要包括声带基础训练、音高变化训练、音强变化训练和音色变化训练四个方面。

一、声带基础训练

从有声语言艺术创作角度来讲，声带的状态对于创作质量具有重要影响，这属于先天条件的影响。尽管如此，我们仍可通过训练来提高声带开合的灵活度以及振动的灵敏度，以保证发音质量。同时，对于长时间高强度用嗓的有声语言工作者来说，声带也会表现出闭合不良、振动不一等疲劳状态。针对上述两种情况，我们可以通过以下方式进行训练。

（一）气泡音练习

两条声带微微靠拢，用微弱的气流轻轻地冲击声带使之振动，持续均匀地发出 ɑ 音，这些 ɑ 音像是一连串的气泡。

训练提示：口腔和喉部肌肉处于放松状态，声音要均匀、持久，避免出现时大时小、时有时无的情况。

（二）哼鸣练习

第一步：双唇紧闭，牙关打开，口腔呈自然状态。

第二步：发 m 音过程中，气息经咽腔到达口腔前部，形成微弱气流，并继续上达鼻腔，最后通过鼻腔流出，形成口鼻联合共振。

训练提示：口腔和喉部肌肉放松，哼鸣 m、n、ng，双唇持续微微振动，有麻木感，每个音试着哼鸣 1 分钟。

二、音高变化训练

(一)螺旋式上绕、下绕练习

找到自己发音最舒服的位置(中声区),发单元音 ɑ 或 i。先进行螺旋式上绕,向高音扩展,再进行螺旋式下绕,向低音扩展。下绕时注意避免声门闭合过紧的喉音。无论上绕还是下绕,都不能过分地提高或压低声音,需要循序渐进地练习。

(二)阶梯式升高、降低练习

选择某单元音或音节,从自然音高开始,一次次接连发音,一个音阶、一个音阶逐次升高和降低。

训练提示:无论发高音还是低音,要尽量保持喉头的相对稳定,不要出现过多的上抬或下移,保证声音畅通。

三、音强变化训练

场景一:设想你自己在家里小声进行训练,因为没有明确的观众和强烈的表达欲望,只是在熟悉稿件,所以此时的音强较弱。

场景二:设想你去办公室向老师请教朗诵技巧,老师让你先朗诵一遍。由于是一对一、面对面地进行表达,你会有一定的表达欲望,感情也调动起来了,所以此时的音强相较于场景一要更强一点。但由于办公室空间不是很大,你与老师之间的距离也不是很远,所以音强适中。

场景三:设想你来到教室排练,面对导演和在场的一些同学进行试诵,此时你的音强相较于场景二会更强一些。

场景四:设想你在学校大礼堂正式演出,现场师生都是你的观众,你有强烈的愿望去感染在座的每一位观众,也希望自己的声音能够传到观众席最后一排,此时你的音强相较于场景三更强。

训练提示:选择同一篇作品,设想自己在不同的情境中朗诵,体会音强的变化。

四、音色变化训练

音色变化训练可以分步骤进行。

第一步,两层次音色对比训练。

ɑ(实声)——ɑ(虚声)　　　　i(实声)——i(虚声)

第二步，多层次音色对比训练。

ɑ(实声)——ɑ(虚实声)——ɑ(虚声)　　o(实声)——o(虚实声)——o(虚声)

第三步，词语的对比练习。

大海(实声)——大海(虚声)　　大海啊(实声)——大海啊(虚声)

第四步，古诗词音色变化练习。

日照(实虚)香炉(虚)生(实)紫烟(虚)，

遥看(虚实)瀑布(实)挂(虚)前川(实)。

飞流(实虚)直下(虚)三(实)千尺(虚)，

疑是(虚实)银河(实)落(虚)九天(实)。

训练提示：以实声为主，虚实结合的音色为基本声音色彩，这种音色是在声带张弛适度的情况下发出的。另外，有单一音色发声习惯的同学要注意不同音色控制的持久性，要通过练习来矫正不良发声习惯，形成能自如改变音色的能力。

思考与练习

1.简述喉部的结构。

2.为什么发声时要保持喉头的相对稳定？

3.为什么发声时要保持喉头的相对放松？

4.喉部控制的训练方式有哪些？

5.如何进行嗓音保护？

第十一章　共鸣控制

☞知识目标：说出人体常用的共鸣腔及其作用。

☞能力目标：掌握共鸣器官运用技巧，合理使用不同的共鸣方式美化自己的声音，使音色富于变化和表现力。

第一节　共鸣控制常识

人的声带发出的喉头原音是很微弱的，要靠人体天然的共鸣腔体（如口腔、胸腔、咽腔、头腔等）将声音扩大，良好的共鸣控制方法可以让我们获得更好的声音质量，提高声音色彩表现力。

一、什么是共鸣控制

人体发声共鸣就是指人发声时，由于气息到达声带而发出的机械波同时引起了人体内其他各共鸣腔体产生机械波共振的现象。由于共鸣时产生的泛音与声带发出的音组成复音，因此共鸣对声音有扩大和美化的作用。科学控制调节共鸣器官可以丰富或改变声音色彩，同时起到保护声带的作用，延长声带的寿命。在产生共鸣的过程中，共鸣器官把发自声带的原声在音色上进行润饰，使声音圆润、优美。

共鸣控制的作用主要表现在以下两个方面：

第一，共鸣腔的调节直接参与语音材料的制作，在调节过程中形成不同的语音音色。比如 a 和 i 音色的不同主要是由口腔共鸣器开合度大小和形状不同决定的，n 和 l 的区别主要看有没有使用鼻腔共鸣。

第二，对不同共鸣腔的控制，可以形成表情达意的不同声音色彩。在有声语言艺术表达时，创作主体通过骨骼、肌肉的运动改变共鸣腔体形状、容积大小、腔壁的软硬度和弹性等来实现不同的声音色彩变化。例如胸腔共鸣多，声音显得浑厚扎实；鼻腔共鸣多，声音会显得响亮滑腻；头腔共鸣的运用，则可使声音高亢，穿透力强。

二、认识共鸣器官

共鸣器官按照人体自下而上的顺序分别是：胸腔、喉腔、咽腔、口腔、鼻腔和头腔。

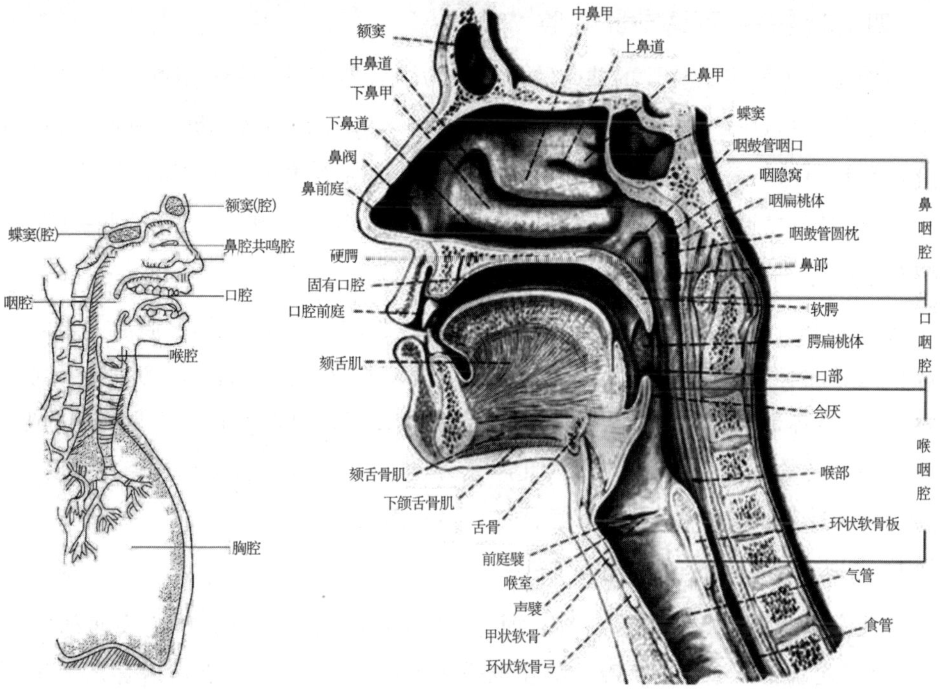

图 11-1　人体主要的共鸣腔

(一)胸腔——不可调节共鸣腔

胸腔是由肋骨支撑的胸廓，包括气管、支气管和整个肺部。胸腔容积较大，而且体积较固定，所以它是不可调节共鸣腔。胸腔在声带的下面，因此胸腔不参与语音的制作。胸腔共鸣作用时，胸部有明显振动感，它对低频声波共鸣作用明显。胸腔共鸣可以扩大音量，增加低泛音，使声音听起来浑厚、结实。

(二)喉腔——可调节共鸣腔

喉腔是指位于声带与假声带之间的喉室和位于假声带之上的喉前庭。喉腔是喉原音发出后经过的第一个共鸣腔，它的状况直接影响到声音的质量，这是因为喉头在做上下运动时，声道会发生变化：升高时声道缩短，有利于高频泛音共鸣；下降时，声道拉长，有利于低频泛音共鸣。在有声语言艺术发声中，强调喉头的放松以及位置的相对稳定。

(三)咽腔——可调节共鸣腔

咽腔，也叫咽管，是个前后稍扁的漏斗状肌管，它处于声道由垂直向水平方向转变的弯道上。咽腔分为三部分：软腭以上前通鼻腔的部分，称鼻咽部；中段前通口腔的部分，称口咽部；下段连接喉腔的部分，称喉咽部。咽腔是一个重要的共鸣腔，在有声语言艺术发声中，强调后咽壁在发声过程中的积极、正直，保持一定坚韧度，同时强调软腭抬起的积极状态。

（四）口腔——可调节共鸣腔

口腔是人体发声最重要的共鸣腔。它作为语言器官的功能往往大于共鸣器官的功能。它是发声过程中最灵活且可以调节的腔体，口腔的形状能够因为舌位、唇形的改变而获得不同的音色，在语音发声中它是最重要的，没有它，就无法产生语言声音。所以，口腔是最重要的共鸣腔。良好的口腔共鸣可以使字音明亮结实、圆润动听。

（五）鼻腔——不可调节共鸣腔

鼻腔前方由鼻孔与外界相通，是除口腔外，呼吸的另一条通道，鼻腔后方通向鼻咽腔。因为鼻腔有固定的容积，所以它属于不可调节共鸣腔。我们要注意鼻腔共鸣与鼻音的区别：鼻音是用于区别意义的一种发音方法，而鼻腔共鸣是声波在鼻骨上的振动，也就是将声音的焦点定位在鼻腔，因此声音会显得明亮、高亢。使用鼻腔共鸣要适度，否则会降低语音的清晰度，致使音色浑浊，有堵、腻的感觉。

（六）头腔——不可调节共鸣腔

头腔是鼻腔之上的共鸣腔。发声时，发出高音区的声音时会产生头面部的振动感，音色高亢富有穿透力。头腔共鸣在声乐艺术中比较重要，在有声语言艺术发声训练时不宜过分强调，因为有声语言艺术发声多采用中声区，以口腔共鸣为主，过分强调头腔共鸣可能会影响声音的自然和朴实。

三、有声语言艺术发声的共鸣方式

一个人的共鸣器官是天生的，无法改造，但是我们可以在使用方法上想办法，利用共鸣原理对声道中的共鸣腔进行适当的调节控制，以达到提高语音清晰度和美化声音音色的目的。在有声语言艺术发声过程中，多采用中声区，而中声区主要形成于口腔上下，这就决定了用声的共鸣重心在口腔上下，以口腔共鸣为主。

有声语言艺术传播的特点决定了我们发声采取的共鸣方式：以口腔共鸣为主，以胸腔共鸣为基础，以混合共鸣为后备的声道共鸣方式。共鸣控制原则是加强口腔和咽腔共鸣，保持适当的胸腔共鸣和鼻腔共鸣。共鸣控制没有统一的标准，应结合每个人不同声音色彩和有声语言艺术表达的需要而定。

加强口腔和咽腔共鸣要求根据不同字音，特别是不同元音的发音特点调整发音状态，纠正不良发音习惯。而鼻腔和胸腔共鸣具有超音段性质，两者可表现在各个元音之中。根据一般共鸣原理，共鸣腔大小和开口度对共鸣频率和强度有直接影响。作为容积相对固定的腔体，胸腔和鼻腔的调节主要是通过对腔体开口的控制取得的。胸腔的开口是声门，发音时声门适当打开，喉呈放松状态并适当降低音高，可增加胸腔共鸣。鼻腔的可控制开口在软腭部位，发音时软腭上抬可减少鼻腔共鸣。

四、有声语言艺术共鸣控制的要求

(一)字音清晰，美化声音

通过调节、控制取得较丰富的口腔共鸣，善于运用胸腔共鸣。良好的口腔共鸣可以使声音明朗、润泽、集中；良好的胸腔共鸣可以使声音浑厚、结实、有力。

(二)综合控制，色彩丰富

共鸣器官是一个整体，任何一种声音的发出都少不了高、中、低三种共鸣效应，训练时不刻意追求单一腔体共鸣效果。

(三)口语发声，朴实自然

共鸣效果的好坏取决于是否符合有声语言艺术传播目的。口语传播首先是要满足有声语言的沟通交际工具的作用，因此无须过多地追求头腔共鸣，以免声音过于明亮、尖利、刺耳；也不可过多地追求胸腔共鸣，以免声音过于低沉、闷塞、含混、压抑。

第二节　共鸣控制训练

有声语言艺术发声的共鸣特点是以口腔共鸣为主，以胸腔共鸣为基础的声道共鸣方式。所以，关于共鸣控制的训练我们重点以口腔共鸣、胸腔共鸣、鼻腔共鸣的训练为主。

一、口腔共鸣的训练

口腔上通鼻腔、头腔，下通胸腔，是最重要的语音共鸣腔体，我们的吐字是在口腔内完成的，不同的字音，是由唇、齿、舌等咬字器官在口腔中不同的配合来实现的。在保证自己吐字发音准确、清晰的基础上，加强口腔共鸣的控制，可以使不同的语音获得更积极、稳定、丰富的声音特色。

(一)体会“声挂前腭”的稳定状态

“声挂前腭”指的是口腔相对稳定的共鸣状态，也就是声束冲击口腔硬腭前部所产生的共鸣状态。

发 ɑ、i、ü 的延长音，体会声束在硬腭前挂着的感觉。

爱心　安康　导体　安宁　白话　白银　高低　版图

提拔　文法　寄放　远洋　抵挡　孤傲　因果　暴雨

训练提示:保持好口腔共鸣器“提、打、挺、松”的状态,注意与气息控制相互配合,总体感觉是气息“发于丹田”后,经喉部声带振动发出声音,声音通过口腔时形成字音,声束在硬腭前部形成“珠球”感,再送出口外,从而使声音更加集中、圆润而明亮。注意是声束“声挂前腭”,是在保证字音准确、清晰的前提下进行的共鸣位置控制。

(二)改善圆唇共鸣状态

ü üan üe ün

ua uan uei uen uang ueng ong

ao ou iao iou

训练提示:发圆唇音的时候,需要双唇拢起来拉长口腔共鸣器获得圆唇音色,但我们要把握好唇部拢起的分寸,不能嘴唇噘出去过长或者嘴角下垂,这样会使音色过暗,带有沉闷的色彩。在嘴唇撮起拢圆的同时,依然保持唇齿相依的感觉。

(三)体会嘴角上抬的积极的音色

百炼成钢 排山倒海 满园春色 奋发图强 斗志昂扬 万象更新

推陈出新 鸟语花香 龙飞凤舞 高瞻远瞩 快马加鞭 生机勃勃

训练提示:嘴角微微上抬,即上抬至微笑状态,嘴角上抬过高会导致嘴型和口腔状态发生变化,不利于发声;嘴角不上抬会导致发音过于呆板,音色沉闷。可以结合“提颧肌”,使嘴角微微上抬,提高声音的明亮度,同时注意唇齿相依的感觉。

(四)练习短诗,加强口腔共鸣的控制

江上送李龟年

〔唐〕王维

红豆生南国,春来发几枝。
愿君多采撷,此物最相思。

训练提示:王维的这首诗语言朴实无华,韵律和谐柔美,表达出了一种深厚的思想感情。朗诵这首诗时,注意控制好口腔共鸣的位置,让每一个字都充满积极、清晰的色彩。例如"红豆"这两个字,本身字腹开度比较大,要运用口腔共鸣把红豆鲜红圆润、晶莹剔透的感觉读出来。韵脚"枝""思",字音口腔开度较小,又是舌尖元音,不容易发得明亮饱满,朗诵时要认真体会"声挂前腭"的感觉,让高元音在硬腭下充分共鸣,并将字音清晰地送出口腔。

二、胸腔共鸣的训练

有声语言艺术发声主要是运用自如声区,音域、音色均接近日常生活,既保持自己声音的特色又有适度的美化。胸腔共鸣浑厚、结实的特点,可以使声音听起来沉稳、朴实、大气。当然,过度运用胸腔共鸣会使声音厚浊、不清晰,会使男声较沉闷,女声过于苍老。运用胸腔共鸣以不影响字音清晰度为宜。

(一)发音训练,体会胸腔共鸣

练声之前调整好身体的姿态,舒胸直背、提臀拎腹,这样做可以使我们气沉丹田,呼吸更顺畅,更容易找到一个积极的身体状态,更好地激发胸腔共鸣。

(1)从高到低,从实声到虚声发 a 音,体会不同音区共鸣成分的变化。

(2)用较低的声音发 hei、ha 音,声音不要过亮而要浑厚,感觉声音是从胸腔发出的,可以用手去感觉胸腔的振动。

训练提示:用实声到虚声发 a 音,是因为 a 音开口较大,容易产生胸腔共鸣。

在发 hei、ha 音时,可以先深吸气,让自己的肺部容积加大,然后适当地将 hei、ha 的发音降调。声源的频率低时,容易引起胸腔共鸣,而且适当降低音高也可以使声音变得浑厚。

(二)词语练习,感受胸腔共鸣

暗淡　反叛　散漫　武汉　计划　到达　自发　出嫁　多少　飞鸟

漫漫　平凡　大海　承载　锻炼　峰峦　再见　繁杂　悬崖　大典

训练提示:练习这些词语时,我们可以去感受胸腔的振动,体会结实、有力、浑厚的声音共鸣。

(三)朗诵短诗,运用胸腔共鸣

乡　愁

余光中

小时候,
乡愁是一枚小小的邮票,
我在这头,
母亲在那头。

长大后,
乡愁是一张窄窄的船票,
我在这头,
新娘在那头。

后来啊,
乡愁是一方矮矮的坟墓,
我在外头,
母亲在里头。

而现在,
乡愁是一湾浅浅的海峡,
我在这头,
大陆在那头。

训练提示:这首诗的情感是忧郁深沉的,朗诵时声音需要浑厚有力,这就需要我们运用胸腔共鸣了。但是胸腔共鸣的运用也要适当,避免声音过于低沉、浑浊和压抑。

三、鼻腔共鸣的训练

鼻腔共鸣可以使声音明亮、高亢,它的作用主要是对声音的一种包装处理。在发音时,带有微量的鼻腔共鸣能使声音柔和而有光彩,发音省力,但如果鼻腔共鸣过量就会出现"齉鼻儿",使语音的清晰度降低。因此,鼻腔共鸣也不可多用,因为多用会使声音浑浊、不自然。我们应该结合自己的声音有针对性地加以训练。

(一)检验自己鼻腔共鸣是否使用过多

混沌　渊源　管弦　间断　景观　黄昏　湘江　光芒　状况　中央　响亮

训练提示:在读这些词语的时候可以捏住鼻子去感受,如果鼻腔从元音开始就振动,表明鼻腔共鸣使用过度,应该减少元音的鼻化程度;如果鼻腔共鸣较少,可以适当地增加鼻腔共鸣。

(二)练习词语,体会鼻腔共鸣

妈妈　买卖　弥漫　牛奶　门楣　明年　泯灭　能耐　纳闷　模拟

训练提示：m、n 声母后的元音会因为声母的鼻音带有鼻腔共鸣，所以要注意元音不能鼻化，否则会导致整个音节鼻音色彩过重。在运用鼻腔共鸣的时候要与实际情况相结合，把握好分寸。

(三)短诗的练习

雪花的快乐

徐志摩

假若我是一朵雪花，
翩翩地在半空里潇洒，
　　我一定认清我的方向——
　　飞扬，飞扬，飞扬——
这地面上有我的方向。

不去那冷寞的幽谷，
不去那凄清的山麓，
　　也不上荒街去惆怅——
　　飞扬，飞扬，飞扬——
你看，我有我的方向！

在半空里娟娟地飞舞，
认明了那清幽的住处，
　　等着她来花园里探望——
　　飞扬，飞扬，飞扬——
啊，她身上有朱砂梅的清香！

那时我凭借我的身轻，
盈盈地，沾住了她的衣襟，
　　贴近她柔波似的心胸——
　　消溶，消溶，消溶——
溶入了她柔波似的心胸。

训练提示：这首诗语言轻盈明朗，热烈、坚定又充满淡淡的忧伤，作者把对理想追求的主观感情与客观自然景象交融互渗，化实景为虚境，创造出了一个优美的意境。这首诗韵脚江阳辙，需要在做好口腔共鸣的基础上，运用好鼻腔共鸣，让每一个字都积极、清晰、明朗的色彩。

思考与练习

1.人体的共鸣器官主要有哪些，各自有什么作用？

2.有声语言艺术发声的共鸣有什么特点？

3.口腔共鸣在有声语言艺术发声中的作用。

4.胸腔共鸣的作用是什么？

5.找一首自己喜欢的诗词，用合适的共鸣方式进行练习。

第十二章　声音弹性

☞知识目标：准确阐释声音弹性的定义及特点，清楚说出声音弹性获得的条件。

☞能力目标：通过声音弹性各要素的单项对比和综合运用训练，灵活呈现声音色彩各要素的对比，准确把握声音色彩各要素的分寸，最终使声音色彩丰富，具备可变性。

第一节　声音弹性常识

一、声音弹性的定义

弹性这个词是一个物理学名词，在有声语言艺术发声当中，声音的弹性是指声音形式对于变化着的思想感情的适应能力，即声音的伸缩性、可变性。人的思想感情总在不停地运动变化，这种思想感情的运动状态是有声语言艺术创作的内在动力，它要求气息、声音随之运动变化，以体现出我们所感受到的一切。有声语言艺术表达的创作活动多是从文字到语言的转化，需要进行二次创作，在这一转化过程中，表达者根据文稿用声音呈现出立体“场景”。场景的立体化，要借助声音各要素的对比来实现，如快与慢、高与低、强与弱、实与虚等。同时，声音各要素的对比又建立在真情实感的基础上，这就要求表达者的声音有较强的适应能力和塑造能力，因此，表达者必须加强声音弹性的训练。

二、声音弹性的具体表现

声音，看不见摸不着。在这里我们做一个类比，声音的弹性就好比是橡皮球的弹性，无论是投掷、挤压还是静止，橡皮球都会发生相应的改变来应对外界的压力。当外界压力消失之后，它又能快速恢复到原始的状态。

有声语言也应当有对外界压力变化的适应能力。而能让声音产生变化的外界压力，就是指作品所蕴含的思想感情的变化。

(一)对比性

对比性就是在有声语言艺术表达过程中声音的相对变化，比如声音的高低起伏、节奏的快慢变化、虚实不同的对比。对比性并没有统一的标准，有的作品弱一些，有的作品强一些，只要符合作品的内容表达和情感变化，都是美的。

也就是说，声音的弹性是在对比中表现出来的，是相对的，比如气息的深浅以及急缓，声音的高低、强弱、虚实、明暗、刚柔以及薄厚等都是这样。

(二)可变性

可变性，也可以说"声音要素"丰富。经验丰富、业务功底深厚的播音员、配音员，能掌握很多不同的声音特征。有天赋的配音演员能调动共鸣、喉部和口腔的肌肉器官呈现出不同的声音状态。

声音的可变性主要体现在声音的物理属性上，即音强、音长、音高、音色。根据稿件内容、播出目的、语言环境等因素的不同，我们要更好地控制音强、音长、音高、音色的变化，使声音具有可变性，从而实现更好的表达效果。

(三)层次性

有声语言艺术表达要求声音变化幅度不大，但要层次分明，能让受众感受到声音细微的变化。

三、声音弹性的作用

声音弹性是检验语音发声过程中各要素是否配合良好的关键。

在语音发声过程中，声音弹性将各单一要素结合起来，为表现多种多样的思想感情提供坚实的基础。

声音弹性不仅是一种声音形式的变化，更是一种声音艺术的表现。

四、声音弹性的要求

要使声音富有弹性，需要注意控制声音在合适范围之内的变化，掌握好合适的"度"，不可为了追求声音弹性而一味地挑战声音极限。要想声音富有弹性，我们一定要注意气息的运用。气息的运用又与作品的思想感情密切相关。气息是发声的动力，是由情到声的桥梁。任何一篇作品中的情感都不是单一的，是富有变化、丰富多样的，这就需要我们的声音具有多样性、可变性，要多尝试不同类型的稿件，加强声音的弹性。但需要注意，我们在发声各个环节的控制都要留有余地，这样才有利于声音弹性的产生。在任何一个环节中"走极端"都会给声音弹性造成障碍。比如音量过大、过小，声调过高、过低，都是发声控制达到极限的表现，在这种情况下就难以实现具有弹性的声音。

第二节　声音弹性发声训练

声音具有伸缩性和可变性，这就是声音的弹性。有弹性的声音才能适应思想感情的变化。

一、声音各要素的单项对比练习

注意声音的高低、强弱、虚实、刚柔、厚薄、明暗等变化。有声语言艺术工作者说话时，语言负载量大、信息量大，情感变化幅度也大，我们要在自然朴实声音的基础上逐步培养一种富于色彩的，具有感染力、表现力的声音，使发声技巧与作品内容达到和谐统一，让声音能够适应情感的发展和内容的需要，这就是我们训练声音弹性的目的。除深入理解稿件或节目的内容、主题、宣传目的外，我们还应加强声音的各项对比训练，这是提高声音弹性和丰富声音色彩的有效办法。

(一)高低对比

主要表现为声音的音高变化。

鸟在天上飞(高)，鱼在水里游(低)。

(二)强弱对比

主要表现为气流和发音强度的变化。

他暗自下决心(弱)："我绝不能那样做。"(强)

(三)明暗对比

主要表现为发音位置的变化。

(明)金蝉操琴蝴蝶舞，青蛙蝈蝈打锣鼓，农村八月多欢乐，满场满院堆五谷。

(暗)用茫茫的夜色作墨，用疮痍的土地作纸，在鸦片战争的硝烟之后，是谁写下两个字——中国。

(四)快慢对比

主要表现为发音速度的变化。

(快)正宗好凉茶，正宗好声音，欢迎收看由凉茶领导品牌加多宝为您冠名的加多宝凉茶《中国好声音》。喝启力，添动力，娃哈哈启力精神保健品为《中国好声音》加油。本届《中国好声音》所有学员当中四位导师最得意的门生将踏上娃哈哈启力音乐梦想之旅。发短信参与互动立即获得苏宁易购的100元优惠券，感谢苏宁易购对本节目的大力支持。我们的好声音学员如果获得三位或者三位以上导师认可，即可获得苏宁易购提供的1万元音乐梦想基金。感谢上海新锦江大酒店为《中国好声音》导师提供的酒店赞助。关注加多宝凉茶《中国好声音》台前幕后更多精彩内容，你可以@中国好声音新浪微博，或者是腾讯微信以及登录中国好声音百度贴吧参与节目互动，还可以登录优酷、搜狐视频、爱奇艺、土豆网观看节目的精彩花絮，关注网易娱乐了解更多节目的信息或者登录官方数字音乐平台，下载每期节目最精彩的歌曲彩铃。

（慢）浓郁的咖喱味道完美地融合在食材中，吃一口，那浓郁又带着椰奶香味的咖喱在嘴里爆炸，瞬间整个人犹如浸润在咖喱的世界中，古老的印度仿佛浮现在眼前……

（五）松紧对比

主要表现为吐字力度的变化。

他绷着脸说（松）："你这样是违反纪律的。"（紧）

（六）收放对比

主要表现为声音放纵与收束的变化。

登鹳雀楼

〔唐〕王之涣

白日依山尽（收），黄河入海流（放）。
欲穷千里目（收），更上一层楼（放）。

（七）实虚对比

主要表现为喉部松紧和音色实虚的变化。

他爬上山顶大喊（实）："小花，你在哪里？"（虚）

（八）刚柔对比

主要表现为感情色彩的变化。刚柔对比与声音的虚实、轻重以及口腔共鸣的大小有关。

（刚）年轻人，如初生的牛犊，可贵的一面是无所畏难，虎虎然，有斗志；不足的一面是，有时又容易把困难想得过于简单，或缺少理智的控制。

（柔）桃花流水三月天，满河渔歌声声甜。迎风撒下金丝网，捞出一个丰收年。

二、声音各要素的综合练习

（一）古诗词

古诗词是练习声音弹性的好材料，朗诵时要求气息贯通且有深浅、多少、疾徐等方面的变化。练习时应注意虚实明暗、强弱高低、刚柔断连的处理。

早发白帝城

〔唐〕李白

朝辞白帝彩云间，千里江陵一日还。
两岸猿声啼不住，轻舟已过万重山。

训练提示：该诗是写景之作，生动描绘了船行三峡时作者看到的壮观景象，表达出作者在经历坎坷之后轻松、愉悦的心情。这首诗的用词既荡气回肠，又清新欢快。因此，用声应以“明”和“柔”的复合形式为主，以体现欢快之情，将作者喜悦的情感融于作品描写的场景之中。

望庐山瀑布

〔唐〕李白

日照香炉生紫烟，遥看瀑布挂前川。
飞流直下三千尺，疑是银河落九天。

训练提示：这首诗描绘了庐山的绮丽美景，赞美了祖国的锦绣山河。诗中大胆地运用夸张的表达手法，围绕题目中的“望”字，将庐山瀑布表现得既有雄壮之美，又有朦胧之美。我们应多采用虚实声相结合的方式，展现这幅山水画；一定要认真体会诗中的“照”“生”“看”“挂”“下”“落”等动词。

念奴娇·赤壁怀古

〔宋〕苏轼

大江东去，浪淘尽，千古风流人物。故垒西边，人道是，三国周郎赤壁。乱石穿空，惊涛拍岸，卷起千堆雪。江山如画，一时多少豪杰！

遥想公瑾当年，小乔初嫁了，雄姿英发。羽扇纶巾，谈笑间，樯橹灰飞烟灭。故国神游，多情应笑我，早生华发。人生如梦，一樽还酹江月。

训练提示：这首词描绘了赤壁的壮丽景色，歌颂了三国时期英雄的功业，抒发了作者对古代英雄的向往和自己未能建功立业的感慨。

词的上阕描绘江山美景，展现雄伟的画卷，由此产生联想，回顾历史风云，情景交融，浑然一体。朗诵时应注意声音弹性的运用，让声音随着感情的运动而变化。

词的下阕怀古伤今，颂扬周瑜青年时期就建功立业，感叹自己已过中年却功业不就，抱负未展，只能以酒遣愁。朗诵时注意声音形式“刚”“强”的对比，注意头腔共鸣、胸腔共鸣的结合，以适应内容、情绪的变化，彰显语言的表现力和感染力。

(二)散文

美丽一次

轮 子

在非洲的戈壁滩上，有一种叫依米的小花。花呈四瓣，每瓣自成一色：红、白、黄、蓝。它的独特并不止于此。在那里，根系庞大的植物才能很好地生长，而它的根，却只有一条，蜿蜒盘曲着插入地底深处。通常，它要花费五年的时间来完成根茎的穿插工作，然后，一点一点地积蓄养分，在第六年春，才在地面吐绿绽翠，开出一朵小小的四色鲜花。尤其让人们惋叹的是，这种极难长成的依米小花，花期并不长，仅仅两天工夫，它便随母株一起香消玉殒。

依米花的生长和蝉的生命历程有着惊人的相似。它们只是大自然万千家族中极为弱小的一员，可是，它们却以其独特的生命方式向世人昭告：生命一次，美丽一次。

一次，便足矣！

一次的青春，一次的成功，一次的勇往直前，一次的轰轰烈烈，一次的无悔人生……

一次，仅仅一次，却需要长时间坚韧不拔的进取和历尽艰辛的跋涉，它甚至需要耗尽一个人一世的光阴、毕生的精力！

人生的路途远比依米花的一生漫长，可是，在这段漫漫求索的艰辛历程中，我们并非一定会比依米花做得更好。

训练提示：应在情感激荡、感受准确的前提下，让有弹性的声音与表达技巧有机配合。

(三)现代诗

我爱你,中国!

胡景晖

当灿烂的太阳跳出了你东海的碧波,
你的帕米尔高原上依然是群星闪烁。
当你的北国还是银装素裹的世界啊,
你的南疆早已到处洋溢着盎然的春色。
我爱你,中国!

我爱你敦煌飞天的曼舞轻歌,
杭州西湖的淡妆浓抹,
桂林山水的清奇秀丽,
黄山云海的神秘莫测。
我爱你,中国!

我爱你世界屋脊上布达拉宫的巍峨,
傣家竹楼前如水的月色,
吐鲁番的葡萄哈密的瓜,
呼伦贝尔大草原上的羊群就像蓝天上飘动的洁白的云朵。
我爱你,中国!

我爱你青年人的热情奔放,
中年人的深沉不惑,
孩子们天真烂漫的笑脸,
老人们跳起的晚霞广场舞。
我爱你,中国!

我爱你战国编钟奏出的古曲,
我爱你腾飞时代唱出的新歌,
我爱你黄昏里紫禁城那层层殿宇,
我爱你夜色中现代建筑上辉煌的灯火。
我爱你,中国!

我爱你腾空的蘑菇云驱走了荒原的寂寞，
我爱你南极长城站传来的电波，
我爱你送走瘟神病魔的喜悦啊，
我爱你奥运史上零的突破。
我爱你，中国！

几度阴晴，几度离合，
几度舒缓，几度壮阔，
我爱你斗争、创造谱写的史册。
几番耕耘，几番收获，
几番荒芜，几番蓬勃，
我爱你血水、汗水浇灌的肥沃。
几多欢乐，几多苦涩，
几多失落，几多赢得，
我爱你坚韧、执着塑造的性格。

我爱你博大的胸怀，
我爱你恢宏的气魄，
我爱你祖祖辈辈、生生不息跳动的脉搏啊，
我爱你，中国！

你是涅槃的烈火中飞出的金凤凰啊，
你是神州大地上舞动的巨龙。
你是东方的醒狮啊，
你是我们走过无数风风雨雨的伟大的人民共和国，
我爱你，中国！

你经历了苦难与蹉跎，
你饱尝了屈辱与折磨。
你有愚昧和不足，
你有弊病与贫弱。

是的，
我们不应妄自尊大，

但我们也绝不妄自菲薄。

我们思虑，我们焦灼，
我们奋发，我们开拓，
我们努力，我们探索，
我们跋涉，我们拼搏！

我们要让你古老的大地焕发出更加耀眼的青春的光泽，
我们要让你成为世界民族之林中繁荣、富强、文明、民主的佼佼者。
我们为你骄傲，
我们为你自豪，
我们热爱你啊，中国！

训练提示：这首作品带着大家领略祖国的大好河山，也提醒我们不要忘记过往的伤痛，要时刻谨记历史，负重前行，开拓更加美好的未来。抒情部分应豪放激昂，但表达对往事的回忆和反思时则要放低音量，沉缓凝重，在转折与过渡时，力求衔接自然。注意“我爱你，中国”的层次感和情感的推进。这篇作品篇幅较长，感情丰富，我们要更加注意“刚”与“明”、“高”与“强”、“虚”与“柔”的综合运用。

思考与练习

1.什么是声音弹性？声音弹性的具体表现有哪些？
2.声音弹性对有声语言艺术表达的作用有哪些？
3.声音弹性单项对比训练的要素有哪些？具体的训练方法有哪些？

附录

“科学发声”题库

第七章　有声语言艺术发声概说

1.发声的生理基础可分为哪三大系统?（　）(多选)

A.动力系统

B.声源系统

C.成音系统

D.呼吸系统

2.以下对有声语言艺术发声的特点描述正确的是（　）。(多选)

A.以实声为主的虚实结合，声音清晰圆润

B.声音变化幅度不大，但层次丰富，表情达意准确

C.接近口语用声，状态自如，声音流畅

D.要有较丰富的表演夸张成分

3.有声语言艺术发声对音量的要求是（　）。(多选)

A.强度不高

B.幅度不大

C.层次要多

D.强度越高越好

第八章　呼吸控制

1.有声语言艺术发声的特点决定了对呼吸控制的要求，即能够运用________呼吸法调节呼吸，使气息顺畅、均匀，深浅适中，运用自如。

2.胸腹联合式呼吸法的呼吸原理包含______原理和__________原理。

3.呼吸控制训练需要经历以下几个过程（　）。(多选)

A.自然状态的下意识控制

B.有意识的基本状态强控制

C.有意识的弱控制

D.下意识地以弱控制为主、强弱控制自如

4.胸腹联合式呼吸法吸气要领的正确描述是（　）。(多选)

A.吸气要吸到肺底

B.两肋打开

C.腹壁站定

D.肩膀耸起

5.下列关于呼吸控制说法错误的是?(　)(单选)

A.呼吸控制总是处在运动状态中

B.呼吸控制必须服从说话时思维、情感表达的需要

C.呼吸控制力度越强越好

D.必须学会说话时的换气、补气、偷气、就气

6.进行膈肌弹发练习"hei"音时状态错误的是(　)。(单选)

A.控制膈肌正确上弹,而不是上腹部向外

B.喉头部分一定要松弛

C.弹发正确的 hei 音,音高稍低、圆润集中、松弛宽厚

D.喉头相对紧张

第九章　口腔控制

1.有声语言艺术发声对吐字的要求:______、______、______、______、______。(填空)

2.吐字归音是建立在汉语音节结构基础上的一种发音吐字方法,将一个汉语音节划分______、______、______三部分,按照三个部分的发音动作分为______、______、______三个过程。(填空)

3.吐字归音技巧中字头指的是(　)。(单选)

A.声母

B.声母和韵头

C.声母和韵母

D.韵头

4.关于吐字归音要领叙述正确的是(　)。(多选)

A.出字有力,叼住弹出

B.立字饱满,叼住弹出

C.立字饱满,拉开立起

D.弱收到位,趋势鲜明

5.咬字器官互相配合过程中,实现"打开口腔"要做到(　)。(多选)

A.提起颧肌

B.打开牙关

C.挺起软腭

D.放松下巴

第十章　喉部控制

1.在组成喉的软骨支架的 11 块软骨中，有 5 块对发声有直接意义。它们是：________、________、________（有左右两块）、________。（填空）

2.下列关于喉部控制作用说法正确的是(　　)。(多选)

A.喉部控制可以把握吐字的准确

B.提供喉原音

C.决定嗓音音色，影响表达效果

D.喉部健康状况能够影响播音寿命

3.对音高及其变化的影响因素是(　　)。(多选)

A.声带的长度和厚度

B.声带振动的质量

C.气息压力的变化

D.声带振幅的大小

4.声带在同一状态下承受的气息压力越大，引起的振动幅度就越大，声音也就越强，反之则弱。(　　)(判断)

A.正确

B.错误

5.下列关于喉部控制要领叙述正确的是(　　)。(多选)

A.喉头位置与声道的共鸣作用关系密切

B.有经验的唱歌演员或播音员不论声音怎样大幅度变化，喉头位移却总是控制在较小幅度内，可以说是处于相对稳定状态

C.调整喉头垂直位移幅度，保持发声时喉头的相对稳定，是获得变化自然、和谐通畅、润泽丰满的声音的有效方法

D.要求喉头相对放松，绝不是越松越好，过松会导致气息压力过小

6.声音色彩的变化最主要的表现为虚实的变化，发音过程音色的虚实的变化是声门开合变化形成的。(　　)(判断)

A.正确

B.错误

第十一章　共鸣控制

1.人类发声的共鸣器官，有____、______、____、____、____和______。(填空)

2.下列属于不可调节共鸣腔的是(　)。(单选)

A.喉腔

B.鼻腔

C.咽腔

D.口腔

3.下列对共鸣腔描述错误的是( )。(单选)

A.由于胸腔容积大,对低频声波共鸣作用明显

B.喉头下降时,声道拉长,有利于高频泛音共鸣

C.软腭升降可以关闭或打开鼻腔通路

D.没有口腔共鸣,喉腔、咽腔共鸣以至鼻腔、胸腔共鸣就无从发挥其效果

4.下列关于共鸣作用的相关描述正确的是( )。(多选)

A.声带发出的每一个声音都具有基音和范围很宽的一套泛音,形成一定的频谱

B.构成声道的大部分腔体都是可以变形的

C.声道的形状一变,共鸣情况也随之变化

D.声道是一个整体,互关互联

5.有声语言艺术发声的特点决定了它采取的共鸣方式是:以______共鸣为主,以______共鸣为基础的声道共鸣方式。(填空)

6.有声语言艺术发声对共鸣的控制还体现在,在形成字音的过程中,对可调节共鸣腔的调节过程要保持顺畅、明确。( )(判断)

A.正确

B.错误

第十二章　声音弹性

1.声音的弹性是指有声语言艺术发声时声音形式对于人们变化着的思想情感的适应能力,即声音随情感变化而来的______、______。(填空)

2.声音弹性的主要表现是( )。(多选)

A.表现为声音的可变性

B.声音的变化呈现出对比性

C.这种对比具有层次性

D.声音的弹性变化不是以单项对比的形式出现的,而是以多种对比项目的复合形式出现的

3.下列关于声音弹性说法正确的是( )。(多选)

A.思想情感的运动是取得声音弹性的内在依据

B.要使声音富于弹性要注意气息随情感的运动

C.发声能力的扩展也有利于声音弹性的加强

D.在发声的各个环节中,对发生的调节和控制都要留有余地,这样才能有利于声音弹性的表现

第三部分

普通话水平测试

本部分对有参加普通话水平测试需求的读者进行普通话水平测试指导,帮助读者了解普通话水平测试内容及评分标准,指出在普通话水平测试环节常见的问题以及解决的办法,提高读者参加普通话水平测试的应试能力。

第十三章　普通话水平测试流程和评分标准

☞知识目标：认识普通话水平测试的意义，了解普通话水平测试内容、评分标准以及普通话水平测试的等级划分，熟悉计算机辅助普通话水平测试流程及测试要求。

☞能力目标：提高学生参加普通话水平测试的应试能力，初步具备客观认识自己和他人普通话语音、词汇、语法规范水平的能力。

第一节　普通话水平测试常识

普通话水平测试（PSC）是我国为加快普通话普及进程，提高全社会普通话水平而设置的一种口语测试，普通话水平测试不是口才的评定，而是对应试人在运用普通话进行口语表达过程中语音、词汇、语法所达到的规范程度的测查和评定。主要以口试方式进行。

一、普通话水平测试的意义

开展普通话水平测试，是我国推广普通话的重要措施。2001 年 1 月 1 日颁布实施的《中华人民共和国国家通用语言文字法》明确规定："凡以普通话作为工作语言的岗位，其工作人员应当具备说普通话的能力。""以普通话为工作语言的播音员、节目主持人和影视话剧演员、教师、国家机关工作人员的普通话水平，应当分别达到国家规定的等级标准；对尚未达到国家规定的普通话等级标准的，分别情况进行培训。"

在一定范围内对某些岗位的人员进行普通话水平测试，并逐步实行普通话水平等级证书上岗制度，标志着我国普及普通话工作走上了制度化、规范化、科学化的新阶段。这项工作的开展有力地提高了全社会的语言规范意识，有效地促进了语言运用的规范化、标准化。目前，普通话水平的测试和管理工作主要是利用计算机作为测试工具辅助开展，通过信息技术手段来推进普通话水平测试和管理手段的科学化、现代化。

二、各行业普通话水平等级要求及标准

(一)对播音员、主持人普通话水平等级的要求

国家语委、国家教委、广播电视部1994年10月30日发布的《关于开展普通话水平测试工作的决定》要求“县级以上(含县级)广播电台和电视台的播音员、节目主持人应达到一级水平”。

(二)对教师普通话水平等级的要求

教育部、国家语委2000年发布《关于进一步加强学校普及普通话和用字规范化工作的通知》要求“中小学及幼儿园、校外教育单位的教师，报考教师资格证人员、师范类毕业生、公共服务行业的特定岗位人员普通话水平不低于二级，其中语文教师不低于二级甲等，其他科目教师不得低于二级乙等；高等学校的教师、国家公务员普通话水平不低于三级甲等，其中现代汉语教师不低于二级甲等，普通话语音教师不低于一级；对外汉语教学教师，普通话水平不低于二级甲等。话剧、电影、电视剧、广播剧等表演、配音演员，播音、主持专业和影视表演专业的教师、学生，普通话水平不低于一级”。

(三)对公务员普通话水平等级的要求

人事部、教育部、国家语委1999年5月12日发布的《关于开展国家公务员普通话培训的通知》要求“1954年1月1日以后出生的公务员达到普通话三级甲等以上水平”。

三、普通话水平测试的等级划分

国家语委、国家教委和广电部颁布的《普通话水平测试等级标准(试行)》(国语〔1997〕64号)把普通话水平分为三级六等：

一级甲等(测试得分：97分及以上)朗读和自由交谈时，语音标准，词语、语法正确无误，语调自然，表达流畅。

一级乙等(测试得分：92分及以上但不足97分)朗读和自由交谈时，语音标准，词语、语法正确无误，语调自然，表达流畅。偶然有字音、字调失误。

二级甲等(测试得分：87分及以上但不足92分)朗读和自由交谈时，声韵调发音基本标准，语调自然，表达流畅。少数难点音(平翘舌音、前后鼻尾音、边鼻音等)有时出现失误。词语、语法极少有误。

二级乙等(测试得分：80分及以上但不足87分)朗读和自由交谈时，个别调值不准，声韵母发音有不到位现象。难点音(平翘舌音、前后鼻尾音、边鼻音、fu—hu、z—zh—j、送气不送气、i—ü不分，保留浊塞音和浊塞擦音、丢介音、复韵母单音化等)失误较多。方言语调不明显。有使用方言词、方言语法的情况。

三级甲等(测试得分:70 分及以上但不足 80 分)朗读和自由交谈时,声韵母发音失误较多,难点音超出常见范围,声调调值多不准。方言语调较明显。词语、语法有失误。

三级乙等(测试得分:60 分及以上但不足 70 分)朗读和自由交谈时,声韵调发音失误多,方音特征突出。方言语调明显。词语、语法失误较多。外地人听其谈话有听不懂的情况。

第二节　普通话水平测试内容及评分标准

根据《普通话水平测试大纲》(教语用〔2003〕2 号)的规定,结合计算机辅助普通话水平测试实际,普通话水平测试内容包括普通话语音、词汇和语法,试卷一般包括以下四个部分,满分为 100 分。

读单音节字词、读多音节词语、朗读短文三项,由国家语言文字工作部门认定的计算机辅助普通话水平测试系统评定分数。命题说话项由测试员评定分数。

一、读单音节字词

包括 100 个音节,不含轻声、儿化音节,限时 3.5 分钟,共 10 分。测查应试人声母、韵母、声调读音的标准程度。

评分标准:

(1)语音错误,每个音节扣 0.1 分。

(2)读音缺陷,每个音节扣 0.05 分。

(3)超时 1 分钟以内,扣 0.5 分;超时 1 分钟以上(含 1 分钟),扣 1 分。

二、读多音节词语

包括 100 个音节,限时 2.5 分钟,共 20 分。测查应试人声母、韵母、声调和变调、轻声、儿化读音的标准程度。

评分标准:

(1)语音错误,每个音节扣 0.2 分。

(2)读音缺陷,每个音节扣 0.1 分。

(3)超时 1 分钟以内,扣 0.5 分;超时 1 分钟以上(含 1 分钟),扣 1 分。

三、朗读短文

朗读 1 篇,400 个音节,限时 4 分钟,共 30 分。测查应试人使用普通话朗读书面作品的水平。在测查声母、韵母、声调读音标准程度的同时,重点测查连读音变、停连、语调以及流畅程度。

评分以朗读作品的前400个音节(不含标点符号和括注的音节)为限,但应试人员应将第400个音节所在的句子读完整。短文从《普通话水平测试用朗读作品》中选取。

评分标准:

(1)每错1个音节,扣0.1分;漏读或增读1个音节,扣0.1分。

(2)声母或韵母的系统性语音缺陷,视程度扣0.5分、1分。

(3)语调偏误,视程度扣0.5分、1分、2分。

(4)停连不当,视程度扣0.5分、1分、2分。

(5)朗读不流畅(包括回读),视程度扣0.5分、1分、2分。

(6)超时扣1分。

四、命题说话

命题说话从给出的两个题目中任选一个,限时3分钟,共40分。测查应试人在无文字凭借的情况下说普通话的水平,重点测查语音标准程度,词汇、语法规范程度和自然流畅程度。

评分标准:

(1)语音标准程度,共20分。分六档。

一档:语音标准,或极少有失误。扣0分、0.5分、1分。

二档:语音错误在10次以下,有方音但不明显。扣1.5分、2分。

三档:语音错误在10次以下,但方音比较明显;或语音错误在10次—15次之间,有方音但不明显,扣3分、4分。

四档:语音错误在10次—15次之间,方音比较明显。扣5分、6分。

五档:语音错误超过15次,方音明显。扣7分、8分、9分。

六档:语音错误多,方音重。扣10分、11分、12分。

(2)词汇、语法规范程度,共5分。分三档。

一档:词汇、语法规范。扣0分。

二档:词汇、语法偶有不规范的情况。扣0.5分、1分。

三档:词汇、语法屡有不规范的情况。扣2分、3分。

(3)自然流畅程度,共5分。分三档。

一档:语言自然流畅。扣0分。

二档:语言基本流畅,口语化较差,有背稿子的表现。扣0.5分、1分。

三档:语言不连贯,语调生硬。扣2分、3分。

说话不足3分钟,酌情扣分:缺时1分钟以内(含1分钟),扣1分、2分、3分;缺时1分钟以上,扣4分、5分、6分;说话不满30秒(含30秒),本测试项成绩计为0分。

延伸阅读

普通话水平测试模拟试题

一、读单音节字词(100个音节,共10分,限时3.5分钟)

要求:横向朗读,注意发音清晰、声调准确。

哲 洽 许 滕 缓 昂 翻 容 选 闻

悦 围 波 信 铭 欧 测 敷 闰 巢

字 披 翁 辆 申 按 捐 旗 黑 咬

瞥 贺 失 广 晒 兵 卦 拔 君 仍

胸 撞 非 眸 葬 昭 览 脱 嫩 所

德 柳 砚 甩 豹 壤 凑 坑 绞 崔

我 初 蔽 匀 铝 枪 柴 搭 穷 董

池 款 杂 此 艘 粉 阔 您 镁 帘

械 搞 堤 捡 魂 躺 瘸 蛀 游 蠢

固 浓 钾 酸 莫 捧 队 要 踹 儿

二、读多音节词语(100个音节,共20分,限时2.5分钟)

要求:注意轻声、儿化音、变调等语音现象。

国王 今日 虐待 花瓶儿 难怪 产品 掉头

遭受 露馅儿 人群 压力 材料 窘迫 亏损

翱翔 永远 一辈子 佛典 沙尘 存在 请求

累赘 发愣 外面 酒盅儿 似乎 怎么 赔偿

勘察 妨碍 辨别 调整 少女 做活儿 完全

霓虹灯 疯狂 从而 入学 夸奖 回去 篡夺

秧歌 夏季 钢铁 通讯 敏感 不速之客

三、朗读短文(400个音节,共30分,限时4分钟)

要求:流畅朗读,注意停连、语调和情感。

在浩瀚无垠的沙漠里,有一片美丽的绿洲,绿洲里藏着一颗闪光的珍珠。这颗珍珠就是敦煌莫高窟。它坐落在我国甘肃省敦煌市三危山和鸣沙山的怀抱中。

鸣沙山东麓是平均高度为十七米的崖壁。在一千六百多米长的崖壁上,凿有大小洞窟七百余个,形成了规模宏伟的石窟群。其中四百九十二个洞窟中,共有彩色塑像两千一百余尊,各种壁画共四万五千多平方米。莫高窟是我国古代无数艺术匠师留给人类的珍贵文化遗产。

莫高窟的彩塑，每一尊都是一件精美的艺术品。最大的有九层楼那么高，最小的还不如一个手掌大。这些彩塑个性鲜明，神态各异。有慈眉善目的菩萨，有威风凛凛的天王，还有强壮勇猛的力士……

莫高窟壁画的内容丰富多彩，有的是描绘古代劳动人民打猎、捕鱼、耕田、收割的情景，有的是描绘人们奏乐、舞蹈、演杂技的场面，还有的是描绘大自然的美丽风光。其中最引人注目的是飞天。壁画上的飞天，有的臂挎花篮，采摘鲜花；有的反弹琵琶，轻拨银弦；有的倒悬身子，自天而降；有的彩带飘拂，漫天遨游；有的舒展着双臂，翩翩起舞。看着这些精美动人的壁画，就像走进了//灿烂辉煌的艺术殿堂。

莫高窟里还有一个面积不大的洞窟——藏经洞。洞里曾藏有我国古代的各种经卷、文书、帛画、刺绣、铜像等共六万多件。由于清朝政府腐败无能，大量珍贵的文物被外国强盗掠走。仅存的部分经卷，现在陈列于北京故宫等处。

莫高窟是举世闻名的艺术宝库。这里的每一尊彩塑、每一幅壁画、每一件文物，都是中国古代人民智慧的结晶。

四、命题说话（二选一，共 40 分，限时 3 分钟）

要求：围绕题目连续表达 3 分钟，内容充实、语言自然。

1.我喜欢的季节（或天气）

2.谈谈社会公德（或职业道德）

第三节　普通话水平测试流程

一、计算机辅助普通话水平测试工作流程

计算机辅助普通话水平测试工作是通过计算机语音识别系统，代替人工评测，对普通话水平测试中应试人 1—3 题的答题情况进行自动智能评分，第四道题由测试系统分派给普通话水平测试员人工评分。

(1)考前准备：考生抽取纸质试卷准备考试，准备时间为 10 分钟；准备结束后，进入测试机房正式测试。

(2)考生在测试机房坐下，首先根据电脑语音提示按正确方式佩戴好耳机话筒，调试好录音放音功能，然后根据提示开始正式考试。

(3)考试结束：页面出现考试结束提示，表示考试顺利完成，可以离场。

二、普通话水平测试应试人须注意的问题

测试过程中的一些细节也需要应试人加以注意。忽视这些细节，可能会直接或间

接地影响测试成绩。

(一)了解机测程序

每一题测试前系统都会有一段提示音,请在提示音结束后再开始测试;考试过程中,请以适中的音量答题,不要过大或者过小。遇到不认识的字也要发音,尽量不要回读。第四题命题说话页面出现后,会给应试人提供两个题目,应试人选择其一,直接朗读出自己选中的题目,然后围绕话题开始说话。应试人要注意查看屏幕下方的时间进度条,时间进度条全部运行到结束,意味着命题说话时间满 3 分钟。

(二)调整心理状态

普通话水平测试不仅涉及应试人的语言应用能力,还涉及应试人的心理调控能力。测试过程中的许多因素都可能使应试人产生焦虑情绪,从而影响测试成绩。所以应试人除了积极做好普通话水平测试知识、技能的充分准备之外,还应该加强心理状态的自我调节能力。一定要克服过分紧张的情绪,以免影响自身水平的正常发挥。

第十四章　普通话水平测试训练

☞知识目标：了解普通话水平测试具体内容和每项题目的具体要求。

☞能力目标：提高参加普通话水平测试的应试能力，具备良好的应试心理素质和应试状态。

第一节　单音节字词训练

针对普通话水平测试第一部分，我们可以运用吐字归音、气息控制等方面的发音技巧对单音节字词的声、韵、调进行规范性训练，获得更加清晰、圆润的发音效果，并掌握易错字的辨正。

一、单音节字词测试知识点

方法：定量，读单音节字词 100 个。

目的：测查应试人声母、韵母、声调读音的标准程度。

出题规则：100 个音节里，每个声母出现一般不少于 3 次，每个韵母出现次数一般不少于 2 次，4 个声调出现次数大致均衡。音节的排列要避免同一测试要素连续出现。

评分规则：此项成绩占总分的 10%，即 10 分。读错一个字的声母、韵母或声调扣 0.1 分，读音有缺陷每个字扣 0.05 分。

限时：这一项规定用时 3.5 分钟。超时 1 分钟以内，扣 0.5 分；超时 1 分钟以上（含 1 分钟），扣 1 分。

二、常见语音错误、语音缺陷分析

这一项测试扣分一般因为语音错误和语音缺陷两种情况。

(一)语音错误分析

1.字音错误

由误读产生的读音错误，包括错字、别字、白字、形近字以及异读词读音错误等，例如下列各组字容易出现字音错误：

匀—均　瞥—撇　拔—拨　订—盯　嵩—蒿　郏—陕　招—召　灸—炙

帆—凡　瘸—拐　颈—茎　框—匡　矩—距　跷—翘　忏—歼　隘—谥

虐—谑　憎—赠　鄙—敝　篡—攥　湍—揣　蹿—窜　侍—伺　粪—垄

训练提示：为了避免字音错误，我们建议大家多查字典，多参考《普通话异读词审音表》，多读、多记、多练。

2.语音错误

主要是指在单字发音过程中，由于方音和发音习惯的影响，应试人把一个音读作另一个音，出现普通话声母、韵母、声调系统的错误。

(1)常见声母系统错误主要有以下五种。

第一，平翘舌音不分，把舌尖前阻声母(又叫平舌音)z、c、s和舌尖后阻声母(又叫翘舌音)zh、ch、sh、r混读。这两类声母的发音部位一前一后完全对立，舌尖前阻的成阻部位是舌尖与上齿背，舌尖后阻的成阻部位是舌尖与前硬腭。

杂—闸　造—照　村—春　葱—冲　四—是　森—身　蔌—束　岁—税

阻力—主力　暂时—战时　小草—小炒　村庄—春装　撕纸—湿纸

第二，尖音现象，指把舌面音j、q、x发成了舌尖音。错误在于发音部位的错误。j、q、x是舌面音，成阻部位是舌面前部与硬腭前部，所以在发音时，应该让舌尖轻放在下齿背，让舌面上抬，成阻部位是舌面与硬腭。

节奏　集资　自己　尊敬　凄惨　器材　瓷器　从前　习作　剪辑　细节

心酸　寻思　三鲜　思想　起草　采取　积极　佳作　新疆　先进　假期

第三，n和l不分。声母n是鼻音，发音时气流和声音需要通过鼻腔。l是边音，发音时气流和声音由舌头两边通过后再由口腔透出。有些人发n听上去像l，那是因为发音时软腭提升不够，舌身收得比较紧，口腔阻塞部位封闭不完全，使部分气流沿着舌头两侧漏走了。而发l时听上去又有鼻化的色彩，则是因为软腭下降不够，舌身放得比较宽，致使鼻腔内有残余气流泄出。

男女—褴褛　女客—旅客　南天—蓝天　浓重—隆重　南宁—兰陵

留念—留恋　牛年—流年　泥巴—篱笆　南麓—拦路　大娘—大梁

第四，f和h不分。把唇齿阻声母f发成了舌根音h。

发挥 反悔 粉红 防火 寒风 挥发 化肥 荒废 回复 汉服 画法

工会—工费 分头—昏头 费话—绘画 防风—黄蜂 富丽—互利

第五，r 和 l 不分：把舌尖中阻声母 l 发成了舌尖后阻声母 r。

燃料 让路 热力 人力 任劳 容量 肉瘤 认领 乳酪 老人 录入

(2)常见韵母系统错误，主要有以下四种。

第一，前后鼻音不分。

安—肮 般—帮 信—性 门—盟 深—声 新—星 民—明 亲—清

烂漫—浪漫 散失—丧失 申明—声明 诊治—整治 人民—人名

第二，i 和 ü 不分。

里—旅 你—女 吸—需 气—去 寄—锯 席 徐 椅—语 衣—淤

履历 纪律 雨季 移居 疑虑 戏剧 器具 淤积 蓄意 具体 给予

第三，o 和 e 不分。把后半高圆唇元音 o 发成后半高不圆唇元音 e。韵母 o 与 e 的舌位高低、前后基本相同，只是唇形的圆展有所不同。另外韵母 o 只与声母 b、p、m、f 有拼合关系，而声母 b、p、m、f 与韵母 e 没有拼合关系。

拨 泼 摸 佛 伯 墨 磨 德 特 讷 乐 哥 刻 则

剥夺 停泊 婆婆 破碎 馍馍 没落 特色 客车 色泽 哥哥 特赦

第四，eng 和 ong 不分。eng 起点元音是后半高不圆唇元音 e[ɤ]，ong 起点元音是比后高圆唇音 u 舌位略低的[ʊ]。

成风 承蒙 逞能 风声 更生 冷风 萌生 声称 蒸腾 整风 风筝

动容 公共 轰动 红肿 空洞 浓重 通红 空中 通融 瞳孔 中东

训练提示：下列情况也属于韵母系统错误，请大家留心。

第一，舌尖前元音-i(前)、-i(后)没有保持单元音的状态，明显向央元音的舌位滑动；把韵母 ie、üe 中的前中不圆唇元音 ê，读作后半高不圆唇元音。

第二，宽窄(即舌位移动幅度的大小，并伴随口形的开合)复韵母相混、宽窄鼻韵母相混，特指韵头、韵尾相同，而韵腹元音舌位高低不同的韵母相混，即 ai→ei，ao→ou，ia→ie，ua→uo，iao→iou，uai→uei，ei→ai，ou→ao，ie→ia，uo→ua，iou→iao，uei→uai，an→en，ang→eng，ian→in，iang→ing，uan→uen，uang→ueng(ong)，üan→ün，en→an，eng→ang，in→ian，ing→iang，uen→uan，ueng(ong)→uang，ün→üan。

第三，把有韵头的韵母读作无韵头的韵母，或者把无韵头的韵母读作有韵头的韵母。

第四，把二合前响复元音读作单元音。

第五，把三合复元音读作二合元音。

第六，把鼻韵母读作鼻化元音。鼻韵母没有鼻辅音(包括半鼻化音)收尾，变成开尾韵。

第七，遗留入声双唇塞音韵尾以及明显遗留舌尖中塞音韵尾、舌面后塞音韵尾。鼻韵尾 n 没有产生音变而读作鼻韵尾 m 。

(3)声调系统错误主要包括以下几种情况：

读阴平调时有升、降，或者把高平读成低平 33、22、11，或者读作升调、降调、曲折调等情况。

把阳平调(高升调)读作曲折调、高平调，或者降调的情况。

把上声(降升调)读为平调、升调或者降调的情况。

把去声(全降调)读为平调、升调或者曲折调的情况。

(二)语音缺陷

语音缺陷是指发音没有达到发音标准，存在明显的语感偏差，但还没有发成另外一个音，一般不会在交际中造成理解困难。因此，我们将这类情况判定为介于正确与错误之间的“缺陷”。

读音有缺陷只在读单音节字词和双音节词语两项中记评。前后两项里都有同样问题的，两项分别都扣分。

声母读音缺陷：读音有缺陷在“读单音节字词”项内主要是指声母的发音部位不准确，但还不是把普通话里的某一类声母读成另一类声母，例如读翘舌音声母时舌尖接触或接近上腭的位置过于靠后或靠前，但还没有完全错读为舌尖前音。

韵母读音缺陷：多表现为合口呼、撮口呼的韵母圆唇度明显不够，语感差；开口呼的韵母开口度明显不够，听感性质明显不符；复韵母舌位动程明显不够等。

声调缺陷：声调调形、调势基本正确，但调值明显偏低或偏高，特别是四声的相对高点或低点明显不一致。

三、普通话单音节字词训练

进行单音节字词训练时，要注意以下几点：

(1)读准每一个音节的声母、韵母、声调。

(2)避免误读字音。

(3)注意口腔控制，打开口腔(提、打、挺、松)，吐字圆润饱满，归音到位。

(4)注意气息，力发于丹田。音节与音节之间有适当停顿。

(一)根据注音，读准单音节字词

1

壹(yī)	噎(yē)	蹦(bèng)	硼(péng)	苞(bāo)	跨(kuà)	扈(hù)
泯(mǐn)	炽(chì)	刽(guì)	烩(huì)	侩(kuài)	谙(ān)	荟(huì)

肮(āng)　辍(chuò)　黯(àn)　黏(nián)　疚(jiù)　痤(cuó)　瘙(sào)
瘾(yǐn)　瘸(qué)　痞(pǐ)　疱(pào)　痦(wù)　疥(jiè)　磐(pán)
讧(hòng)　疹(zhěn)　疵(cī)　瘕(jiǎ)　癖(pǐ)　癜(diàn)　疮(chuāng)
癣(xuǎn)　痍(yí)　镍(niè)　嚼(jiáo)　囵(lún)　缫(sāo)　谀(yú)
腌(yān)　邋(lā)　琶(pá)　榈(lǘ)　掰(bāi)　踝(huái)　膳(shàn)
斡(wò)　簪(zān)　妾(qiè)　聩(kuì)　匮(kuì)　恃(shì)　庶(shù)
叩(kòu)　鼾(hān)　劾(hé)　骸(hái)　骇(hài)　藿(huò)　偎(wēi)
猥(wěi)　筛(shāi)　杷(pá)　腻(nì)　孪(luán)　塞(sāi)(塞子)
肾(shèn)　榫(sǔn)　赊(shē)　佘(shé)　凝(níng)　忖(cǔn)　崽(zǎi)
腮(sāi)　撒(sā)(撒娇)　剜(wān)　宛(wǎn)　蜷(quán)　仄(zè)
遏(è)　谒(yè)　谑(xuè)　饨(tún)　钝(dùn)　槛(kǎn)　囫(hú)
坨(tuó)　唢(suǒ)　穴(xué)　蜇(zhē)　档(dàng)　戈(gē)　履(lǚ)
蜕(tuì)　瓮(wèng)　涌(yǒng)　否(fǒu)

2

贰(èr)　戛(jiá)　篡(cuàn)　纂(zuǎn)　攥(zuàn)　坞(wù)　瞳(tóng)
憧(chōng)　踵(zhǒng)　蒲(pú)　絮(xù)　弩(nǔ)　舔(tiǎn)　恕(shù)
紊(wěn)　赡(shàn)　蟾(chán)　佟(tóng)　铡(zhá)　昵(nì)　咎(jiù)
啕(táo)　骟(shàn)　框(kuàng)　匡(kuāng)　漱(shù)　眶(kuàng)　刍(chú)
饬(chì)　诌(zhōu)　绉(zhòu)　邹(zōu)　訇(hōng)　蛊(gǔ)　涮(shuàn)
皱(zhòu)　蠖(huò)　臊(sāo)　搔(sāo)　瞑(míng)　秸(jiē)　馄(hún)
镢(jué)　涩(sè)　厥(jué)　叼(diāo)　汾(fén)　俩(liǎ)　侃(kǎn)
诳(kuáng)　愕(è)　涝(lào)　鹑(chún)　撤(chè)　澈(che)　辙(zhé)
沓(dá)　盥(guàn)　虐(nüè)　犒(kào)　瞰(kàn)　凛(lǐn)　钹(bó)
诲(huì)　酶(méi)　炸(zhá)　锱(zī)　凿(záo)　茯(fú)　麸(fū)
釉(yòu)　铀(yóu)　郓(yùn)　烘(hōng)　昙(tán)　戮(lù)　戳(chuō)
墙(qiáng)　攫(jué)　啬(sè)　蠹(dù)　扉(fēi)　斐(fěi)　汞(gǒng)
玷(diàn)　拈(niān)　镖(biāo)　瓢(piáo)　剽(piāo)　瞟(piǎo)　瓤(ráng)
翁(wēng)　腹(fù)　候(hòu)　蹭(cèng)　拙(zhuo)　缊(yùn)

(二)给下列易误读字词注音

蹿(　)　攥(　)　穴(　)　瞥(　)　瓮(　)　炙(　)　砚(　)　艘(　)
迸(　)　怆(　)　犷(　)　冗(　)　掮(　)　眷(　)　辍(　)　抻(　)
桎(　)　梏(　)　谄(　)　媚(　)　酗(　)　徇(　)　脂(　)　蔫(　)
劣(　)　鳍(　)　束(　)　膘(　)　惩(　)　戳(　)　趋(　)　穴(　)
惩(　)　戳(　)　缫(　)　撅(　)　穗(　)　赘(　)　您(　)　癖(　)

第二节　多音节词语训练

在对普通话水平测试第二部分“读多音节词语”进行专项训练时，我们要掌握普通话多音节词语在声韵调、语流音变、轻重格式等方面的规范要求，掌握普通话异读词的准确读音。

一、多音节词语测试知识点

方法：定量，音节总数100个。

目的：测查应试人声母、韵母、声调和变调、轻声、儿化读音的标准程度。

出题规则：声母、韵母、声调出现的次数与测试第一部分的要求相同。这一项的词语70%选自《普通话水平测试用普通话词语表》“表一”，30%选自“表二”。

评分规则：此项成绩满分是20分，占总分的20%。测试中对应试人的语音评判，仍按错误和缺陷两种情况分别记评。读错一个音节的声母、韵母或声调扣0.2分，读音缺陷每次扣0.1分。

限时：这一项规定用时2.5分钟。超时1分钟以内，扣0.5分；超时1分钟以上(含1分钟)，扣1分。

二、常见语音错误、语音缺陷分析

除了注意词语中声韵调的标准程度之外，本部分还要注意普通话的轻声、儿化和异读中容易出现的发音问题。

要避免产生这类问题，就要熟悉《普通话水平测试用普通话词语表》《普通话水平测试用必读轻声词语表》《普通话水平测试用儿化词语表》，掌握这三个表中所列词语的发音。

《普通话水平测试用普通话词语表》分为“表一”8,361条，“表二”10,081条。普通话水平测试中的单音节、多音节字词均出自此表。

《普通话水平测试用必读轻声词语表》列出了在普通话水平测试试卷中可能出现的必读轻声词语，熟悉这个表可以帮助我们在测试中很快地确定轻声词，避免失分。

《普通话水平测试用儿化词语表》列出了在普通话水平测试试卷中可能出现的儿化词语，熟悉这个表可以帮助我们在测试中读好带有儿化韵的词语。

(一)变调、音变、轻重音等常见“语音错误”的基本类型

(1)《现代汉语词典》《普通话水平测试大纲》注音没有分歧的轻声词中的轻声音节没有读作轻声的。

(2)轻声音节时长等同于前一个音节或长于前一个音节的。

(3)《现代汉语词典》《普通话水平测试大纲》在词语条目中注明“-儿”尾并注音为儿化的，没有读作儿化韵的。

(4)儿化音节读得近乎两个音节，即有“儿”未“化”。

(5)把儿化音节中的儿化韵音变错误的。

(6)上声音节和上声音节相连没有按规律变调的，即前一个上声音节变调调值为21(也称为“半上”)，后一个上声音节变调调值为35(也称为“直上”)，前后两个音节均判定为错误。

(7)“一”“不”变调错误，包括朗读中应变调而读作原字调的情况。

(8)语气助词“啊”的音变错误。

(9)叠字形容词中AA式带上“-儿”尾读儿化韵时，在朗读中没有变调的。

(二)变调、音变、轻重音等常见“语音缺陷”的基本类型

(1)儿化音节卷舌色彩生硬或卷舌色彩不明显的。

(2)“一”“不”除朗读外应变调时读作原调的，即“一”读作yī，“不”读作bù。

(3)把双音节词应读“中·重”轻重音格式的或三音节词应读“中·次轻·重”轻重音格式的，读作第一个音节为重读音节。

(4) 三个上声音节相连，第一个音节处在被强调的逻辑重音的位置(单双格)时，调值没能变为21的。

(三)变调、音变、轻重音等不作为“语音错误”或“语音缺陷”处理的语音现象

(1)叠字形容词中ABB式、AABB式，除部分口语中习惯读变调的情况外(例如：慢腾腾、马马虎虎、清清楚楚等少量词)，在朗读中可以不变调。

(2)读作“重·次轻”轻重音格式，即第一个音节读重音，后一个音节读次轻的情况，读作“中·重”格式，即第一音节读中音，后一个音节读重音。

(3)《现代汉语词典》《普通话水平测试大纲》注音不一致的所谓“轻声词”。

(4)《现代汉语词典》《普通话水平测试大纲》在词语条目中没有注明“-儿”尾，但在口语中可以儿化的词语。

三、多音节词语训练

(一)准确朗读下列多音节词语

1.易错字

氛围　仍然　血液　从而　卤水　佛教　未遂　似的　旋转

潜力　谬误　授予　与会　苍穹　似乎　霓虹灯　富翁　婴儿　压轴

挫折　编纂　尔虞我诈　提供　针砭　创伤　混合　毛遂自荐　候鸟　趋向

2.上上变调

骨髓 勉强 手稿 土匪 给以 拇指 可以 匕首 处理 管理 矮小

3.轻声

麻烦 爪子 玻璃 扫帚 多么 烧饼 铺盖 闺女 外面 我们 棒槌

4.儿化

脸庞儿 脸盆儿 脸盘儿 抓阄儿 后跟儿 小说儿 拐弯儿 在这儿
泪珠儿 花瓶儿 唱歌儿 提成儿 小孩儿 号码儿 大伙儿 哥们儿

(二)掌握普通话水平测试用相关词语表

掌握《普通话水平测试用普通话词语表》，尤其熟练掌握“表一”中所列词语的准确读音。

根据《普通话水平测试用必读轻声词语表》(见本书第六章附录 1)以及本书第六章语流音变训练材料练习轻声词语。

根据《普通话水平测试用儿化词语表》(见本书第六章附录 2)以及本书第六章语流音变训练材料练习儿化音。

第三节 朗读短文训练

普通话测试朗读短文部分测查应试人使用普通话朗读书面作品的水平。

一、朗读短文测试知识点

方法：定量，测查 400 个音节。

目的：在测查应试人声母、韵母、声调的读音标准程度的同时，重点测查语流中连读音变、停连、重音、语气、语调以及流畅程度。

出题规则：短文从《普通话水平测试用朗读作品》中选取一篇。

评分规则：此项成绩占总分的 30%，即 30 分。每错 1 个音节，扣 0.1 分；漏读或增读 1 个音节，扣 0.1 分。声母或韵母的系统性语音缺陷，视程度扣 0.5 分、1 分。语调偏误，视程度扣 0.5 分、1 分、2 分。停连不当，视程度扣 0.5 分、1 分、2 分。朗读不流畅(包括回读)，视程度扣 0.5 分、1 分、2 分。

限时：4 分钟。超时扣 1 分。

二、常见问题分析

注意朗读过程中的语流音变现象和一些口语化的变读现象。朗读短文时要做到：(1)语音准确。无错误和不规范字音，无明显语音系统性错误及缺陷，无明显方言语调。

(2)自然、流畅。在完成传达作品思想内容、情感的前提下，读清楚每一个音节，比如“这、那”在口语中常常读为“这一、那一”的合音“zhèi、nèi”。普通话水平测试时建议不要合音。

(3)尊重原文，注意不要出现停连、重音的严重失误，不要读破句、割裂语意。

(4)要结合吐字归音、气息控制等技巧的运用，注意情、声、气的结合。

(5)注意语气词“啊”的音变。

三、朗读短文训练

普通话水平测试用朗读作品 50 篇

作品 1 号

作品 1 号

照北京的老规矩[①]，春节差不多在腊月的初旬就开始了。“腊七腊八，冻死寒鸦”，这是一年里最冷的时候。在腊八这天，家家都熬腊八粥。粥是用各种米，各种豆，与各种干果熬成的。这不是粥，而是小型的农业展览会。

除此之外，这一天还要泡腊八蒜。把蒜瓣[②]放进醋里，封起来，为[③]过年吃饺子用。到年底，蒜泡得色如翡翠，醋也有了些辣味[④]，色味双美，使人忍不住要多吃几个饺子。在北京，过年时，家家吃饺子。

孩子们准备过年，第一件大事就是买杂拌儿[⑤]。这是用花生、胶枣、榛子[⑥]、栗子等干果与蜜饯[⑦]掺和[⑧]成的。孩子们喜欢吃这些零七八碎儿[⑨]。第二件大事是买爆竹，特别是男孩子们。恐怕第三件事才是买各种玩意儿[⑩]——风筝[⑪]、空竹、口琴等。

孩子们欢喜，大人们也忙乱。他们必须预备过年吃的、喝的、穿的、用的，好在新年时显出万象更新的气象。

腊月二十三过小年，差不多就是过春节的“彩排”。天一擦黑儿[⑫]，鞭炮响起来，便有了过年的味道。这一天，是要吃糖的，街上早有好多卖麦芽糖与江米糖的，糖形或为[⑬]长方块或为瓜形，又甜又黏[⑭]，小孩子们最喜欢。

过了二十三，大家更忙。必须大扫除一次，还要把肉、鸡、鱼、青菜、年糕什么的都预备充足——店//铺多数正月初一到初五关门，到正月初六才开张。

节选自老舍《北京的春节》

语音提示：

①规矩 guīju　　③为 wèi

②蒜瓣 suànbànr　　④辣味 làwèir

⑤杂拌儿 zábànr
⑥榛子 zhēnzi
⑦蜜饯 mìjiàn
⑧掺和 chānhuo
⑨零七八碎儿 língqī-bāsuìr
⑩玩意儿 wányìr
⑪风筝 fēngzheng
⑫擦黑儿 cāhēir
⑬为 wéi
⑭黏 nián

作品 2 号

作品 2 号

盼望着，盼望着，东风来了，春天的脚步近了。

一切都像刚睡醒的样子，欣欣然张开了眼。山朗润起来了[1]，水涨起来了，太阳[2]的脸红起来了。

小草偷偷地从土里钻出来，嫩嫩的，绿绿的。园子[3]里，田野里，瞧去，一大片一大片满是的。坐着，躺着，打两个滚[4]，踢几脚球[5]，赛几趟跑，捉几回迷藏。风轻悄悄的，草软绵绵的。

……

“吹面不寒杨柳风”，不错的，像母亲的手抚摸着你。风里带来些新翻的泥土的气息，混着[6]青草味儿[7]，还有各种花的香，都在微微湿润的空气里酝酿。鸟儿将巢安在繁花绿叶当中，高兴起来了，呼朋引伴地卖弄清脆的喉咙，唱出宛转的曲子，跟轻风流水应和[8]着。牛背上牧童的短笛，这时候也成天嘹亮地响着。

雨是最寻常的，一下就是三两天。可别恼。看，像牛毛，像花针，像细丝，密密地斜织着，人家[9]屋顶上全笼着一层薄烟[10]。树叶儿却绿得发亮，小草儿也青得逼你的眼。傍晚时候，上灯了，一点点黄晕[11]的光，烘托出一片安静而和平的夜。在乡下，小路上，石桥边，有撑起伞慢慢[12]走着的人，地里还有工作的农民，披着蓑戴着笠。他们的房屋，稀稀疏疏的，在雨里静默着。

天上风筝渐渐多了，地上孩子也多了。城里乡下，家家户户，老老小小，//也赶趟儿似的，一个个都出来了。舒活舒活筋骨，抖擞抖擞精神，各做各的一份儿事去。“一年之计在于春”，刚起头儿，有的是工夫，有的是希望。

春天像刚落地的娃娃，从头到脚都是新的，它生长着。

春天像小姑娘，花枝招展的，笑着，走着。

春天像健壮的青年，有铁一般的胳膊和腰脚，领着我们上前去。

节选自朱自清《春》

语音提示：

①起来了 qǐ · lái le
②太阳 tài · yáng
③园子 yuánzi
④滚 gǔnr
⑤球 qiúr
⑥混着 hùnzhe

⑦味儿 wèir

⑧应和 yìnghè

⑨人家 rénjiā

⑩薄烟 bóyān

⑪黄晕 huáng yùn

⑫慢慢 mànmàn

作品 3 号

作品 3 号

燕子去了，有再来的时候；杨柳枯了，有再青的时候；桃花谢了，有再开的时候。但是，聪明的，你告诉我，我们的日子为什么[1]一去不复返呢？——是有人偷了他们罢[2]：那是谁？又藏在何处呢？是他们自己逃走了罢：现在又到了哪里呢？

去的尽管[3]去了，来的尽管来着；去来的中间，又怎样地匆匆呢？早上我起来的时候，小屋里射进两三方斜斜的太阳[4]。太阳他有脚啊[5]，轻轻悄悄地挪移了；我也茫茫然跟着旋转[6]。于是——洗手的时候，日子从水盆里过去；吃饭的时候，日子从饭碗里过去；默默时，便从凝然的双眼前过去。我觉察他去的匆匆了，伸出手遮挽时，他又从遮挽着的手边过去；天黑时，我躺在床上，他便伶伶俐俐[7]地从我身上跨过，从我脚边飞去了。等我睁开眼和太阳再见，这算又溜走了一日。我掩着面叹息，但是新来的日子的影儿[8]又开始在叹息里闪过了。

在逃去如飞的日子里，在千门万户的世界里的我能做些什么呢？只有徘徊[9]罢了，只有匆匆罢了；在八千多日的匆匆里，除徘徊外，又剩些什么呢？过去的日子如轻烟，被微风吹散了，如薄雾[10]，被初阳蒸融了；我留着些什么痕迹呢？我何曾留着像游丝样的痕迹呢？我赤裸裸//来到这世界，转眼间也将赤裸裸的回去罢？但不能平的，为什么偏白白走这一遭啊？

你聪明的，告诉我，我们的日子为什么一去不复返呢？

节选自朱自清《匆匆》

语音提示：

①为什么 wèi shénme

②罢 ba

③尽管 jǐnguǎn

④太阳 tài · yáng

⑤啊 a

⑥旋转 xuánzhuǎn

⑦伶伶俐俐 línglínglìlì

⑧影儿 yǐng'ér

⑨徘徊 páihuái

⑩薄雾 bówù

作品4号

作品4号

有的人在工作、学习中缺乏耐性[1]和韧性，他们一旦碰了钉子[2]，走了弯路，就开始怀疑自己是否有研究才能。其实，我可以告诉大家，许多有名的科学家和作家，都是经过很多次失败，走过很多弯路才成功的。有人看见一个作家写出一本好小说，或者看见一个科学家发表几篇有分量[3]的论文，便仰慕不已，很想自己能够信手拈来[4]，妙手成章，一觉醒来，誉满天下。其实，成功的作品和论文只不过是作家、学者们整个创作和研究中的极小部分，甚至数量上还不及失败作品的十分之一。大家看到的只是他们成功的作品，而失败的作品是不会公开发表出来的。

要知道，一个科学家在攻克科学堡垒的长征中，失败的次数和经验，远比成功的经验要丰富、深刻得多。失败虽然不是什么令人快乐的事情，但也决不应该因此气馁[5]。在进行研究时，研究方向不正确，走了些岔路，白费了许多精力，这也是常有的事。但不要紧，可以再调换[6]方向进行研究。更重要的是要善于吸取失败的教训，总结已有的经验，再继续前进。

根据我自己的体会，所谓天才，就是坚持不断的努力。有些人也许觉得我在数学方面有什么天分，//其实从我身上是找不到这种天分的。我读小学时，因为成绩不好，没有拿到毕业证书，只拿到一张修业证书。初中一年级时，我的数学也是经过补考才及格的。但是说来奇怪，从初中二年级以后，我就发生了一个根本转变，因为我认识到既然我的资质差些，就应该多用点儿时间来学习。别人学一小时，我就学两小时，这样，我的数学成绩得以不断提高。

一直到现在我也贯彻这个原则：别人看一篇东西要三小时，我就花三个半小时。经过长期积累，就多少可以看出成绩来。并且在基本技巧烂熟之后，往往能够一个钟头就看懂一篇人家看十天半月也解不透的文章。所以，前一段时间的加倍努力，在后一段时间能收到预想不到的效果。

是的，聪明在于学习，天才在于积累。

节选自华罗庚《聪明在于学习，天才在于积累》

语音提示：

①耐性 nàixìng　　④信手拈来 xìnshǒu-niānlái

②钉子 dīngzi　　⑤气馁 qìněi

③分量 fèn · liàng　　⑥调换 diàohuàn

作品5号

作品5号

去过故宫大修现场的人，就会发现这里和外面工地的劳作景象有个明显的区别：这里没有起重机，建筑材料都是以手推车的形式送往工地，遇到人力无法运送的木料时，工人们会使用百年不变的工具——滑轮组。故宫修缮，尊重着“四原”原则，即原材料、原工艺、原结构、原型制。在不影响体现传统工艺技术手法特点的地方，工匠可以用电动工具，比如开荒料、截头。大多数时候工匠都用传统工具：木匠画线用的是墨斗①、画签、毛笔、方尺、杖竿②、五尺；加工制作木构件使用的工具有锛③、凿④、斧、锯、刨⑤等等。

最能体现大修难度的便是瓦作中“苫背⑥”的环节。“苫背”是指在房顶做灰背的过程，它相当于为⑦木建筑添上防水层。有句口诀是三浆三压，也就是上三遍石灰浆，然后再压上三遍。但这是个虚数。今天是晴天，干得快，三浆三压硬度就能符合要求，要是赶上阴天，说不定就要六浆六压。任何一个环节的疏漏都可能导致漏雨，而这对建筑的损坏是致命的。

“工”字早在殷墟⑧甲骨卜辞⑨中就已经出现过。《周官》与《春秋左传》记载⑩周王朝与诸侯⑪都设有掌管营造的机构。无数的名工巧匠为我们留下了那么多宏伟的建筑，但却//很少被列入史籍，扬名于后世。

匠人之所以称之为“匠”，其实不仅仅是因为他们拥有了某种娴熟的技能，毕竟技能还可以通过时间的累积“熟能生巧”，但蕴藏在“手艺”之上的那种对建筑本身的敬畏和热爱却需要从历史的长河中去寻觅。

将壮丽的紫禁城完好地交给未来，最能仰仗的便是这些默默奉献的匠人。故宫的修护注定是一场没有终点的接力，而他们就是最好的接力者。

节选自单霁翔《大匠无名》

语音提示：

①墨斗 mòdǒu
②杖竿 zhànggān
③锛 bēn
④凿 záo
⑤刨 bào
⑥苫背 shànbèi
⑦为 wèi
⑧殷墟 yīnxū
⑨卜辞 bǔcí
⑩记载 jìzǎi
⑪诸侯 zhūhóu

作品6号

作品6号

立春过后，大地渐渐从沉睡中苏醒过来①。冰雪融化，草木萌发，各种花次第开放。再过两个月，燕子翩然归来。不久，布谷鸟也来了。于是转入炎热的夏季，这是植物孕育果实的时期。到了秋天，果实成熟②，植物的叶子渐渐变黄，在秋风中簌簌[3]地落下来。北雁南飞，活跃在田间草际的昆虫也都销声匿迹。到处呈现一片衰草连天[4]的景象，准备迎接风雪载途[5]的寒冬。在地球上温带和亚热带区域里，年年如是，周而复始。

几千年来，劳动人民注意了草木荣枯、候鸟[6]去来等自然现象同气候[7]的关系，据以安排农事。杏花开了，就好像大自然在传语要赶快耕地；桃花开了，又好像在暗示要赶快种谷子。布谷鸟开始唱歌，劳动人民懂得它在唱什么："阿公阿婆，割麦插禾。"这样看来，花香鸟语，草长莺飞，都是大自然的语言。

这些自然现象，我国古代劳动人民称它为物候[8]。物候知识在我国起源很早。古代流传下来的许多农谚就包含了丰富的物候知识。到了近代，利用物候知识来研究农业生产，已经发展为一门科学，就是物候学。物候学记录植物的生长荣枯，动物的养育往来，如桃花开、燕子来等自然现象，从而了解随着时节//推移的气候变化和这种变化对动植物的影响。

节选自竺可桢《大自然的语言》

语音提示：

①过来 guò · lái
②成熟 chéngshú
③簌簌 sùsù
④衰草连天 shuāicǎo-liántiān
⑤风雪载途 fēngxuě-zàitú
⑥候鸟 hòuniǎo
⑦气候 qìhòu
⑧物候 wùhòu

作品 7 号

作品 7 号

当高速列车从眼前呼啸而过时，那种转瞬即逝的感觉让人们不得不[1]发问：高速列车跑得那么快，司机能看清路吗？

高速列车的速度非常快，最低时速标准是二百公里。且不说能见度低的雾霾天，就是晴空万里的大白天，即使[2]是视力好的司机，也不能保证正确识别地面的信号。当肉眼看到前面有障碍时，已经来不及[3]反应。

专家告诉我，目前，我国时速三百公里以上的高铁线路不设置信号机，高速列车不用看信号行车，而是通过列控系统自动识别前进方向。其工作流程为[4]，由铁路专用的全球数字移动通信系统来实现数据传输，控制中心实时接收无线电波信号，由计算机自动排列出每趟列车的最佳运行速度和最小行车间隔[5]距离，实现实时追踪控制，确保高速列车间隔合理地安全运行。当然，时速二百至二百五十公里的高铁线路，仍然设置信号灯控制装置，由传统的轨道电路进行信号传输。

中国自古就有"千里眼"的传说，今日高铁让古人的传说成为现实。

所谓"千里眼"，即[6]高铁沿线的摄像头，几毫米见方的石子儿[7]也逃不过它的法眼。通过摄像头实时采集沿线高速列车运行的信息，一旦//出现故障或者异物侵限，高铁调度指挥中心监控终端的界面上就会出现一个红色的框将目标锁定，同时，监控系统马上报警显示。调度指挥中心会迅速把指令传递给高速列车司机。

节选自王雄《当今"千里眼"》

语音提示：

①不得不 bù · débù　　⑤间隔 jiàngé

②即使 jíshǐ　　⑥即 jí

③来不及 lái · bùjí　　⑦石子儿 shízǐr

④为 wéi

作品 8 号

作品 8 号

从肇庆[1]市驱车半小时左右，便到了东郊风景名胜鼎湖山[2]。下了几天的小雨刚停，满山笼罩[3]着轻纱似的[4]薄雾。

过了寒翠桥，就听到淙淙[5]的泉声。进山一看，草丛石缝，到处都涌流着清亮的泉水。草丰林茂，一路上泉水时隐时现，泉声不绝于耳。有时几股泉水交错流泻，遮断路面，我们得[6]寻找着垫脚的石块跳跃着前进。愈[7]往上走树愈密，绿阴[8]愈浓。湿漉漉的绿叶，犹如大海的波浪，一层一层涌向山顶。泉水隐到了浓阴的深处，而泉声却更加清纯悦耳。忽然，云中传来钟声，顿时山鸣谷应，悠悠扬扬。安详厚重的钟声和欢快活泼的泉声，在雨后宁静的暮色中，汇成一片美妙的音响。

我们循着钟声，来到了半山腰的庆云寺。这是一座建于明代、规模宏大的岭南著名古刹[9]。庭院里繁花似锦，古树参天[10]。有一株与古刹同龄的茶花，还有两株从斯里兰卡引种的[11]、有二百多年树龄的菩提树[12]。我们决定就在这座寺院里借宿。

入夜，山中万籁俱寂，只有泉声一直传送到枕边。一路上听到的各种泉声，这时候躺在床上，可以用心细细地聆听、辨识、品味。那像小提琴一样轻柔的，是草丛中流淌的小溪的声音；那像琵琶[13]一样清脆的，//是在石缝间跌落的涧水的声音；那像大提琴一样厚重回响的，是无数道细流汇聚于空谷的声音；那像铜管齐鸣一样雄浑磅礴的，是飞瀑急流跌入深潭的声音。还有一些泉声忽高忽低，忽急忽缓，忽清忽浊，忽扬忽抑，是泉水正在绕过树根，拍打卵石，穿越草丛，流连花间……

蒙眬中，那滋润着鼎湖山万木，孕育出蓬勃生机的清泉，仿佛汩汩地流进了我的心田。

节选自谢大光《鼎湖山听泉》

语音提示：

①肇庆 Zhàoqìng　　③笼罩 lǒngzhào

②鼎湖山 Dǐnghú shān　　④似的 shìde

⑤淙淙 cóngcóng
⑥得 děi
⑦愈 yù
⑧绿阴 lǜyīn
⑨古刹 gǔchà
⑩古树参天 gǔshù-cāntiān
⑪引种的 yǐnzhòng de
⑫菩提树 pútíshù
⑬琵琶 pí · pá

作品 9 号

作品 9 号

我常想读书人是世间幸福人，因为[①]他除了拥有现实的世界之外，还拥有另一个更为[②]浩瀚[③]也更为丰富的世界。现实的世界是人人都有的，而后一个世界却为读书人所独有。由此我想，那些失去或不能阅读的人是多么的不幸，他们的丧失是不可补偿的。世间有诸多[④]的不平等，财富的不平等，权力的不平等，而阅读能力的拥有或丧失却体现为精神的不平等。

一个人的一生，只能经历自己拥有的那一份欣悦，那一份苦难，也许再加上他亲自闻知的那一些关于自身以外的经历和经验。然而，人们通过阅读，却能进入不同时空的诸多他人的世界。这样，具有阅读能力的人，无形间获得了超越有限生命的无限可能性。阅读不仅使他多识了草木虫鱼之名，而且可以上溯[⑤]远古下及未来，饱览存在的与非存在的奇风异俗。

更为重要的是，读书加惠于人们的不仅是知识的增广，而且还在于精神的感化与陶冶。人们从读书学做人，从那些往哲先贤以及当代才俊的著述中学得他们的人格。人们从《论语》[⑥]中学得智慧的思考，从《史记》中学得严肃的历史精神，从《正气歌》中学得人格的刚烈，从马克思学得人世//的激情，从鲁迅学得批判精神，从托尔斯泰学得道德的执着。歌德的诗句刻写着睿智的人生，拜伦的诗句呼唤着奋斗的热情。一个读书人，一个有机会拥有超乎个人生命体验的幸运人。

节选自谢冕《读书人是幸福人》

语音提示：

① 因为 yīn · wèi
② 更为 gèngwéi
③ 浩瀚 hàohàn
④ 诸多 zhūduō
⑤ 上溯 shàngsù
⑥ 论语 Lúnyǔ

作品 10 号

作品 10 号

我爱月夜，但我也爱星天。从前在家乡七八月的夜晚在庭院里纳凉的时候，我最爱看天上密密麻麻的繁星。望着星天，我就会忘记一切，仿佛回到了母亲的怀里似的[①]。

三年前在南京我住的地方有一道后门，每晚我打开后门，便看见一个静寂的夜。下面是一片菜园，上面是星群密布的蓝天。星光在我们的肉眼里虽然微小，然而它使我们觉得光明无处不在。那时候我正在读一些天文学的书，也认得一些星星，好像它们就是我的朋友，它们常常在和我谈话一样。

如今在海上，每晚和繁星相对，我把它们认得很熟[2]了。我躺在舱面上，仰望天空。深蓝色的天空里悬着无数半明半昧[3]的星。船在动，星也在动，它们是这样低，真是摇摇欲坠呢！渐渐地我的眼睛模糊[4]了，我好像看见无数萤火虫在我的周围飞舞。海上的夜是柔和的，是静寂的，是梦幻的。我望着许多认识的星，我仿佛看见它们在对我眨眼，我仿佛听见它们在小声说话。这时我忘记了一切。在星的怀抱中我微笑着，我沉睡着。我觉得自己是一个小孩子，现在睡在母亲的怀里了。

有一夜，那个在哥伦波上船的英国人指给我看天上的巨人。他用手指着：//那四颗明亮的星是头，下面的几颗是身子，这几颗是手，那几颗是腿和脚，还有三颗星算是腰带。经他这一番指点，我果然看清楚了那个天上的巨人。看，那个巨人还在跑呢！

节选自巴金《繁星》

语音提示：

①似的 shìde　　③昧 mèi

②熟 shú　　④模糊 móhu

作品 11 号

钱塘江大潮，自古以来被称为[1]天下奇观。

农历八月十八是一年一度的观潮日。这一天早上，我们来到了海宁市的盐官镇，据说这里是观潮最好的地方。我们随着观潮的人群，登上了[2]海塘大堤。宽阔的钱塘江横卧[3]在眼前。江面很平静，越往东越宽，在雨后的阳光下，笼罩着一层蒙蒙的薄雾[4]。镇海古塔、中山亭和观潮台屹立在江边。远处，几座小山在云雾中若隐若现。江潮还没有来，海塘大堤上[5]早已人山人海。大家昂首东望，等着，盼着。

作品 11 号

午后一点左右，从远处传来隆隆的响声，好像闷雷滚动。顿时人声鼎沸，有人告诉我们，潮来了！我们踮着脚往东望去，江面还是风平浪静，看不出有什么变化。过了一会儿[6]，响声越来越大，只见东边水天相接的地方出现了一条白线，人群又沸腾起来。

那条白线很快地向我们移来，逐渐拉长，变粗，横贯江面。再近些，只见白浪翻滚，形成一堵两丈多高的水墙。浪潮越来越近，犹如千万匹白色战马齐头并进，浩浩荡荡地飞奔而来；那声音如同山崩地裂，好像大地都被震得颤动[7]起来。

霎时[8]，潮头奔腾西去，可是余波还在漫天卷地般涌来，江面上依旧风号浪吼[9]。

过了好久，钱塘江才恢复了//平静。看看堤下，江水已经涨了两丈来高了。

节选自赵宗成、朱明元《观潮》

语音提示：

①称为 chēngwéi
②登上了 dēng · shàngle
③横卧 héngwò
④薄雾 bówù
⑤大堤上 dàdī · shàng
⑥一会儿 yīhuìr
⑦颤动 chàndòng
⑧霎时 shàshí
⑨风号浪吼 fēngháo-lànghǒu

作品 12 号

作品 12 号

我和几个孩子站在一片园子里，感受秋天的风。园子里长着几棵高大的梧桐树，我们的脚底下①，铺了一层厚厚的梧桐叶。叶枯黄，脚踩在上面，嘎吱嘎吱②脆响。风还在一个劲儿③地刮，吹打着树上可怜的几片叶子，那上面，就快成光秃秃④的了。

我给孩子们上写作课，让孩子们描摹⑤这秋天的风。以为他们一定会说寒冷、残酷和荒凉之类的，结果却出乎我的意料。

一个孩子说，秋天的风，像把大剪刀，它剪呀剪的，就把树上的叶子全剪光了。

我赞许了这个比喻。有二月春风似剪刀之说，秋天的风，何尝不是一把剪刀呢？只不过，它剪出来的不是花红叶绿，而是败柳残荷。

剪完了，它让阳光来住，这个孩子突然接着说一句。他仰向我的小脸，被风吹着，像只通红的小苹果。我怔住⑥，抬头看树，那上面，果真的，爬满阳光啊，每根枝条上都是。失与得，从来都是如此均衡，树在失去叶子的同时，却承接了满树的阳光。

一个孩子说，秋天的风，像个魔术师，它会变出好多好吃的，菱角呀⑦，花生呀，苹果呀，葡萄⑧呀。还有桂花，可以做桂花糕。我昨天吃了桂花糕，妈妈说，是风变出来的。

我笑了。小可爱，经你这么一说，秋天的风，还真是香的。我和孩//子们一起嗅，似乎就闻见了风的味道，像块蒸得热气腾腾的桂花糕。

节选自丁立梅《孩子和秋风》

语音提示：

①脚底下 jiǎo dǐ · xià
②嘎吱嘎吱 gāzhī gāzhī
③一个劲儿 yīgèjìnr
④光秃秃 guāngtūtū
⑤描摹 miáomó
⑥怔住 zhèngzhù
⑦菱角呀 língjiaoya
⑧葡萄 pú · tao

作品 13 号

作品 13 号

夕阳落山不久，西方的天空，还燃烧着一片橘红色的晚霞。大海，也被这霞光染成了红色，而且比天空的景色更要壮观。因为①它是活动的，每当一排排波浪涌起的时候，那映照在浪峰上的霞光，又红又亮，简直就像一片片霍霍②燃烧着的火焰，闪烁着，消失了。而后面的一排，又闪烁着，滚动着，涌了过来。

天空的霞光渐渐地淡下去了，深红的颜色变成了绯红③，绯红又变为浅红。最后，当这一切红光都消失了的时候，那突然显得高而远了的天空，则呈现出一片肃穆的神色。最早出现的启明星，在这蓝色的天幕上闪烁起来了。它是那么大，那么亮，整个广漠的天幕上只有它在那里放射着令人注目的光辉，活像一盏悬挂在高空的明灯。

夜色加浓，苍空中的“明灯”越来越多了。而城市各处的真的灯火也次第亮了起来，尤其是围绕④在海港周围山坡上的那一片灯光，从半空倒映在乌蓝的海面上，随着波浪，晃动着，闪烁着，像一串流动着的珍珠，和那一片片密布在苍穹⑤里的星斗互相辉映，煞是好看。

在这幽美的夜色中，我踏着软绵绵的沙滩，沿着海边，慢慢地向前走去。海水，轻轻地抚摸着细软的沙滩，发出温柔的//唰唰声。晚来的海风，清新而又凉爽。我的心里，有着说不出的兴奋和愉快。

夜风轻飘飘地吹拂着，空气中飘荡着一种大海和田禾相混合的香味儿，柔软的沙滩上还残留着白天太阳炙晒的余温。那些在各个工作岗位上劳动了一天的人们，三三两两地来到这软绵绵的沙滩上，他们浴着凉爽的海风，望着那缀满了星星的夜空，尽情地说笑，尽情地休憩。

节选自峻青《海滨仲夏夜》

语音提示：

①因为 yīnwèi　　④围绕 wéirào

②霍霍 huòhuò　　⑤苍穹 cāngqióng

③绯红 fēihóng

作品 14 号

作品 14 号

生命在海洋里诞生绝不是偶然①的，海洋的物理和化学性质，使它成为②孕育③原始生命的摇篮。

我们知道，水是生物的重要组成部分，许多动物组织的含水量在百分之八十以上，而一些海洋生物的含水量高达百分之九十五。水是新陈代谢的重要媒介，没有它，体内的一系列生理和生物化学反应就无法进行，生命也就停止。因此，在短时期内动物缺水要比缺少食物更加危险。水对今天的生命是如此重要，它对脆弱的原始生命，更是举足轻重了。生命在海洋里诞生，就不会有缺水之忧。

水是一种良好的溶剂。海洋中含有许多生命所必需的无机盐，如氯[4]化钠、氯化钾、碳酸盐、磷酸盐[5]，还有溶解氧，原始生命可以毫不费力地从中吸取它所需要的元素。

水具有很高的热容量，加之海洋浩大，任凭夏季烈日曝晒[6]，冬季寒风扫荡，它的温度变化却比较小。因此，巨大的海洋就像是天然的“温箱”，是孕育原始生命的温床。

阳光虽然为[7]生命所必需，但是阳光中的紫外线却有扼杀[8]原始生命的危险。水能有效地吸收紫外线，因而又为[9]原始生命提供[10]了天然的“屏障”。

这一切都是原始生命得以产生和发展的必要条件。//

节选自童裳亮《海洋与生命》

语音提示：

①偶然 ǒurán
②成为 chéngwéi
③孕育 yùnyù
④氯 lǜ
⑤磷酸盐 línsuānyán
⑥曝晒 pùshài
⑦为 wéi
⑧扼杀 èshā
⑨为 wèi
⑩提供 tígōng

作品 15 号

作品 15 号

在我国历史地理中，有三大都城[1]密集区，它们[2]是：关中盆地、洛阳盆地、北京小平原。其中每一个地区都曾诞生过四个以上大型王朝的都城。而关中盆地、洛阳盆地是前朝历史的两个都城密集区，正是它们构成了早期文明核心地带中最重要的内容。

为什么[3]这个地带会成为华夏文明最先进的地区？这主要是由两个方面的条件促成的，一个是自然环境方面的，一个是人文环境方面的。

在自然环境方面，这里是我国温带季风气候带的南部，降雨、气温、土壤等条件都可以满足旱作农业的需求。中国北方的古代农作物，主要是一年生的粟和黍。黄河中下游的自然环境为粟黍[4]作物的种植和高产提供了得天独厚的条件。农业生产的发达，会促进整个社会经济的发展，从而推动社会的进步。

在人文环境[5]方面，这里是南北方、东西方大交流的轴心地区。在最早的六大新石器文化分布形势图中可以看到，中原处于[6]这些文化分布的中央地带。无论是考古发现还是历史传说，都有南北文化长距离交流、东西文化相互碰撞的证据。中原地区在空间上恰恰位居中心，成为信息最发达、眼界最宽广、活动最//繁忙、竞争最激烈的地方。正是这些活动，推动了各项人文事务的发展，文明的方方面面就是在处理各类事务的过程中被开创出来的。

节选自唐晓峰《华夏文明的发展与融合》

语音提示：

①都城 dūchéng　　④粟黍 sù-shǔ

②它们 tāmen　　⑤环境 huánjìng

③为什么 wèi shénme　　⑥处于 chǔyú

作品 16 号

作品 16 号

于很多中国人而言，火车就是故乡。在中国人的心中，故乡的地位尤为[1]重要，老家的意义非同寻常，所以，即便[2]是坐过无数次火车，但印象最深刻的，或许还是返乡那一趟车。那一列列返乡的火车所停靠的站台边，熙攘[3]的人流中，匆忙的脚步里，张望的目光下，涌动着的都是思乡的情绪。每一次看见返乡那趟火车，总觉得是那样可爱与亲切，仿佛看见了千里之外的故乡。上火车后，车启动的一刹那[4]，在车轮与铁轨碰撞的"况且"声中，思乡的情绪便陡然[5]在车厢里弥漫开来。你知道[6]，它将驶向的，是你最熟悉[7]也最温暖的故乡。再过几个或者十几个小时，你就会回到故乡的怀抱。这般感受，相信在很多人的身上都曾发生过。尤其在春节、中秋等传统节日到来之际，亲人团聚的时刻，更为强烈。

火车是故乡，火车也是远方。速度的提升，铁路的延伸，让人们通过火车实现了向远方自由流动的梦想。今天的中国老百姓，坐着火车，可以去往九百六十多万平方公里土地上的天南地北，来到祖国东部的平原，到达祖国南方的海边，走进祖国西部的沙漠，踏上祖国北方的草原，去观三山五岳，去看大江大河……

火车与空//间有着密切的联系，与时间的关系也让人觉得颇有意思。那长长的车厢，仿佛一头连着中国的过去，一头连着中国的未来。

节选自舒翼《记忆像铁轨一样长》

语音提示：

①尤为 yóuwéi　　⑤陡然 dǒurán

②即便 jíbiàn　　⑥你知道 nǐ zhī · dào

③熙攘 xīrǎng　　⑦熟悉 shú · xī

④一刹那 yīchànà

作品 17 号

作品 17 号

奶奶[1]给我讲过这样一件事：有一次她去商店，走在她前面的一位阿姨推开沉重的大门，一直等到她跟上来才松开手。当奶奶向她道谢的时候，那位阿姨轻轻地说："我的妈妈[2]和您的年龄差不多，我希望她遇到这种时候，也有人为她开门。"听了这件事，我的心温暖了许久。

一天，我陪患病的母亲去医院输液，年轻的护士为母亲扎了两针也没有扎进血管[3]里，眼见针眼[4]处鼓起青包。我正要抱怨几句，一抬头看见了母亲平静的眼神——她正在注视着护士额头上密密的汗珠，我不禁[5]收住了涌到嘴边的话。只见母亲轻轻地对护士说："不要紧，再来一次！"第三针果然成功了。那位护士终于长出了一口气，她连声说："阿姨，真对不起。我是来实习的，这是我第一次给病人扎针，太紧张了。要不是[6]您的鼓励，我真不敢给您扎了。"母亲用另一只手拉着我，平静地对护士说："这是我的女儿，和你差不多大小，正在医科大学读书，她也将面对自己的第一个患者。我真希望她第一次扎针的时候，也能得到患者的宽容和鼓励。"听了母亲的话，我的心里充满了温暖与幸福。

是啊，如果我们在生活中能将心比心，就会对老人生出一份//尊重，对孩子增加一份关爱，就会使人与人之间多一些宽容和理解。

节选自姜桂华《将心比心》

语音提示：

①奶奶 nǎinai　　④针眼 zhēnyǎnr
②妈妈 māma　　⑤不禁 bùjīn
③血管 xuèguǎn　　⑥要不是 yào · bùshì

作品 18 号

作品 18 号

晋祠[1]之美，在山，在树，在水。

这里的山，巍巍的，有如一道屏障；长长的，又如伸开的两臂，将晋祠拥在怀中。春日黄花满山，径幽香远；秋来草木萧疏[2]，天高水清。无论什么时候拾级[3]登山都会心旷神怡。

这里的树，以古老苍劲[4]见长[5]。有两棵老树：一棵是周柏，另一棵是唐槐。那周柏，树干劲直[6]，树皮皱裂[7]，顶上挑着几根青青的疏枝，偃卧[8]于石阶旁。那唐槐，老干粗大，虬枝[9]盘屈，一簇簇柔条，绿叶如盖。还有水边殿外的松柏槐柳，无不显出苍劲的风骨。以造型奇特见长的，有的偃如老妪[10]负水，有的挺如壮士托天，不一而足。圣母殿前的左扭柏，拔地而起，直冲云霄，它的树皮上的纹理一齐向左边拧去，一圈一圈，丝纹不乱，像地下旋起了一股烟，又似天上垂下了一根绳。晋祠在古木的荫护[11]

下，显得分外[12]幽静、典雅。

这里的水，多、清、静、柔。在园里信步，但见这里一泓深潭，那里一条小渠。桥下有河，亭中有井，路边有溪。石间细流脉脉[13]，如线如缕；林中碧波闪闪，如锦如缎。这些水都来自"难老泉[14]"。泉上有亭，亭上悬挂着清代著名学者傅山写的"难老泉"三个字。这么多的水长流不息，日日夜夜发出叮叮咚咚的响声。水的清澈真令人叫绝，无论//多深的水，只要光线好，游鱼碎石，历历可见。水的流势都不大，清清的微波，将长长的草蔓拉成一缕缕的丝，铺在河底，挂在岸边，合着那些金鱼、青苔以及石栏的倒影，织成一条条大飘带，穿亭绕榭，冉冉不绝。当年李白来到这里，曾赞叹说："晋祠流水如碧玉。"当你沿着流水去观赏那亭台楼阁时，也许会这样问：这几百间建筑怕都是在水上漂着的吧！

节选自梁衡《晋祠》

语音提示：

①晋祠 Jìncí
②萧疏 xiaoshū
③拾级 shèjí
④苍劲 cāngjìng
⑤见长 jiàncháng
⑥劲直 jìngzhí
⑦皱裂 zhòuliè
⑧偃卧 yǎnwò
⑨虬枝 qiúzhī
⑩老妪 lǎoyù
⑪荫护 yìnhù
⑫分外 fènwài
⑬脉脉 mòmò
⑭难老泉 Nánlǎoquán

作品 19 号

作品 19 号

人们常常把人与自然对立起来，宣称要征服自然。殊[1]不知在大自然面前，人类永远只是一个天真幼稚的孩童，只是大自然机体上普通的一部分，正像一株小草只是她的普通一部分一样。如果说自然的智慧是大海，那么[2]，人类的智慧就只是大海中的一个小水滴，虽然这个水滴也能映照大海，但毕竟不是大海，可是，人们竟然不自量力[3]地宣称要用这滴水来代替大海。

看着人类这种狂妄的表现，大自然一定会窃笑[4]——就像母亲面对无知的孩子那样的笑。人类的作品飞上了太空，打开了一个个微观世界，于是人类沾沾自喜，以为揭开了大自然的秘密。可是，在自然看来，人类上下翻飞的这片巨大空间，不过是咫尺之间[5]而已，就如同鲲鹏[6]看待斥鴳[7]一般，只是蓬蒿[8]之间罢了。即使从人类自身智慧发展史的角度看，人类也没有理由过分自傲：人类的知识与其祖先相比诚然有了极大的进步，似乎[9]有嘲笑古人的资本；可是，殊不知对于后人而言我们也是古人，一万年以后的人们也同样会笑嘲今天的我们，也许在他们看来，我们的科学观念还幼稚得很，我们的航天器在他们眼中不过是个非常简单的//儿童玩具。

节选自严春友《敬畏自然》

语音提示：

①殊 shū
②那么 nàme
③不自量力 bùzìliànglì
④窃笑 qièxiào
⑤咫尺之间 zhǐchǐ zhījiān
⑥鲲鹏 kūnpéng
⑦斥鷃 chìyàn
⑧蓬蒿 pénghāo
⑨似乎 sìhū

作品 20 号

作品 20 号

舞台上的幕布拉开了，音乐奏起来了。演员们踩着音乐的拍子，以庄重而有节奏的步法走到灯光前面来了。灯光射在他们五颜六色的服装和头饰上，一片金碧辉煌的彩霞。

当女主角[1]穆桂英以轻盈而矫健的步子出场的时候，这个平静的海面陡然动荡起来了，它上面卷起了一阵暴风雨：观众像触了电似的[2]迅即[3]对这位女英雄报以雷鸣般的掌声。她开始唱了。她圆润的歌喉在夜空中颤动，听起来辽远而又切近，柔和而又铿锵[4]。戏词像珠子似的从她的一笑一颦[5]中，从她优雅的"水袖"中，从她婀娜[6]的身段中，一粒一粒地滚下来，滴在地上，溅到空中，落进每一个人的心里，引起一片深远的回音。这回音听不见，却淹没了刚才涌起[7]的那一阵热烈的掌声。

观众像着了[8]魔一样，忽然变得鸦雀无声。他们看得入了神。他们的感情和舞台上女主角的感情融在了一起。女主角的歌舞渐渐进入高潮。观众的情感也渐渐进入高潮。潮在涨。没有谁能控制住它。这个一度平静下来的人海忽然又动荡起来了。戏就在这时候要到达顶点。我们的女主角在这时候就像一朵盛开的鲜花，观众想把这朵鲜花捧在手里，不让//它消逝。他们不约而同地从座位上立起来，像潮水一样，涌到我们这位艺术家面前。舞台已经失去了界限，整个的剧场成了一个庞大的舞台。

我们这位艺术家是谁呢？他就是梅兰芳同志。半个世纪的舞台生涯过去了，六十六岁的高龄，仍然能创造出这样富有朝气的美丽形象，表现出这样充沛的青春活力，这不能不说是奇迹。这奇迹的产生是必然的，因为我们拥有这样热情的观众和这样热情的艺术家。

节选自叶君健《看戏》

语音提示：

①女主角 nǚzhǔjué
②似的 shìde
③迅即 xùnjí
④铿锵 kēngqiāng
⑤颦 pín
⑥婀娜 ēnuó

⑦涌起 yǒngqǐ　　　　⑧着了 zháole

作品 21 号

作品 21 号

十年，在历史上不过是一瞬间。只要稍加注意，人们就会发现：在这一瞬间里，各种事物都悄悄经历了自己的千变万化。

这次重新访日，我处处感到亲切和熟悉，也在许多方面发觉了日本的变化。就拿奈良[1]的一个角落来说吧，我重游了为之[2]感受很深的唐招提寺，在寺内各处匆匆走了一遍，庭院[3]依旧，但意想不到还看到了一些新的东西。其中之一，就是近几年从中国移植来的“友谊[4]之莲”。

在存放鉴真遗像的那个院子里，几株中国莲昂然挺立，翠绿的宽大荷叶正迎风而舞，显得十分愉快。开花的季节已过，荷花朵朵已变为莲蓬累累[5]。莲子的颜色正在由青转紫，看来已经成熟了。

我禁[6]不住想：“因”已转化为[7]“果”。

中国的莲花开在日本，日本的樱花开在中国，这不是偶然。我希望这样一种盛况延续不衰。

在这些日子里，我看到了不少多年不见的老朋友，又结识了一些新朋友。大家喜欢涉及的话题之一，就是古长安和古奈良。那还用得着[8]问吗，朋友们缅[9]怀过去，正是瞩[10]望未来。瞩目于未来的人们必将获得未来。

我不例外，也希望一个美好的未来。

为了中日人民之间的友谊，我将不浪费今后生命的每一瞬间。//

节选自严文井《莲花和樱花》

语音提示：

①奈良 Nàiliáng　　　　⑥禁不住 jīn · bùzhù

②为之 wèi zhī　　　　⑦为 wéi

③庭院 tíngyuàn　　　　⑧用得着 yòng de zháo

④友谊 yǒuyì　　　　⑨缅 miǎn

⑤莲蓬累累 liánpeng léiléi　　　　⑩瞩 zhǔ

作品 22 号

作品 22 号

我打猎归来，沿着花园的林阴[1]路走着。狗跑在我前边。

突然，狗放慢脚步，蹑[2]足潜[3]行，好像嗅[4]到了前边有什么野物。

我顺着林阴路望去，看见了一只嘴边还带黄色、头上生着柔毛的小麻雀。风猛烈地吹打着林阴路上的白桦树[5]，麻雀从巢里跌落下来，呆呆地伏在地上，孤立无援地张开两只羽毛还未丰满的小翅膀。

我的狗慢慢向它靠近。忽然，从附近一棵树上飞下一只黑胸脯[6]的老麻雀，像一颗石子似的[7]落到狗的跟前。老麻雀全身倒竖[8]着羽毛，惊恐万状，发出绝望、凄惨的叫声，接着向露出[9]牙齿、大张着的狗嘴扑去。

老麻雀是猛扑下来救护幼雀的。它用身体掩护着自己的幼儿……但它整个小小的身体因恐怖而战栗[10]着，它小小的声音也变得粗暴嘶哑，它在牺牲自己！

在它看来，狗该是多么庞大的怪物啊！然而，它还是不能站在自己高高的、安全的树枝上……一种比它的理智更强烈的力量，使它从那儿扑下身来。

我的狗站住了，向后退了退……看来，它也感到了这种力量。

我赶紧唤住惊慌失措的狗，然后我怀着崇敬的心情，走开了。

是啊，请不要见笑。我崇敬那只小小的、英勇的鸟儿，我崇敬它那种爱的冲动和力量。

爱，我//想，比死和死的恐惧更强大。只有依靠它，依靠这种爱，生命才能维持下去，发展下去。

节选自[俄]屠格涅夫《麻雀》，巴金译

语音提示：

①阴 yīn	⑥胸脯 xiōngpú
②蹑 niè	⑦似的 shìde
③潜 qián	⑧倒竖 dàoshù
④嗅 xiù	⑨露出 lòuchū
⑤白桦树 báihuàshù	⑩战栗 zhànlì

作品 23 号

作品 23 号

在浩瀚无垠的沙漠里，有一片美丽的绿洲，绿洲里藏着一颗闪光的珍珠。这颗珍珠就是敦煌莫高窟[1]。它坐落在我国甘肃省敦煌市三危山和鸣沙山的怀抱中。

鸣沙山东麓[2]是平均高度为十七米的崖[3]壁。在一千六百多米长的崖壁上，凿[4]有大小洞窟七百余个，形成了规模宏伟的石窟群。其中四百九十二个洞窟中，共有彩色塑像[5]两千一百余尊，各种壁画共四万五千多平方米。莫高窟是我国古代无数艺术匠师留给人类的珍贵文化遗产。

莫高窟的彩塑，每一尊都是一件精美的艺术品。最大的有九层楼那么高，最小的还不如一个手掌大。这些彩塑个性鲜明，神态各异。有慈眉善目的菩萨，有威风凛凛[6]的天王，还有强壮勇猛的力士……

莫高窟壁画的内容丰富多彩，有的是描绘古代劳动人民打猎、捕鱼、耕田、收割的情景，有的是描绘人们奏乐、舞蹈、演杂技的场面，还有的是描绘大自然的美丽风光。

其中最引人注目的是飞天。壁画上的飞天，有的臂挎花篮，采摘鲜花；有的反弹琵琶，轻拨银弦[7]；有的倒悬[8]身子，自天而降；有的彩带飘拂[9]，漫天遨游；有的舒展着双臂，翩翩起舞。看着这些精美动人的壁画，就像走进了//灿烂辉煌的艺术殿堂。

莫高窟里还有一个面积不大的洞窟——藏经洞。洞里曾藏有我国古代的各种经卷、文书、帛画、刺绣、铜像等共六万多件。由于清朝政府腐败无能，大量珍贵的文物被外国强盗掠走。仅存的部分经卷，现在陈列于北京故宫等处。

莫高窟是举世闻名的艺术宝库。这里的每一尊彩塑、每一幅壁画、每一件文物，都是中国古代人民智慧的结晶。

节选自《莫高窟》

语音提示：

①莫高窟 Mògāokū
②麓 lù
③崖 yá
④凿 záo
⑤塑像 sùxiàng
⑥凛凛 lǐnlǐn
⑦弦 xián
⑧倒悬 dàoxuán
⑨拂 fú

作品 24 号

作品 24 号

森林涵养水源，保持水土，防止水旱灾害的作用非常大。据专家测算，一片十万亩面积的森林，相当于一个两百万立方米的水库，这正如农谚所说的："山上多栽树，等于修水库。雨多它能吞[1]，雨少它能吐[2]。"

说起森林的功劳，那还多得很。它除了[3]为人类提供[4]木材及许多种生产、生活的原料之外，在维护生态环境方面也是功劳卓著[5]，它用另一种"能吞能吐"的特殊功能孕育了人类。因为[6]地球在形成之初，大气中的二氧化碳[7]含量很高，氧气很少，气温也高，生物是难以生存的。大约在四亿年之前，陆地才产生了森林。森林慢慢将大气中的二氧化碳吸收，同时吐出新鲜氧气，调节气温：这才具备了人类生存的条件，地球上才最终有了人类。

森林，是地球生态系统的主体，是大自然的总调度室[8]，是地球的绿色之肺。森林维护地球生态环境的这种"能吞能吐"的特殊功能是其他任何物体都不能取代的。然而，由于地球上的燃烧物增多，二氧化碳的排放量急剧增加，使得地球生态环境急剧恶化，主要表现为[9]全球气候[10]变暖，水分蒸发加快，改变了气流的循环，使气候变化加剧，从而引发热浪、飓风[11]、暴雨、洪涝及干旱。

为了[12]//使地球的这个"能吞能吐"的绿色之肺能恢复健壮，以改善生态环境，抑制全球变暖，减少水旱等自然灾害，我们应该大力造林、护林，使每一座荒山都绿起来。

节选自《“能吞能吐”的森林》

语音提示：

①吞 tūn
②吐 tǔ
③除了 chúle
④提供 tígōng
⑤卓著 zhuózhù
⑥因为 yīn·wèi
⑦二氧化碳 èryǎnghuàtàn
⑧调度室 diàodùshì
⑨表现为 biǎoxiàn wéi
⑩气候 qìhòu
⑪飓风 jùfēng
⑫为了 wèile

作品 25 号

作品 25 号

中国没有人不爱荷花的。可我们楼前池塘中独独缺少荷花。每次看到或想到，总觉得是一块心病。有人从湖北来，带来了洪湖的几颗莲子①，外壳呈黑色，极硬。据说，如果埋在淤泥②中，能够千年不烂。我用铁锤在莲子上砸开了一条缝，让莲芽能够破壳而出，不至永远埋在泥中。把五六颗敲破的莲子投入池塘中，下面就是听天由命了。

这样一来，我每天就多了一件工作：到池塘边上去看上几次。心里总是希望，忽然有一天，“小荷才露③尖尖角”，有翠绿的莲叶长出水面。可是，事与愿违，投下去的第一年，一直到秋凉落叶，水面上也没有出现什么东西。但是到了第三年，却忽然出了奇迹。有一天，我忽然发现，在我投莲子的地方长出了几个圆圆的绿叶，虽然颜色极惹人喜爱，但是却细弱单薄④，可怜兮兮地平卧在水面上，像水浮莲的叶子一样。

真正的奇迹出现在第四年上。到了一般荷花长叶的时候，在去年飘浮着五六个叶片的地方，一夜之间，突然长出了一大片绿叶，叶片扩张的速度，范围的扩大，都是惊人地快。几天之内，池塘内不小一部分，已经全为⑤绿叶所覆盖。而且原来平卧在水面上的像是水浮莲一样的//叶片，不知道是从哪里聚集来了力量，有一些竟然跃出了水面，长成了亭亭的荷叶。这样一来，我心中的疑云一扫而光：池塘中生长的真正是洪湖莲花的子孙了。我心中狂喜，这几年总算是没有白等。

节选自季羡林《清塘荷韵》

语音提示：

①莲子 liánzǐ
②淤泥 yūní
③露 lù
④单薄 dānbó
⑤为 wéi

作品 26 号

作品 26 号

在原始社会里，文字还没有创造出来，却先有了歌谣一类的东西。这也就是文艺。

文字创造出来以后，人就用它把所见所闻所想所感的一切记录下来。一首歌谣，不但口头唱，还要刻呀，漆呀，把它保留在什么东西上。这样，文艺和文字就并了家。

后来纸和笔普遍地使用了，而且发明了印刷术。凡是需要记录下来的东西，要多少份就可以有多少份。于是所谓文艺，从外表说，就是一篇稿子，一部书，就是许多文字的集合体。

文字是一道桥梁，通过了这一道桥梁，读者才和作者会面。不但会面，并且了解作者的心情，和作者的心情相契合①。

就作者的方面说，文艺的创作决不是随便取许多文字来集合在一起。作者着手②创作，必然对于人生先有所见，先有所感。他把这些所见所感写出来，不作抽象的分析，而作具体的描写，不作刻板的记载，而作想象的安排。他准备写的不是普通的论说文、记叙文；他准备写的是文艺。他动手写，不但选择那些最适当的文字，让它们集合起来，还要审查那些写下来的文字，看有没有应当修改或是增减的。总之，作者想做到的是：写下来的文字正好传达出他的所见所感。

就读者的//方面说，读者看到的是写在纸面或者印在纸面的文字，但是看到文字并不是他们的目的。他们要通过文字去接触作者的所见所感。

节选自叶圣陶《驱遣我们的想象》

语音提示：

①契合 qìhé　　　　②着手 zhuóshǒu

作品 27 号

作品 27 号

语言，也就是说话，好像是极其稀松平常的事儿①。可是仔细想想，实在是一件了不起的大事。正是因为②说话跟吃饭、走路一样的平常，人们才不去想它究竟是怎么回事儿。其实这三件事儿都是极不平常的，都是使人类不同于别的动物的特征。

记得在小学里读书的时候，班上有一位“能文”的大师兄，在一篇作文的开头写下这么两句：“鹦鹉能言，不离于禽；猩猩能言，不离于兽。”我们看了都非常佩服。后来知道这两句是有来历的，只是字句有些出入。又过了若干年，才知道这两句话都有问题。鹦鹉能学人说话，可只是作为③现成的公式来说，不会加以变化。只有人们说话是从具体情况出发，情况一变，话也跟着变。

西方学者拿黑猩猩④做实验，它们能学会极其有限的一点儿符号语言，可是学不会把它变成有声语言。人类语言之所以能够“随机应变”,在于一方面能把语音分析成若干音素,又把这些音素组合成音节,再把音节连缀⑤起来。另一方面,又能分析外界事物及其变化,形成无数的“意念”,一一配以语音,然后综合运用,表达各种复杂的意思。一句话,人类语言的特点就在于能用变化无穷的语音,表达变化无穷的// 意义。这是任何其他动物办不到的。

节选自吕叔湘《人类的语言》

语音提示:

①事儿 shìr　　④黑猩猩 hēixīngxing

②因为 yīn · wèi　　⑤连缀 liánzhuì

③作为 zuòwéi

作品 28 号

作品 28 号

父亲喜欢下象棋。那一年,我大学回家度假,父亲教我下棋。

我们俩摆好棋,父亲让我先走三步,可不到三分钟,三下五除二,我的兵将损失大半,棋盘上空荡荡的,只剩下老帅、士和一车两卒在孤军奋战。我还不肯罢休,可是已无力回天,眼睁睁看着父亲“将军①”,我输了。

我不服气,摆棋再下。几次交锋,基本上都是不到十分钟我就败下阵来。我不禁②有些泄气。父亲对我说:“你初学下棋,输是正常的。但是你要知道输在什么地方;否则,你就是再下上十年,也还是输。”

“我知道,输在棋艺上。我技术上不如你,没经验。”

“这只是次要因素,不是最重要的。”

“那最重要的是什么?”我奇怪地问。

“最重要的是你的心态不对。你不珍惜你的棋子③。”

“怎么不珍惜呀?我每走一步,都想半天。”我不服气地说。

“那是后来,开始你是这样吗?我给你计算过,你三分之二的棋子是在前三分之一的时间内丢失的。这期间你走棋不假思索④,拿起来就走,失了也不觉得可惜。因为⑤你觉得棋子很多,失一两个不算什么。”

我看看父亲,不好意思⑥地低下头。“后三分之二的时间,你又犯了相反的错误:对棋子过于珍惜,每走一步,都思前想后,患得患失,一个棋也不想失,//结果一个一个都失去了。

节选自林夕《人生如下棋》

语音提示:

①将军 jiāngjūn　　②不禁 bùjīn

③棋子 qízǐ
④不假思索 bùjiǎ-sīsuǒ
⑤因为 yīn・wèi
⑥不好意思 bù hǎoyìsi

作品 29 号

作品 29 号

仲夏[1]，朋友相邀游十渡。在城里住久了，一旦进入山水之间，竟有一种生命复苏[2]的快感。

下车后，我们舍弃了大路，挑选了一条半隐半现在庄稼[3]地里的小径，弯弯绕绕[4]地来到了十渡渡口。夕阳下的拒马河慷慨地撒[5]出一片散金碎玉[6]，对我们表示欢迎。

岸边山崖[7]上刀斧痕犹存[8]的崎岖小道，高低凸凹，虽没有“难于上青天”的险恶，却也有踏空了滚到拒马河洗澡的风险。狭窄处只能手扶岩石贴壁而行。当“东坡草堂”几个红漆大字赫然出现在前方岩壁时，一座镶嵌在岩崖[9]间的石砌[10]茅草屋同时跃进[11]眼底。草屋被几级石梯托得高高的，屋下俯瞰[12]着一湾河水，屋前顺山势辟出了一片空地，算是院落吧！右侧有一小小的蘑菇形的凉亭，内设石桌石凳，亭顶褐黄色的茅草像流苏般向下垂泻，把现实和童话串[13]成了一体。草屋的构思者最精彩的一笔，是设在院落边沿的柴门和篱笆，走近这儿，便有了“花径不曾缘客扫，蓬门今始为君开”的意思。

当我们重登凉亭时，远处的蝙蝠山[14]已在夜色下化为剪影，好像就要展翅扑来。拒马河趁人们看不清它的容貌时豁开[15]了嗓门儿韵味十足地唱呢！偶有不安分[16]的小鱼儿[17]和青蛙蹦跳//成声，像是为了强化这夜曲的节奏。此时，只觉世间唯有水声和我，就连偶尔从远处赶来歇脚的晚风，也悄无声息。

当我渐渐被夜的凝重与深邃所融蚀，一缕新的思绪涌动时，对岸沙滩上燃起了篝火，那鲜亮的火光，使夜色有了躁动感。篝火四周，人影绰约，如歌似舞。朋友说，那是北京的大学生们，结伴来这儿度周末的。遥望那明灭无定的火光，想象着篝火映照的青春年华，也是一种意想不到的乐趣。

节选自刘延《十渡游趣》

语音提示：

①仲夏 zhòngxià
②复苏 fùsū
③庄稼 zhuāngjia
④弯弯绕绕 wānwānràorào
⑤撒 sǎ
⑥散金碎玉 sǎnjīn-suìyù
⑦山崖 shānyá
⑧犹存 yóu cún
⑨岩崖 yányá
⑩砌 qì
⑪跃进 yuèjìn
⑫俯瞰 fǔkàn
⑬串 chuàn
⑭蝙蝠山 Biānfú Shān

⑮豁开 huōkāi
⑯不安分 bù ānfèn
⑰小鱼儿 xiǎoyúr

作品 30 号

作品 30 号

在闽西南和粤东北的崇山峻岭中，点缀着数以千计①的圆形围屋或土楼，这就是被誉为②“世界民居奇葩③”的客家民居④。

客家人是古代从中原繁盛的地区迁到南方的。他们的居住地大多在偏僻、边远的山区，为了防备盗匪的骚扰和当地人的排挤，便建造了营垒式住宅，在土中掺石灰，用糯米饭、鸡蛋清作黏合剂⑤，以竹片、木条作筋骨，夯筑⑥起墙厚一米，高十五米以上的土楼。它们大多为⑦三至六层楼，一百至二百多间房屋如橘瓣⑧状排列，布局均匀，宏伟⑨壮观。大部分土楼有两三百年甚至五六百年的历史，经受无数次地震撼动、风雨侵蚀以及炮火攻击而安然无恙，显示了传统建筑文化的魅力。

客家先民崇尚⑩圆形，认为圆是吉祥、幸福和安宁的象征。土楼围成圆形的房屋均按八卦布局排列，卦与卦之间设有防火墙，整齐划一。

客家人在治家、处事⑪、待人、立身等方面，无不体现出明显的文化特征。比如，许多房屋大门上刻着这样的正楷对联：“承前祖德勤和俭，启后子孙读与耕”，表现了先辈希望子孙和睦相处、勤俭持家⑫的愿望。楼内房间大小一模一样⑬，他们不分贫富、贵贱，每户人家平等地分到底层至高层各//一间房。各层房屋的用途惊人地统一，底层是厨房兼饭堂，二层当贮仓，三层以上作卧室，两三百人聚居一楼，秩序井然，毫不混乱。土楼内所保留的民俗文化，让人感受到中华传统文化的深厚久远。

节选自张宇生《世界民居奇葩》

语音提示：

①数以千计 shùyǐqiānjì
②誉为 yù wéi
③奇葩 qípā
④客家民居 Kèjiā mínjū
⑤黏合剂 niánhéjì
⑥夯筑 hāngzhù
⑦为 wéi
⑧橘瓣 júbàn
⑨宏伟 hóngwěi
⑨崇尚 chóngshàng
⑪处事 chǔshì
⑫持家 chíjiā
⑬一模一样 yīmú-yīyàng（此处“一”变调，应读为 yìmú-yíyàng）

作品 31 号

作品 31 号

我国的建筑，从古代的宫殿到近代的一般住房，绝大部分①是对称②的，左边怎么样，右边怎么样。苏州园林可绝不讲究③对称，好像故意避免似的④。东边有了一个亭子或者一道回廊，西边决不会来一个同样的亭子或者一道同样的回廊。这是为什么？我想，用图画来比方[5]，对称的建筑是图案画，不是美术画，而园林是美术画，美术画要求自然之趣，是不讲究对称的。

苏州园林里都有假山和池沼[6]。

假山的堆叠，可以说是一项艺术而不仅是技术。或者是重峦叠嶂[7]，或者是几座小山配合着竹子花木，全在乎[8]设计者和匠师们生平多阅历，胸中有丘壑[9]，才能使游览者攀登的时候忘却苏州城市，只觉得身在山间。

至于池沼，大多引用活水。有些园林池沼宽敞[10]，就把池沼作为全园的中心，其他景物配合着布置。水面假如成河道模样[11]，往往安排桥梁。假如安排两座以上的桥梁，那就一座一个样，决不雷同。

池沼或河道的边沿很少砌齐整[12]的石岸，总是高低屈曲[13]任其自然。还在那儿[14]布置几块玲珑的石头[15]，或者种些花草。这也是为了取得从各个角度看都成一幅画的效果。池沼里养着金鱼或各色鲤鱼，夏秋季节荷花或睡莲开//放，游览者看“鱼戏莲叶间”，又是入画的一景。

节选自叶圣陶《苏州园林》

语音提示：

①部分 bùfen
②对称 duìchèn
③讲究 jiǎng·jiū
④似的 shìde
⑤比方 bǐfang
⑥池沼 chízhǎo
⑦重峦叠嶂 chóngluán-diézhàng
⑧在乎 zàihū
⑨丘壑 qiūhè
⑩宽敞 kuānchǎng
⑪模样 múyàng
⑫齐整 qízhěng
⑬屈曲 qūqū
⑭那儿 nàr
⑮石头 shítou

作品 32 号

作品 32 号

泰山极顶看日出，历来被描绘成十分壮观的奇景。有人说：登泰山而看不到日出，就像一出大戏没有戏眼，味儿[1]终究有点寡淡[2]。

我去爬山那天，正赶上个难得的好天，万里长空，云彩丝儿[3]都不见。素常烟雾腾腾的山头，显得眉目分明。同伴们都欣喜地说：“明天早晨准可以看见日出了。”我也是抱着这种想头，爬上山去。

一路从山脚往上爬，细看山景，我觉得挂在眼前的不是五岳独尊的泰山，却像一幅规模惊人的青绿山水画，从下面倒展[4]开来。在画卷中最先露出[5]的是山根底那座明朝建筑岱宗坊[6]，慢慢地便现出王母池、斗母宫、经石峪。山是一层比一层深，一叠比一叠奇，层层叠叠，不知还会有多深多奇。万山丛中，时而点染着极其工细的人物。王母池旁的吕祖殿里有不少尊明塑[7]，塑着吕洞宾等一些人，姿态神情是那样有生气，你看了，不禁[8]会脱口赞叹说："活啦。"

画卷继续展开，绿阴森森的柏洞露面[9]不太久，便来到对松山。两面奇峰对峙[10]着，满山峰都是奇形怪状的老松，年纪怕都有上千岁了，颜色竟那么浓，浓得好像要流下来似的。来到这儿，你不妨权当[11]一次画里的写意人物，坐在路旁的对松亭里，看看山色，听听流//水和松涛。

一时间，我又觉得自己不仅是在看画卷，却又像是在零零乱乱翻着一卷历史稿本。

节选自杨朔《泰山极顶》

语音提示：

①味儿 wèir

②寡淡 guǎdàn

③云彩丝儿 yúncaisīr

④倒展 dàozhǎn

⑤露出 lòuchū

⑥岱宗坊 Dàizōngfāng

⑦明塑 míngsù

⑧不禁 bùjīn

⑨露面 lòumiàn

⑩对峙 duìzhì

⑪权当 quándàng

作品33号

作品33号

在太空的黑幕上，地球就像站在宇宙舞台中央那位最美的大明星，浑身散发出夺人心魄的、彩色的、明亮的光芒，她披着浅蓝色的纱裙和白色的飘带，如同天上的仙女缓缓飞行。

地理知识告诉我，地球上大部分地区覆盖着海洋，我果然看到了大片蔚蓝色的海水，浩瀚的海洋骄傲地披露[1]着广阔壮观的全貌，我还看到了黄绿相间[2]的陆地，连绵的山脉纵横其间；我看到我们平时所说的天空，大气层中飘浮着片片雪白的云彩，那么轻柔，那么曼妙，在阳光普照下，仿佛[3]贴在地面上一样。海洋、陆地、白云，它们呈现在飞船下面，缓缓驶来，又缓缓离去。

我知道自己还是在轨道上飞行，并没有完全脱离地球的怀抱，冲向宇宙的深处，然而这也足以让我震撼了，我并不能看清宇宙中众多的星球，因为[4]实际上它们离我们的距离非常遥远，很多都是以光年计算。正因为如此，我觉得宇宙的广袤[5]真实地摆在我的眼前，即便[6]作为[7]中华民族第一个飞天的人我已经跑到离地球表面四百公里的空间，可以称为太空人了，但是实际上在浩瀚的宇宙面前，我仅像一粒尘埃。

虽然独自在太空飞行，但我想到了此刻千万//中国人翘首以待，我不是一个人在飞，我是代表所有中国人，甚至人类来到了太空。我看到的一切证明了中国航天技术的成功，我认为我的心情一定要表达一下，就拿出太空笔，在工作日志背面写了一句话："为了人类的和平与进步，中国人来到太空了。"以此来表达一个中国人的骄傲和自豪。

节选自杨利伟《天地九重》

语音提示：

①披露 pīlù ⑤广袤 guǎngmào

②相间 xiāngjiàn ⑥即便 jíbiàn

③仿佛 fǎngfú ⑦作为 zuòwéi

④因为 yīn·wèi

作品 34 号

作品 34 号

最使我难忘的，是我小学时候的女教师蔡芸芝先生①。

现在回想起来，她那时有十八九岁。右嘴角边有榆钱②大小一块黑痣。在我的记忆里，她是一个温柔和美丽的人。

她从来不打骂我们。仅仅有一次，她的教鞭③好像要落下来，我用石板一迎，教鞭轻轻地敲在石板边上，大伙④笑了，她也笑了。我用儿童的狡猾⑤的眼光察觉，她爱我们，并没有存心要打的意思。孩子们是多么善于观察这一点啊。

在课外的时候，她教我们跳舞，我现在还记得⑥她把我扮成女孩子表演跳舞的情景。

在假日里，她把我们带到她的家里和女朋友的家里。在她的女朋友的园子⑦里，她还让我们观察蜜蜂；也是在那时候，我认识⑧了蜂王，并且平生第一次吃了蜂蜜。

她爱诗，并且爱用歌唱的音调教我们读诗。直到现在我还记得她读诗的音调，还能背诵她教我们的诗：

圆天盖着大海，
黑水托着孤舟，
远看不见山，
那天边只有云头，
也看不见树，
那水上只有海鸥……

今天想来，她对我的接近文学和爱好文学，是有着多么有益的影响！

像这样的教师，我们怎么⑨会不喜欢她，怎么会不愿意和她亲近呢？我们见了她不由得⑩就围上去。即使⑪她写字的时候，我//们也默默地看着她，连她握铅笔的姿势都急于模仿。

节选自魏巍《我的老师》

语音提示：

①先生 xiānsheng ②榆钱 yúqián

③教鞭 jiàobiān
④大伙 dàhuǒr
⑤狡猾 jiǎohuá
⑥记得 jìde
⑦园子 yuánzi
⑧认识 rènshi
⑨怎么 zěnme
⑩不由得 bùyóude
⑪即使 jíshǐ

作品 35 号

作品 35 号

我喜欢出发。

凡是到达了的地方，都属于昨天。哪怕那山再青，那水再秀，那风再温柔。太深的流连便成了一种羁绊[1]，绊住的不仅有双脚，还有未来。

怎么能不喜欢出发呢？没见过大山的巍峨，真是遗憾；见了大山的巍峨没见过大海的浩瀚，仍然[2]遗憾；见了大海的浩瀚没见过大漠的广袤[3]，依旧遗憾；见了大漠的广袤没见过森林的神秘，还是遗憾。世界上有不绝的风景，我有不老的心情。

我自然知道，大山有坎坷[4]，大海有浪涛，大漠有风沙，森林有猛兽。即便[5]这样，我依然喜欢。

打破生活的平静便是另一番景致，一种属于年轻的景致。真庆幸，我还没有老。即便真老了又怎么样，不是有句话叫老当益壮吗？

于是，我还想从大山那里学习深刻，我还想从大海那里学习勇敢，我还想从大漠那里学习沉着[6]，我还想从森林那里学习机敏。我想学着品味一种缤纷的人生。

人能走多远？这话不是要问两脚而是要问志向。人能攀多高？这事不是要问双手而是要问意志。于是，我想用青春的热血给自己树起一个高远的目标。不仅是为了争取一种光荣，更是为了追求一种境界[7]。目标实现了，便是光荣；目标实现不了，人生也会因//这一路风雨跋涉变得丰富而充实；在我看来，这就是不虚此生。

是的，我喜欢出发，愿你也喜欢。

节选自汪国真《我喜欢出发》

语音提示：

①羁绊 jībàn
②仍然 réngrán
③广袤 guǎngmào
④坎坷 kǎnkě
⑤即便 jíbiàn
⑥沉着 chénzhuó
⑦境界 jìngjiè

作品 36 号

作品 36 号

乡下人家总爱在屋前搭一瓜架，或种南瓜，或种丝瓜，让那些瓜藤攀上棚架，爬上屋檐。当花儿落了的时候，藤上便结出①了青的、红的瓜，它们一个个挂在房前，衬着那长长的藤，绿绿的叶。青、红的瓜，碧绿的藤和叶，构成了一道别有风趣的装饰，比那高楼门前蹲着一对石狮子或是竖着两根大旗杆，可爱多了。

有些人家，还在门前的场地上种几株花，芍药②，凤仙，鸡冠花③，大丽菊，它们依着时令，顺序开放，朴素中带着几分华丽，显出一派独特的农家风光。还有些人家，在屋后种几十枝竹，绿的叶，青的竿④，投下一片浓浓的绿荫。几场春雨过后，到那里走走，你常常会看见许多鲜嫩⑤的笋，成群地从土里探出头来。

鸡，乡下人家照例总要养几只的。从他们的房前屋后走过，你肯定会瞧见一只母鸡，率领⑥一群小鸡，在竹林中觅食；或是瞧见耸着尾巴的雄鸡，在场地上大踏步地走来走去。

他们的屋后倘若有一条小河，那么在石桥旁边，在绿树荫⑦下，你会见到一群鸭子游戏水中，不时地把头扎到水下去觅食。即使⑧附近的石头上有妇女在捣衣，它们也从不吃惊。

若是在夏天的傍晚出去散步，你常常会瞧见乡下人家吃晚饭//的情景。他们把桌椅饭菜搬到门前，天高地阔地吃起来。天边的红霞，向晚的微风，头上飞过的归巢的鸟儿，都是他们的好友。它们和乡下人家一起，绘成了一幅自然、和谐的田园风景画。

节选自陈醉云《乡下人家》

语音提示：

①结出 jiēchū

②芍药 sháoyao

③鸡冠花 jīguānhuā

④竿 gān

⑤鲜嫩 xiannen

⑥率领 shuàilǐng

⑦绿树荫 lǜshùyīn

⑧即使 jíshǐ

作品 37 号

作品 37 号

我们的船渐渐地①逼近榕树了。我有机会看清它的真面目：是一棵大树，有数不清的丫枝，枝上又生根，有许多根一直垂到地上②，伸进泥土里。一部分树枝垂到水面，从远处看，就像一棵大树斜躺在水面上一样。

现在正是枝繁叶茂的时节。这棵榕树好像在把它的全部生命力展示给我们看。那么多的绿叶，一簇堆在另一簇的上面，不留一点儿缝隙③。翠绿的颜色明亮地④在我们的眼前闪耀，似乎⑤每一片树叶上都有一个新的生命在颤动⑥，这美丽的南国的树！

船在树下泊[7]了片刻，岸上很湿，我们没有上去。朋友说这里是“鸟的天堂”，有许多鸟在这棵树上做窝，农民不许人去捉它们。我仿佛听见几只鸟扑翅的声音，但是等到我的眼睛注意地看那里时，我却看不见一只鸟的影子。只有无数的树根立在地上，像许多根木桩。地是湿的，大概涨潮时河水常常冲上岸去。“鸟的天堂”里没有一只鸟，我这样想到。船开了，一个朋友拨着船，缓缓地[8]流到河中间去。

第二天，我们划着船到一个朋友[9]的家乡去，就是那个有山有塔的地方[10]。从学校出发，我们又经过那“鸟的天堂”。

这一次是在早晨，阳光照在水面上，也照在树梢上。一切都//显得非常光明。我们的船也在树下泊了片刻。

起初四周围非常清静。后来忽然起了一声鸟叫。我们把手一拍，便看见一只大鸟飞了起来，接着又看见第二只，第三只。我们继续拍掌，很快地这个树林就变得很热闹了。到处都是鸟声，到处都是鸟影。大的，小的，花的，黑的，有的站在枝上叫，有的飞起来，在扑翅膀。

节选自巴金《鸟的天堂》

语音提示：

①渐渐地 jiànjiàn de
②地上 dì · shàng
③缝隙 fèngxì
④明亮地 míngliàng de
⑤似乎 sìhū
⑥颤动 chàndòng
⑦泊 bó
⑧缓缓地 huǎnhuǎn de
⑨朋友 péngyou
⑩地方 dìfang

作品 38 号

作品 38 号

两百多年前，科学家做了一次实验。他们在一间屋子里横七竖八地拉了许多绳子，绳子上系着许多铃铛[1]，然后把蝙蝠[2]的眼睛蒙上，让它在屋子里飞。蝙蝠飞了几个钟头，铃铛一个也没响，那么多的绳子，它一根也没碰着[3]。

科学家又做了两次实验：一次把蝙蝠的耳朵塞上，一次把蝙蝠的嘴封住，让它在屋子里飞。蝙蝠就像没头苍蝇似的[4]到处乱撞，挂在绳子上的铃铛响个不停。

三次实验的结果证明，蝙蝠夜里飞行，靠的不是眼睛，而是靠嘴和耳朵配合起来探路的。

后来，科学家经过反复研究，终于揭开了蝙蝠能在夜里飞行的秘密。它一边飞，一边从嘴里发出超声波。而这种声音，人的耳朵是听不见的，蝙蝠的耳朵却能听见。超声波向前传播时，遇到障碍物就反射回来，传到蝙蝠的耳朵里，它就立刻改变飞行的方向。

知道蝙蝠在夜里如何飞行，你猜到飞机夜间飞行的秘密了吗？现代飞机上安装了雷达，雷达的工作原理与蝙蝠探路类似[5]。雷达通过天线发出无线电波，无线电波遇到障碍物就反射回来，被雷达接收到，显示在荧光屏上。从雷达的荧光屏上，驾驶员能够清楚地看到前方有没有障碍物，所//以飞机飞行就更安全了。

节选自《夜间飞行的秘密》

语音提示：

①铃铛 língdang

②蝙蝠 biānfú

③碰着 pèngzháo

④似的 shìde

⑤类似 lèisì

作品 39 号

作品 39 号

北宋时候，有位画家叫张择端。他画了一幅名扬中外的画《清明上河图》。这幅画长五百二十八厘米，高二十四点八厘米，画的是北宋都城汴梁[1]热闹的场面。这幅画已经有八百多年的历史了，现在还完整地保存在北京的故宫博物院里。

张择端画这幅画的时候，下了很大的功夫。光是画上的人物，就有五百多个：有从乡下来的农民，有撑船的船工，有做各种买卖的生意人，有留着长胡子的道士，有走江湖的医生，有摆小摊[2]的摊贩，有官吏[3]和读书人，三百六十行，哪一行的人都画在上面了。

画上的街市可热闹了。街上有挂着各种招牌的店铺、作坊[4]、酒楼、茶馆，走在街上的，是来来往往、形态各异的人：有的骑着马，有的挑着担，有的赶着毛驴，有的推着独轮车，有的悠闲地在街上溜达。画面上的这些人，有的不到一寸，有的甚至只有黄豆那么大。别看画上的人小，每个人在干什么，都能看得清清楚楚。

最有意思的是桥北头的情景：一个人骑着马，正往桥下走。因为人太多，眼看就要碰上对面来的一乘[5]轿子。就在这个紧急时刻，那个牧马人一下子拽住了马笼头，这才没碰上那乘轿子。不过，这么一来，倒把马右边的//两头小毛驴吓得又踢又跳。站在桥栏杆边欣赏风景的人，被小毛驴惊扰了，连忙回过头来赶小毛驴。你看，张择端画的画，是多么传神啊！

《清明上河图》使我们看到了八百年以前的古都风貌，看到了当时普通老百姓的生活场景。

节选自滕明道《一幅名扬中外的画》

语音提示：

①汴梁 Biànliáng

②小摊 xiǎotānr

③官吏 guānlì

④作坊 zuōfang

⑤乘 shèng

作品 40 号

作品 40 号

二〇〇〇年，中国第一个以科学家名字命名的股票“隆平高科”上市。八年后，名誉董事长袁隆平所持有的股份以市值计算已经过亿。从此，袁隆平又多了个“首富科学家”的名号。而他身边的学生和工作人员，却很难把这位老人和“富翁①”联系起来。

“他哪里有富人的样子。”袁隆平的学生们笑着议论。在学生们的印象里，袁老师永远黑黑瘦瘦，穿一件软塌塌②的衬衣。在一次会议上，袁隆平坦言：“不错，我身价二〇〇八年就一千零八亿了，可我真的有那么多钱吗？没有。我现在就是靠每个月六千多元的工资生活，已经很满足了。我今天穿的衣服就五十块钱，但我喜欢的还是昨天穿的那件十五块钱的衬衫，穿着很精神。”袁隆平认为，“一个人的时间和精力是有限的，如果老想着享受，哪有心思搞科研？搞科学研究就是要淡泊名利，踏实③做人”。

在工作人员眼中，袁隆平其实就是一位身板硬朗的“人民农学家”，“老人下田从不要人搀扶，拿起套鞋，脚一蹬就走”。袁隆平说：“我有八十岁的年龄，五十多岁的身体，三十多岁的心态，二十多岁的肌肉弹性。”袁隆平的业余生活非常丰富，钓鱼、打排球、听音乐……他说，就是喜欢这些//不花钱的平民项目。

二〇一〇年九月，袁隆平度过了他的八十岁生日。当时，他许了个愿：到九十岁时，要实现亩产一千公斤！如果全球百分之五十的稻田种植杂交水稻，每年可增产一点五亿吨粮食，可多养活四亿到五亿人口。

节选自刘畅《一粒种子造福世界》

语音提示：

①富翁 fùwēng　　③踏实 tāshi

②软塌塌 ruǎntātā

作品 41 号

作品 41 号

北京的颐和园是个美丽的大公园。

进了颐和园的大门，绕过大殿，就来到有名的长廊。绿漆的柱子，红漆的栏杆，一眼望不到头。这条长廊有七百多米长，分成二百七十三间。每一间的横槛①上都有五彩的画，画着人物、花草、风景，几千幅画没有哪两幅是相同的。长廊两旁栽满了花木，这一种花还没谢，那一种花又开了。微风从左边的昆明湖上吹来，使人神清气爽。

走完长廊，就来到了万寿山脚下。抬头一看，一座八角宝塔形的三层建筑耸立在半山腰上，黄色的琉璃瓦②闪闪发光。那就是佛香阁。下面的一排排金碧辉煌的宫殿，就是排云殿。

登上万寿山，站在佛香阁的前面向下望，颐和园的景色大半收在眼底。葱郁的树丛，掩映着黄的绿的琉璃瓦屋顶和朱红的宫墙。正前面，昆明湖静得像一面镜子，绿得像一块碧玉。游船、画舫[3]在湖面慢慢地滑过，几乎不留一点儿痕迹。向东远眺，隐隐约约可以望见几座古老的城楼和城里的白塔。

从万寿山下来，就是昆明湖。昆明湖围着长长的堤[4]岸，堤上有好几座式样不同的石桥，两岸栽着数不清的垂柳。湖中心有个小岛，远远望去，岛上一片葱绿，树丛中露出宫殿的一角。//游人走过长长的石桥，就可以去小岛上玩。这座石桥有十七个桥洞，叫十七孔桥。桥栏杆上有上百根石柱，柱子上都雕刻着小狮子。这么多的狮子，姿态不一，没有哪两只是相同的。

颐和园到处有美丽的景色，说也说不尽，希望你有机会去细细游赏。

节选自袁鹰《颐和园》

语音提示：

①横槛 héngjiàn　　③画舫 huàfǎng

②琉璃瓦 liú · líwǎ　　④堤 dī

作品42号

作品42号

一谈到读书，我的话就多了！

我自从会认字后不到几年，就开始读书。倒不是四岁时读母亲给我的商务印书馆出版的国文教科书第一册的“天、地、日、月、山、水、土、木”以后的那几册，而是七岁时开始自己读的“话说天下大势，分久必合，合久必分……”的《三国演义》。

那时，我的舅父杨子敬先生每天晚饭后必给我们几个表兄妹讲一段《三国演义》，我听得津津有味，什么“宴桃园豪杰三结义，斩黄巾英雄首立功”，真是好听极了。但是他讲了半个钟头，就停下去干他的公事了。我只好带着对于故事下文的无限悬念，在母亲的催促下，含泪上床。

此后，我决定咬了牙，拿起一本《三国演义》来，自己一知半解地读了下去，居然越看越懂，虽然字音都读得不对，比如把“凯”念作“岂”，把“诸”念作“者”之类，因为我只学过那个字一半部分。

谈到《三国演义》，我第一次读到关羽死了，哭了一场，把书丢下了。第二次再读到诸葛亮死了，又哭了一场，又把书丢下了，最后忘了是什么时候才把全书读到“分久必合”的结局。

这时我同时还看了母亲针线笸箩[1]里常放着的那几本《聊斋志异》，聊斋故事是短篇的，可以随时拿起放下，又是文言的，这对于我的//作文课很有帮助，因为老师曾在我的作文本上批着“柳州风骨，长吉清才”的句子，其实我那时还没有读过柳宗元和李贺的文章，只因那时的作文，都是用文言写的。

书看多了，从中也得到一个体会，物怕比，人怕比，书也怕比，“不比不知道，一比吓一跳”。

因此，某年的六一国际儿童节，有个儿童刊物要我给儿童写几句指导读书的话，我只写了九个字，就是：

读书好，多读书，读好书。

节选自冰心《忆读书》

语音提示：

①笸箩 pǒluo

作品 43 号

作品 43 号

徐霞客是明朝末年的一位奇人。他用双脚，一步一步地走遍了半个中国大陆，游览过许多名山大川，经历过许多奇人异事。他把游历的观察和研究记录下来，写成了《徐霞客游记》这本千古奇书。

当时的读书人，都忙着追求科举功名，抱着“十年寒窗无人问，一举成名天下知”的观念，埋头于经书之中。徐霞客却卓尔不群[1]，醉心于古今史籍及地志、山海图经的收集和研读。他发现此类书籍很少，记述简略且多有相互矛盾之处，于是他立下雄心壮志，要走遍天下，亲自考察。

此后三十多年，他与长风为伍，云雾为伴，行程九万里，历尽千辛万苦，获得了大量第一手考察资料。徐霞客日间攀险峰，涉危涧，晚上就是再疲劳，也一定录下当日见闻。即使荒野露宿[2]，栖身[3]洞穴[4]，也要“燃松拾穗[5]，走笔为记”。

徐霞客的时代，没有火车，没有汽车，没有飞机，他所去的许多地方连道路都没有，加上明朝末年治安不好，盗匪横行[6]，长途旅行是非常艰苦又非常危险的事。

有一次，他和三个同伴到西南地区，沿路考察石灰岩地形和长江源流。走了二十天，一个同伴难耐旅途劳顿，不辞而别。到了衡阳附近又遭遇土匪抢劫，财物尽失，还险//些被杀害。好不容易到了南宁，另一个同伴不幸病死，徐霞客忍痛继续西行。到了大理，最后一个同伴也因为吃不了苦，偷偷地走了，还带走了他仅存的行囊。但是，他还是坚持目标，继续他的研究工作，最后找到了答案，推翻历史上的错误，证明长江的源流不是岷江而是金沙江。

节选自《阅读大地的徐霞客》

语音提示：

①卓尔不群 zhuó'ěr-bùqún

②露宿 lùsù

③栖身 qīshēn

④洞穴 dòngxué

⑤穗 suì

⑥横行 héngxíng

作品 44 号

作品 44 号

造纸术的发明，是中国对世界文明的伟大贡献之一。

早在几千年前，我们的祖先就创造了文字。可那时候还没有纸，要记录一件事情，就用刀把文字刻在龟甲①和兽骨上，或者把文字铸刻②在青铜器上。后来，人们又把文字写在竹片和木片上。这些竹片、木片用绳子穿起来，就成了一册书。但是，这种书很笨重，阅读、携带、保存都很不方便。古时候用“学富五车”形容一个人学问高，是因为③书多的时候需要用车来拉。再后来，有了蚕丝织成的帛④，就可以在帛上写字了。帛比竹片、木片轻便，但是价钱太贵，只有少数人能用，不能普及。

人们用蚕茧制作丝绵时发现，盛放蚕茧的篾席⑤上，会留下一层薄片，可用于书写。考古学家发现，在两千多年前的西汉时代，人们已经懂得了用麻来造纸。但麻纸比较粗糙⑥，不便书写。

大约在一千九百年前的东汉时代，有个叫蔡伦的人，吸收了人们长期积累的经验，改进了造纸术。他把树皮、麻头、稻草、破布等原料剪碎或切断，浸在水里捣烂成浆；再把浆捞出来晒干，就成了一种既轻便又好用的纸。用这种方法造的纸，原料容易得到，可以大量制造，价格又便宜，能满足多数人的需要，所//以这种造纸方法就传承下来了。

我国的造纸术首先传到邻近的朝鲜⑦半岛和日本，后来又传到阿拉伯世界和欧洲，极大地促进了人类社会的进步和文化的发展，影响了全世界。

节选自《纸的发明》

语音提示：

①龟甲 guījiǎ　　④帛 bó

②铸刻 zhùkè　　⑤篾席 mièxí

③因为 yīn・wèi　　⑥粗糙 cūcāo

作品 45 号

作品 45 号

中国的第一大岛、台湾省的主岛台湾，位于中国大陆架①的东南方，地处东海和南海之间，隔着台湾海峡和大陆相望。天气晴朗的时候，站在福建沿海较高的地方，就可以隐隐约约②地望见岛上的高山和云朵。

台湾岛形状狭长，从东到西，最宽处只有一百四十多公里；由南至北，最长的地方约有三百九十多公里。地形像一个纺织用的梭子③。

台湾岛上的山脉纵贯南北，中间的中央山脉犹如全岛的脊梁。西部为海拔近四千米的玉山山脉，是中国东部的最高峰。全岛约有三分之一的地方是平地，其余为山地。岛内有缎带[4]般的瀑布，蓝宝石似的[5]湖泊，四季常青的森林和果园，自然景色十分优美。西南部的阿里山和日月潭，台北市郊的大屯山风景区，都是闻名世界的游览胜地。

台湾岛地处热带和温带之间，四面环海，雨水充足，气温受到海洋的调剂，冬暖夏凉，四季如春，这给水稻和果木生长提供了优越的条件。水稻、甘蔗、樟脑是台湾的“三宝”。岛上还盛产鲜果和鱼虾。

台湾岛还是一个闻名世界的“蝴蝶王国”。岛上的蝴蝶共有四百多个品种，其中有不少是世界稀有的珍贵品种。岛上还有不少鸟语花香的蝴//蝶谷，岛上居民利用蝴蝶制作的标本和艺术品，远销许多国家。

节选自《中国的宝岛——台湾》

语音提示：

①大陆架 dàlùjià　　④缎带 duàndài

②隐隐约约 yǐnyǐnyuēyuē　　⑤似的 shìde

③梭子 suōzi

作品 46 号

作品 46 号

对于中国的牛，我有着一种特别尊敬的感情。

留给我印象最深的，要算在田垄[1]上的一次“相遇”。

一群朋友郊游，我领头在狭窄的阡陌[2]上走，怎料迎面来了几头耕牛，狭道容不下人和牛，终有一方要让路。它们还没有走近，我们已经预计斗不过畜牲[3]，恐怕难免踩到田地泥水里，弄得鞋袜又泥又湿了。正踟蹰[4]的时候，带头的一头牛，在离我们不远的地方停下来，抬起头看看，稍迟疑一下，就自动走下田去。一队耕牛，全跟着它离开阡陌，从我们身边经过。

我们都呆了，回过头来，看着深褐色的牛队，在路的尽头消失，忽然觉得自己受了很大的恩惠。

中国的牛，永远沉默地为人做着沉重的工作。在大地上，在晨光或烈日下，它拖着沉重的犁，低头一步又一步，拖出了身后一列又一列松土，好让人们下种[5]。等到满地金黄或农闲时候，它可能还得[6]担当搬运负重的工作；或终日绕着石磨，朝同一方向，走不计程的路。

在它沉默的劳动中，人便得到应得的收成。

那时候，也许，它可以松一肩重担，站在树下，吃几口嫩草。偶尔摇摇尾巴，摆摆耳朵，赶走飞附身上的苍蝇，已经算是它最闲适的生活了。

中国的牛，没有成群奔跑的习//惯，永远沉沉实实的，默默地工作，平心静气。这就是中国的牛！

节选自小思《中国的牛》

语音提示：

①垄 lǒng

②阡陌 qiānmò

③畜牲 chùsheng

④踟蹰 chíchú

⑤下种 xià zhǒng

⑥得 děi

作品 47 号

作品 47 号

石拱桥[1]的桥洞成弧形，就像虹。古代神话里说，雨后彩虹是"人间天上的桥"，通过彩虹就能上天。我国的诗人爱把拱桥比作虹，说拱桥是"卧虹""飞虹"，把水上拱桥形容为"长虹卧波"。

我国的石拱桥有悠久的历史。《水经注》里提到的"旅人桥"，大约建成于公元二八二年，可能是有记载[2]的最早的石拱桥了。我国的石拱桥几乎[3]到处都有。这些桥大小不一，形式多样，有许多是惊人的杰作。其中最著名的当推河北省赵县的赵州桥。

赵州桥非常雄伟，全长五十点八二米。桥的设计完全合乎科学原理，施工技术更是巧妙绝伦。全桥只有一个大拱，长达三十七点四米，在当时可算是世界上最长的石拱。桥洞不是普通半圆形，而是像一张弓，因而[4]大拱上面的道路没有陡坡，便于车马上下。大拱的两肩上，各有两个小拱。这个创造性的设计，不但节约了石料，减轻了桥身的重量，而且在河水暴涨的时候，还可以增加桥洞的过水量，减轻洪水对桥身的冲击。同时，拱上加拱，桥身也更美观。大拱由二十八道拱圈拼成，就像这么多同样形状的弓合拢在一起，做成一个弧形的桥洞。每道拱圈都能独立支撑上面的重量，一道坏了，其//他各道不致受到影响。全桥结构匀称，和四周景色配合得十分和谐；桥上的石栏石板也雕刻得古朴美观。赵州桥高度的技术水平和不朽的艺术价值，充分显示了我国劳动人民的智慧和力量。

节选自茅以升《中国石拱桥》

语音提示：

①石拱桥 shígǒngqiáo

②记载 jìzǎi

③几乎 jīhū

④因而 yīn'ér

作品 48 号

作品 48 号

不管我的梦想能否成为事实，说出来总是好玩儿的：

春天，我将要住在杭州。二十年前，旧历的二月初，在西湖我看见了嫩柳与菜花，碧浪与翠竹。由我看到的那点儿春光，已经可以断定，杭州的春天必定会教人整天生活在诗与图画之中。所以,春天我的家应当①是在杭州。

夏天,我想青城山应当算作最理想的地方。在那里,我虽然只住过十天,可是它的幽静已拴住了我的心灵。在我所看见过的山水中,只有这里没有使我失望。到处都是绿,目之所及,那片淡而光润的绿色都在轻轻地颤动,仿佛要流入空中与心中似的。这个绿色会像音乐,涤②清了心中的万虑。

秋天一定要住北平。天堂是什么样子,我不知道,但是从我的生活经验去判断,北平之秋便是天堂。论天气,不冷不热。论吃的,苹果、梨、柿子、枣儿、葡萄,每样都有若干种。论花草,菊花种类之多,花式之奇,可以甲天下。西山有红叶可见,北海可以划船——虽然荷花已残,荷叶可还有一片清香。衣食住行,在北平的秋天,是没有一项不使人满意的。

冬天,我还没有打好主意,成都或者相当地合适,虽然并不怎样和暖,可是为了水仙,素心蜡梅,各色的茶花,仿佛就受一点儿寒//冷,也颇值得去了。昆明的花也多,而且天气比成都好,可是旧书铺与精美而便宜的小吃远不及成都那么多。好吧,就暂这么规定:冬天不住成都便住昆明吧。

节选自老舍《"住"的梦》

语音提示:

①应当 yīngdāng　　②涤 dí

作品 49 号

作品 49 号

在北京市东城区著名的天坛公园东侧,有一片占地面积近二十万平方米的建筑区域,大大小小的十余栋训练馆坐落其间。这里就是国家体育总局训练局。许多我们耳熟能详的中国体育明星都曾在这里挥汗如雨,刻苦练习。

中国女排的一天就是在这里开始的。

清晨八点钟,女排队员们早已集合完毕,准备开始一天的训练。主教练郎平坐在场外长椅上,目不转睛地注视着跟随助理教练们做热身运动的队员们,她身边的座位上则横七竖八地堆放着女排姑娘们的各式用品:水、护具、背包,以及各种外行人叫不出名字的东西。不远的墙上悬挂着一面鲜艳的国旗,国旗两侧是"顽强拼搏"和"为国争光"两条红底黄字的横幅①,格外醒目。

"走下领奖台,一切从零开始"十一个大字,和国旗遥遥相望,姑娘们训练之余偶尔一瞥②就能看到。只要进入这个训练馆,过去的鲜花、掌声与荣耀皆成为历史,所有人都只是最普通的女排队员。曾经的辉煌、骄傲、胜利,在踏入这间场馆的瞬间全部归零。

踢球跑、垫球跑、夹[3]球跑……这些对普通人而言和杂技差不多的项目是女排队员们必须熟练掌握的基本技能。接下来//的任务是小比赛。郎平将队员们分为几组，每一组由一名教练监督，最快完成任务的小组会得到一面小红旗。

看着这些年轻的姑娘们在自己的眼前来来去去，郎平的思绪常飘回到三十多年前。那时风华正茂的她是中国女排的主攻手，她和队友们也曾在这间训练馆里夜以继日地并肩备战。三十多年来，这间训练馆从内到外都发生了很大的变化：原本粗糙的地面变成了光滑的地板，训练用的仪器越来越先进，中国女排的团队中甚至还出现了几张陌生的外国面孔……但时光荏苒，不变的是这支队伍对排球的热爱和“顽强拼搏，为国争光”的初心。

节选自宋元明《走下领奖台，一切从零开始》

语音提示：

①横幅 héngfú　　③夹 jiā

②瞥 piē

作品 50 号

作品 50 号

在一次名人访问中，被问及上个世纪最重要的发明是什么时，有人说是电脑，有人说是汽车，等等。但新加坡的一位知名人士却说是冷气机。他解释，如果没有冷气，热带地区如东南亚国家，就不可能有很高的生产力，就不可能达到今天的生活水准。他的回答实事求是，有理有据。

看了上述报道，我突发奇想：为什么没有记者问：“二十世纪最糟糕的发明是什么？”其实二〇〇二年十月中旬，英国的一家报纸就评出了“人类最糟糕的发明”。获此“殊荣”的，就是人们每天大量使用的塑料[1]袋。

诞生于上个世纪三十年代的塑料袋，其家族包括用塑料制成的快餐饭盒、包装纸、餐用杯盘、饮料瓶、酸奶杯、雪糕杯等。这些废弃物形成的垃圾，数量多、体积大、重量轻、不降解[2]，给治理工作带来很多技术难题和社会问题。

比如，散落[3]在田间、路边及草丛[4]中的塑料餐盒，一旦被牲畜[5]吞食，就会危及健康甚至导致死亡。填埋废弃塑料袋、塑料餐盒的土地，不能生长庄稼和树木，造成土地板结，而焚[6]烧处理这些塑料垃圾，则会释放出多种化学有毒气体，其中一种称为二噁[7]英的化合物，毒性极大。

此外，在生产塑料袋、塑料餐盒的过//程中使用的氟利昂，对人体免疫系统和生态环境造成的破坏也极为严重。

节选自林光如《最糟糕的发明》

语音提示：

①塑料 sùliào
②降解 jiàngjiě
③散落 sànluò
④草丛 cǎocóng
⑤牲畜 shēngchù
⑥焚 fén
⑦噁 è

第四节　命题说话训练

普通话水平测试第四部分是“命题说话”，该部分要做到在使用普通话进行口语表达时，语音标准无误，词汇、语法合乎规范，语言自然流畅。

一、命题说话测试知识点

方法：定量+定性。从给定的两个话题中选定一个话题，连续说一段话。

目的：测查应试人在无文字凭借的情况下说普通话的水平，重点测查语音标准程度，词汇、语法规范程度和自然流畅程度。

出题规则：语音标准程度的考核主要从语音失误次数和方音的有无以及方音轻重的明显程度等方面来考查，划分为六个档次。词汇、语法规范程度的考核主要从词汇、语法出现不规范的次数来考查，划分为三个档次。自然流畅度的考核主要从语言口语化、连贯性、语调自然度等方面来考查，划分为三个档次。命题说话的基本要求是普通话准确，声、韵、调无误，词汇、语法规范；语调自然，表达流畅；能正确处理轻声、儿化等语流音变，语速快慢适中，语句连贯；紧扣话题，中心突出，条理清晰，表达方式恰当；心绪稳定，排除杂念，充满自信，轻松自如。

评分规则：此项成绩占总分的 40%，即 40 分。

二、常见问题分析

命题说话也就是即兴口语表达，训练时要做到形式和内容的统一。内容依托于形式，形式承载内容，美好的形式激发人们探究更深内容的兴趣。

(一)关于说话形式

形式即说话人的语音面貌，要做到以下两方面：

(1)规范性。语音、词汇、语法都要规范。

(2)审美性。指吐字归音到位，气息有控制，有良好的共鸣，停连、重音、语气、节奏等语言表达技巧运用、处理比较恰当。

(二)关于说话内容

内容即说话人良好的表达能力，要注意以下两个方面：

(1)选题:内容充实、有新意,有自己的见解和思考。

(2)情感:真实、积极向上、有感染力。

总之,说话时注意语音要标准,说错了可以纠正;词汇、语法要规范,避免出现方言词汇和语法错误的情况;说话要自然流畅,不结巴,不要过多地重复,不要过久地停顿;说话内容要充实,说漏了可以补充。

说话时可以从两个方面入手:说什么,怎么说。注意不要离题和缺时;不要出现无效话语;注意语言不要书面化,不要背稿,尽量口语化。

准备命题说话的时候,不要提前写稿子,但是要提前找思路。考试前可以根据给定的话题,做一个思维导图,为自己的命题说话想好主题,搭好结构框架。

比如,话题"我喜欢的节日"思维导图:

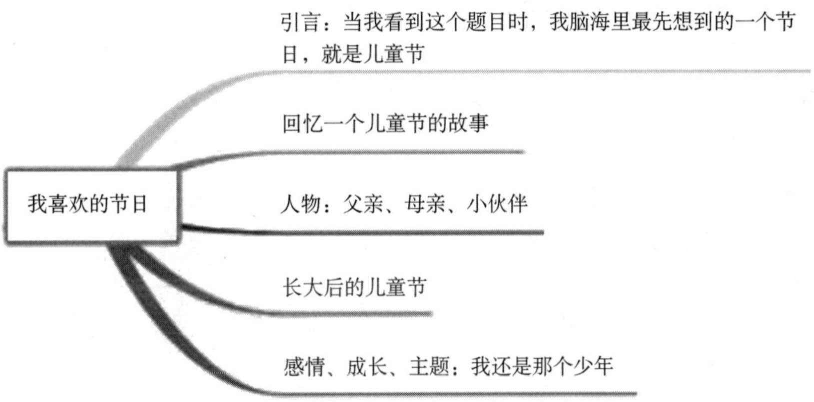

另外,准备命题说话的时候,可以对50个话题进行分析总结,化零为整,找话题的共性和特征。

记叙类:

——记人物。例如身边的人物:老师、朋友、尊敬的人、我欣赏的历史人物。

——记事件。例如日常生活:我的一天、假日生活、过去的一年、童年生活、让我快乐的事情、让我感动的事情、劳动的体会;例如特殊经历:难忘的旅行、学习普通话(或其他语言)的体会。

——记所爱。例如比较具体的喜欢:珍贵的礼物、我喜爱的植物、我的兴趣爱好、印象深刻的书籍(或报刊)、我喜欢的美食、我喜爱的动物、我喜欢的节日、我喜爱的艺术形式;例如比较抽象的情感:我的理想(或愿望)、我喜欢的季节(或天气)、体育运动的乐趣、向往的地方。

议论类:

—— 论人:生活中的诚信、自律与我、谈个人修养、谈传统美德、我喜欢的职业

(或专业)、谈社会公德(或职业道德)。

—— 论事:对终身学习的看法、谈谈卫生与健康、对环境保护的认识、对团队精神的理解、科技发展与社会生活、对垃圾分类的认识、网络时代的生活。

——论物:谈服饰、我所在的学校(或公司、团队、其他机构)、家乡(或熟悉的地方)。

——论比较抽象的概念:我了解的地域文化(或风俗),我了解的十二生肖,谈中国传统文化,对幸福的理解,对美的看法,如何保持良好的心态,小家、大家与国家。

三、命题说话测试话题

说明:

本材料共有话题50例,供普通话水平测试命题说话测试使用。本材料仅是对话题范围的规定,并不规定话题的具体内容。

1.我的一天

2.老师

3.珍贵的礼物

4.假日生活

5.我喜爱的植物

6.我的理想(或愿望)

7.过去的一年

8.朋友

9.童年生活

10.我的兴趣爱好

11.家乡(或熟悉的地方)

12.我喜欢的季节(或天气)

13.印象深刻的书籍(或报刊)

14.难忘的旅行

15.我喜欢的美食

16.我所在的学校(或公司、团队、其他机构)

17.尊敬的人

18.我喜爱的动物

19.我了解的地域文化(或风俗)

20.体育运动的乐趣

21.让我快乐的事情

22.我喜欢的节日

23.我欣赏的历史人物

24.劳动的体会

25.我喜欢的职业(或专业)

26.向往的地方

27.让我感动的事情

28.我喜爱的艺术形式

29.我了解的十二生肖

30.学习普通话(或其他语言)的体会

31.家庭对个人成长的影响

32.生活中的诚信

33.谈服饰

34.自律与我

35.对终身学习的看法

36.谈谈卫生与健康

37.对环境保护的认识

38.谈社会公德(或职业道德)

39.对团队精神的理解

40.谈中国传统文化

41.科技发展与社会生活

42.谈个人修养

43.对幸福的理解

44.如何保持良好的心态

45.对垃圾分类的认识

46.网络时代的生活

47.对美的看法

48.谈传统美德

49.对亲情(或友情、爱情)的理解

50.小家、大家与国家

思考与练习

1.列举普通话测试中声母系统常见的系统性错误。

2.列举普通话测试中韵母系统常见的系统性错误。

3.列举普通话测试中声调系统常见的系统性错误。

第四部分

普通话语音发声综合能力提升训练

本部分为读者提供具有高阶性、挑战性的训练材料，供学有余力的读者在完成前面各部分分解训练的基础上开展综合性训练。该部分涉及不同体裁、不同类型的稿件，能够针对不同的问题进行训练，强化训练效果。为方便大家自我训练，针对每类材料，我们优选一个稿件进行比较详细的讲解和示例供读者参考。

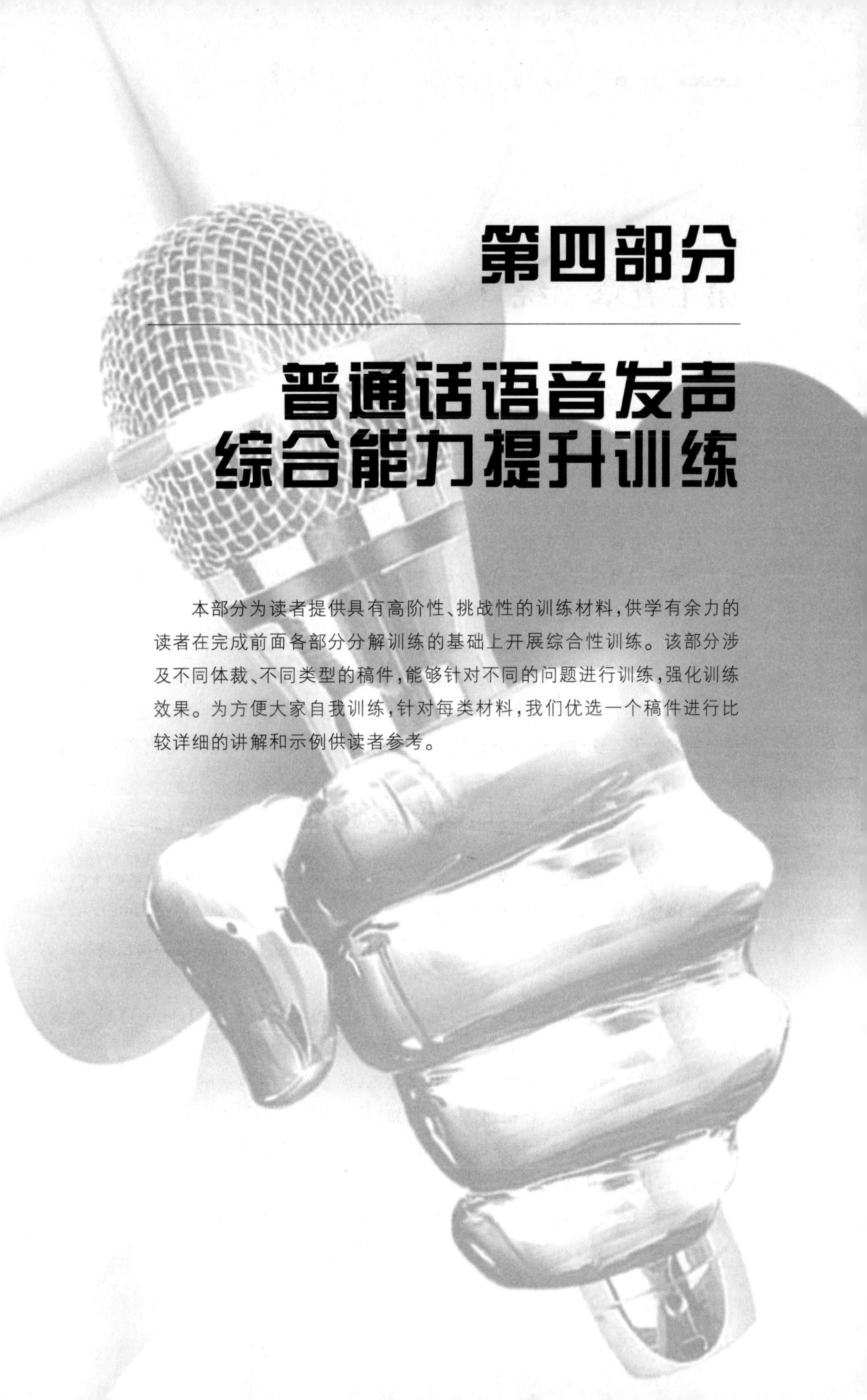

第十五章 绕口令、贯口段子训练

☞知识目标：进一步了解绕口令、贯口段子的特点，初步了解我国传统有声语言基本功训练的经典段子，进而达到准确表达这些段子的基本要求。

☞能力目标：牢固掌握绕口令、贯口训练中的要点，准确、清晰、完整、流畅地完成有一定难度的绕口令和贯口练习，打好有声语言艺术创作的基本功。

绕口令、贯口段子练习要特别注意语音的准确到位。绕口令是民间汉语语言游戏，创作者将声母、韵母或声调极易混同的字，组成反复、重叠、绕口、拗口的句子，因此绕口令对于吐字归音的要求更高。贯口指的是独立成段的节奏性语言，是中国古文韵律美的继承者。这种韵律美决定了贯口的练习对节奏和气息的控制有更高的要求。

第一节 绕口令、贯口段子精练部分

(1)练习绕口令和贯口，先要熟悉内容，熟悉只能建立在认真背诵的基础上；一开始可整段地朗读，然后逐步尝试背诵。

(2)正音时，查字典，听示范，找到语篇里容易读错的字，找出自己容易出错的声韵调等语音问题。

(3)调整好口腔基本状态，咬字器官各部位有控制和配合意识，吐字清晰、饱满、响亮。

(4)调整好胸腹联合式呼吸法的基本状态，注意保持气息通畅，两肋打开、腹壁站定以及后腰的控制感，气息稳劲、持久、自如。

(5)找韵律节奏，设计好停顿和气口，找准自己的换气位置，学会偷气换气，发音要清晰圆润，让听众听得明白。

1.老龙恼怒闹老农，老农恼怒闹老龙。农怒龙恼农更怒，龙恼农怒龙怕农。

2.牛郎恋刘娘，刘娘念牛郎。牛郎年年恋刘娘，刘娘连连念牛郎，郎恋娘来娘念郎。

3.老毕篱下脱坯,老季窗西喂鸡。老毕脱坯怕碰跑了老季的鸡,老季喂鸡怕碰坏了老毕的坯。老毕顾及老季,老季顾及老毕。老季喂好鸡没碰坏老毕的坯,老毕脱完坯没碰跑老季的鸡。

4.肩背一匹布,手提一瓶醋,走了一里路,看见一只兔。卸下布,放下醋,去捉兔。跑了兔,丢了布,洒了醋。

5.坡上立着一只鹅,坡下就是一条河。宽宽的河,肥肥的鹅,鹅要过河,河要渡鹅。不知是鹅过河,还是河渡鹅。

6.杨家养了一只羊,蒋家修了一道墙。杨家的羊撞倒了蒋家的墙,蒋家的墙压死了杨家的羊。杨家要蒋家赔杨家的羊,蒋家要杨家赔蒋家的墙。

7.北京有:天安门、地安门、和平门、宣武门、东便门、西便门、东直门、西直门、广安门、复兴门、阜成门、德胜门、安定门、朝阳门、建国门、崇文门、广渠门、永定门。主要繁华商业区有:天桥儿、珠市口儿、前门大栅栏儿、王府井、东单、西单、东四、西四、鼓楼前。如果您想上哪儿,请向我提出,我均可以带路。

我还可以带大家去游览北海、颐和园、天坛、动物园、陶然亭、紫竹院、中山公园、文化宫、香山碧云寺、西山八大处,看看周口店的古猿人、十三陵的地下宫殿、长城八达岭、密云大水库、故宫博物院,再看看雍和宫、白塔寺、清真寺、大钟寺,瞧瞧世界上最古老的大钟,净重46.5吨,您再看看,所有罗汉都有方位,唯独济公没地儿待,在屋梁上趴着的罗汉堂。

8.大宋朝文彦博,幼儿倒有浮球之智,司马温公,倒有破瓮救儿之谋。汉孔融,四岁让梨,懂得谦逊之礼。小黄香九岁温席奉亲,秦甘罗一十二岁身为宰相。吴周瑜七岁学文,九岁习武,一十三岁官拜水军都督,执掌六郡八十一州之兵权,施苦肉、献连环、借东风、借雕翎、火烧战船,使曹操望风鼠窜,险些命丧江南,虽有卧龙、凤雏之相帮,那周瑜也算小孩了当中之魁首。

9.一道黑,两道黑,三四五六七道黑,八九道黑十道黑。我买了个烟袋乌木杆儿,我是掐着它的两头那么一道黑。二姑娘描眉去演戏,照着她的镜子那么两道黑。粉皮儿墙,写川字儿,横瞧竖瞧三道黑。象牙桌子乌木腿儿,把它放着在那炕上那么四道黑。我买了个母鸡不下蛋,把它圈在那个笼里捂到黑。挺好的骡子不吃草,把它拉到在那街上遛到黑。买了头小驴儿不拉磨,背上它的鞍韂骑到黑。姐俩南洼去割麦,丢了她的镰刀拔到黑。月窠儿的小孩儿子得了病,团几个艾球灸到黑。卖瓜籽的打瞌睡,哗啦啦啦撒了那么一大堆,他的扫帚簸箕不凑手,那么一个一个拾到黑。

10.数九寒天冷风嗖,转年春打六九头。正月十五龙灯会,有一对儿狮子滚绣球。三月三,王母娘娘蟠桃会,大闹天宫孙猴儿就把那个仙桃偷。五月初五端阳节,白蛇许仙不到头。七月七,传说是天河配,牛郎织女泪双流。八月十五云遮月,月里的嫦娥犯了忧愁。要说愁咱们净说愁，说一段绕口令儿十八愁：虎也愁，狼也愁，象也愁来鹿也愁，骡子也愁马也愁，猪也愁，狗也愁，牛也愁来羊也愁，鸭子也愁鹅也愁，蛤蟆愁，螃蟹愁，蛤蜊愁，乌龟愁，鱼愁虾愁有分由！虎愁不敢把那高山下，狼愁野心要滑头，象愁嘴憨皮又厚，鹿愁长了一对大犄角。马愁背鞍就行千里，骡子愁它是一世休，羊愁从小把那胡子长，牛愁愁的是犯过牛轴，狗愁改不了那净吃屎，猪愁离不开那臭水沟，鸭子愁扁了它的嘴，鹅愁脑门儿上边儿长了一个“锛儿喽”头。蛤蟆愁长了一身脓疱疥，螃蟹愁的净横搂，蛤蜊也愁闭关自守，乌龟愁的胆小净缩头，鱼愁离水不能游，虾愁空枪乱投没准头。

11.回二奶奶的话，我照奶奶的示下告诉姐姐：外屋桌子上汝窑盘子架儿底下放着一卷银子，那是一百二十两，给绣匠的工钱；等张材家的来，当面称给他瞧了，再给他拿去。平姐姐说：奶奶刚出来，她就把银子收起来了；张材家的来取，已经当面称给他拿去了。平姐姐还叫我回奶奶：刚才旺儿进来，讨奶奶示下，好往那家子去，平姐姐就把那话按着奶奶的主意打发他去了。平姐姐叫旺儿对那家子说：我们奶奶问这里奶奶好。原是我们二爷不在家，虽然迟了两天，只管请奶奶放心。等五奶奶好些，我们奶奶还要会了五奶奶来瞧奶奶呢。五奶奶前儿打发了人来说：舅奶奶带了信儿来了，问奶奶好，还要和这里的姑奶奶寻两丸延年神验万全丹。若有了，奶奶打发人来，只管送到我们奶奶这里。明儿有人去，就顺路给那边舅奶奶带去。

训练提示：“回二奶奶的话”一段，改编自古典名著《红楼梦》第二十七回。

小红本是宝玉的粗使丫头，出身低微，在怡红院不得志。她在《红楼梦》的前八十回中出现的次数不多，但是曹雪芹却将她的形象描写得完整丰满、有棱有角。她还是《红楼梦》中少有的追求上进的正面人物。

小红是个十几岁的小丫头，口齿清晰、逻辑清楚，但给二奶奶王熙凤回话时，应当小心翼翼，同时大大方方，不生不怯，因此不能有油滑世故的感觉。我们要尽量多了解句子里面的人物关系，理清传话中的话语的轮次：第一轮是二奶奶让她传给平儿，也就是“姐姐”的话；第二轮是平儿回二奶奶的话；第三轮是平儿让小红汇报给二奶奶的话。小红说出的这几句话中有十多个“奶奶”，她们各有不同，但是小红却能口齿伶俐、逻辑清晰地向王熙凤准确复述，表现出她超强的语言表达能力。

第二节　绕口令、贯口段子普练部分

绕口令的练习要做到咬字清、归音准，由慢到快做训练。贯口则需要快而不乱、慢而不断，不能一味地追求语速，在熟练背诵的前提下要注意韵律、节奏和起伏变化。

1.断头台倒吊短单刀,歹徒登台偷短刀。断头台塌盗跌倒,对对短刀叮当掉。

2.板凳宽扁担长,扁担没有板凳宽,板凳没有扁担长。扁担想要绑在板凳上,板凳不让扁担绑在板凳上,扁担偏要绑在板凳上。

3.高高山上一条藤,藤条头上挂铜铃。风吹藤动铜铃动,风停藤停铜铃停。

4.颗颗豆子进石磨,磨成豆腐送哥哥。哥哥说我的生产虽然小,可是小小的生产贡献多。

5.春风送暖化冰层,黄河上游漂冰凌。水中冰凌碰冰凌,集成冰坝出险情。人民空军为人民,飞来银鹰炸冰凌。银鹰轰鸣黄河唱,爱民歌声震长空。

6.正月里,正月正,姐妹二人去逛灯,大姐名叫粉红女,二姐名叫女粉红。粉红女身穿一件粉红袄,女粉红身穿一件袄粉红。粉红女怀抱一瓶粉红酒,女粉红怀抱一瓶酒粉红。姐妹找了个无人处,推杯换盏饮刘伶。女粉红喝了粉红女的粉红酒,粉红女喝了女粉红的酒粉红,粉红女喝了一个酩酊醉,女粉红喝了一个醉酩酊。女粉红揪着粉红女就打,粉红女揪着女粉红就拧。女粉红撕了粉红女的粉红袄,粉红女就撕了女粉红的袄粉红。姐妹打罢落下手,自己买线自己缝。粉红女买了一条粉红线,女粉红买了一条线粉红。粉红女是反缝缝缝粉红袄,女粉红是缝反缝缝袄粉红。

7.嘿,你听着。本店备有:贵州的茅台、山西的汾酒、陕西的西凤、河南的状元红、北京的二锅头,还有——五粮液、白沙液、南湖春、芦笛春、双阳大曲、五粮大曲、古井大曲、金凤二曲、红曲酒、阳春酒、月宫酒、樱桃酒、醇香酒、香美酒、山楂酒、通化葡萄酒、白兰地、威士忌、香槟酒,外加啤酒、格瓦斯——您看您是喜欢哪样,你就说话。对了,您要是身体虚弱就请饮用人参酒、鹿茸酒、灵芝酒、花蛇酒、五加皮,还有那专治风湿病的虎骨酒。

8.您说我诌来我就诌,闲来没事啊溜溜舌头,说什么上山吱扭扭,什么下山乱点头,什么有头无有尾,这个什么有尾无有头。什么有腿家中坐,什么没腿游九州,赵州桥什么人修,玉石的栏杆什么人留。什么人骑驴桥上走,什么人推车轧道沟。什么人扛刀桥上站,什么人勒马看春秋。什么人白,什么人黑,什么人的胡子一大堆。什么圆圆在天边,什么圆圆在眼前,什么圆圆长街卖,什么圆圆道两边。什么鸟穿青又穿白,什么鸟穿出皂靴来,什么鸟身披十样锦,什么鸟身披麻布口袋?

双扇门,单扇开,我破的闷儿自己猜。车子上山吱扭扭,金鸡下山乱点头,蛤蟆有头无有尾,蝎子有尾无有头。板凳有腿儿家中坐,小船没腿儿游九州,赵州桥李春修,玉石栏杆儿圣人留。张果老骑驴桥上走,柴王推车轧了一道沟。周仓扛刀桥上站,关公勒马看春秋。罗成白,敬德黑,张飞胡子一大堆。月亮圆圆在天边,眼镜圆圆在眼前,烧饼圆圆长街卖,车轱辘圆圆道两边。喜鹊穿青又穿白,乌鸦穿出皂靴来,野鸡身披十样锦,鹦丽儿身披麻布口袋。

9.给诸位,道大喜,人民政府了不起!

了不起，修臭沟，上边儿先给咱们穷人修。
请诸位，想周全，东单、西四、鼓楼前；
还有那，先农坛、天坛、太庙、颐和园；
要讲修，都得修，为什么先管龙须沟？
都只为，这儿脏，这儿臭，政府看着心里真难受！
好政府，爱穷人，教咱们干干净净大翻身。
修了沟，又修路，好教咱们挺着腰板儿迈大步；
迈大步，笑嘻嘻，劳动人民努力又心齐。
齐努力，多做工，国泰民安享太平！

第十六章　诗词训练

☞知识目标：进一步了解中国传统诗词和现代诗词的特点，初步了解诗词朗诵的基本要求。

☞能力目标：牢固掌握诗词训练中的要点，准确、清晰、完整、流畅、有感情地完成中国传统和现代诗词名篇朗诵，初步具备有声语言艺术创作的综合能力。

诗歌富有韵律，流传广泛，蕴含丰富的内涵和情感，极富表现力和感染力。《毛诗序》中说"诗者，志之所之也。在心为志，发言为诗。情动于中而形于言，言之不足故嗟叹之，嗟叹之不足故永歌之，永歌之不足，不知手之舞之，足之蹈之也。"诗歌本身就是用来传唱和吟诵的，因此特别适合作为有声语言创作与传播的材料。

训练提示：(1)朗诵前一定要熟悉诗歌文本，对诗歌的形式、诗歌创作的背景进行深入的了解，理解感受作者的写作心境、作品的主题内容，深刻体会作品的整体意蕴，同时展开丰富的想象。

(2)要确定朗诵的基调和节奏，合理调动情感、声音和气息，完成对诗歌作品的有声语言创作表达。常用的基本表达手段有：重音、停顿、语速、语调等，初学者最好做笔记和文案，把自己想要运用的技巧标记出来。

(3)正音时，查字典，听示范，找到诗词里面容易读错的字词，找出自己容易出错的声韵调等语音问题。

(4)调整好口腔基本状态与胸腹联合式呼吸法的基本状态，咬字器官各部位要有综合控制和配合，吐字清晰、饱满、响亮。

第一节 古诗词朗诵训练

春 晓

〔唐〕孟浩然

春眠不觉晓，处处闻啼鸟。
夜来风雨声，花落知多少。

训练提示：本诗为古体诗，仄声收尾，一定要很好地呈现上声 214 先降后升的特点。注意声音在低降调持续时，气息要托住，不要压喉。

前两句是写诗人早上醒来后看到的景物，朗诵时起音要用平和、舒缓的语调，音量不要过大。“鸟”字的尾音上扬，表现出诗人见到的是春光明媚、鸟语花香的明朗景象。后两句写诗人想起昨天夜里又刮风又下雨，不知园子里的花被打落了多少。在读“花落知多少”时，要想象出落花满园的景象。可重读“落”字，让“落”字起调高些，用气息托住低音，再逐渐减轻“知多少”三个字的音量，加强口腔咬字力量，表现出诗人对落花的惋惜之情。

清 明

〔唐〕杜牧

清明时节雨纷纷，路上行人欲断魂。
借问酒家何处有，牧童遥指杏花村。

天净沙·秋思

〔元〕马致远

枯藤老树昏鸦，
小桥流水人家，
古道西风瘦马。
夕阳西下，断肠人在天涯。

虞美人

〔五代〕李煜

春花秋月何时了？往事知多少！小楼昨夜又东风，故国不堪回首月明中。

雕栏玉砌应犹在，只是朱颜改。问君能有几多愁？恰似一江春水向东流。

白雪歌送武判官归京

〔唐〕岑参

北风卷地白草折，胡天八月即飞雪。
忽如一夜春风来，千树万树梨花开。
散入珠帘湿罗幕，狐裘不暖锦衾薄。
将军角弓不得控，都护铁衣冷难着。
瀚海阑干百丈冰，愁云惨淡万里凝。
中军置酒饮归客，胡琴琵琶与羌笛。
纷纷暮雪下辕门，风掣红旗冻不翻。
轮台东门送君去，去时雪满天山路。
山回路转不见君，雪上空留马行处。

定风波

〔宋〕苏轼

三月七日，沙湖道中遇雨。雨具先去，同行皆狼狈，余独不觉。已而遂晴，故作此词。

莫听穿林打叶声，何妨吟啸且徐行。竹杖芒鞋轻胜马，谁怕？一蓑烟雨任平生。

料峭春风吹酒醒，微冷，山头斜照却相迎。回首向来萧瑟处，归去，也无风雨也无晴。

一剪梅

〔宋〕李清照

红藕香残玉簟秋。轻解罗裳，独上兰舟。云中谁寄锦书来？雁字回时，月满西楼。

花自飘零水自流。一种相思，两处闲愁。此情无计可消除，才下眉头，却上心头。

第二节 现代诗词朗诵训练

再别康桥

徐志摩

轻轻的我走了，
正如我轻轻的来；
我轻轻的招手，
作别西天的云彩。

那河畔的金柳，

是夕阳中的新娘；
波光里的艳影，
在我的心头荡漾。

软泥上的青荇，
油油的在水底招摇；
在康河的柔波里，
我甘心做一条水草！

那榆荫下的一潭，
不是清泉，是天上虹；
揉碎在浮藻间，
沉淀着彩虹似的梦。

寻梦？撑一支长篙，
向青草更青处漫溯；
满载一船星辉，
在星辉斑斓里放歌。

但我不能放歌，
悄悄是别离的笙箫；
夏虫也为我沉默，
沉默是今晚的康桥！

悄悄的我走了，
正如我悄悄的来；
我挥一挥衣袖，
不带走一片云彩。

训练提示：朗诵本诗时在感情色彩的分寸把握上要细腻准确，既不能悲悲戚戚，又不能情趣盎然、轻松愉快。

朗诵诗的标题时应气徐声柔，“康桥”二字拉开稍高并放慢，既表现别时环境的幽静，也表现一种深情留恋。

第一小节表现诗人与他热爱、眷恋的康桥告别时不愿打扰康桥，与之悄然分别的情景。这一小节的声音低轻，语速舒缓，切不可轻松明朗或沉重呆滞，从而破坏诗的飘逸灵动。诗中三个“轻轻”的表达要有区别，第一个“轻轻”声音虚而低，突出走时心中的伤感；第二个“轻轻”可以处理得稍高且长，表现对来时情景的回忆；第三个“轻轻”稍高且亮，把告别回忆的状态与抬眼看见云彩和抬手作别云彩的动作相区别。

第二小节开始，诗人的目光从西边的云彩转移到一幅幅清新明艳的康河晚景，朗诵时要表现爱之弥深，别离愈难的心境。

第三小节诗人目光从水中艳影前移到水中青草，由于观赏视线低且集中，水草具有柔嫩纤弱等特点，声音要比第二小节低平，轻巧细腻，感情上突出羡慕水草、想做水草的心愿。

第四、五小节诗人面对荡漾着绚丽晚霞的碧水，不禁心动神摇，欲放声高歌，抒发难以抑制的赞美之情。“向青草更青处漫溯”一句感情达到高潮，声音逐渐加强，要有一浪高过一浪的感觉。

第六小节诗人激动的情绪突转，又回到离愁别绪的淡淡忧伤中。这个小节是诗人情绪起与伏的过渡，声音转低、轻、慢。

第七小节仍是表现诗人与康桥告别，但此时是诗人情绪波动后归于平静的告别，在语气的把握上要比第一小节轻松、洒脱，声音要比第一小节稍高、稍快。

卜算子·咏梅

毛泽东

风雨送春归，飞雪迎春到。
已是悬崖百丈冰，犹有花枝俏。

俏也不争春，只把春来报。
待到山花烂漫时，她在丛中笑。

为江南死国难者志哀

周恩来

千古奇冤，江南一叶。
同室操戈，相煎何急？

我爱这土地

艾青

假如我是一只鸟，
我也应该用嘶哑的喉咙歌唱：
这被暴风雨所打击着的土地，
这永远汹涌着我们的悲愤的河流，
这无止息地吹刮着的激怒的风，
和那来自林间的无比温柔的黎明……
——然后我死了，
连羽毛也腐烂在土地里面。

为什么我的眼里常含泪水？
因为我对这土地爱得深沉……

热爱生命

汪国真

我不去想是否能够成功
既然选择了远方
便只顾风雨兼程

我不去想能否赢得爱情
既然钟情于玫瑰
就勇敢地吐露真诚

我不去想身后会不会袭来寒风冷雨
既然目标是地平线
留给世界的只能是背影

我不去想未来是平坦还是泥泞
只要热爱生命
一切,都在意料之中

我愿意是急流

〔匈牙利〕裴多菲

我愿意是急流,
是山里的小河,
在崎岖的路上、
岩石上经过……
只要我的爱人
是一条小鱼,
在我的浪花中
快乐地游来游去。

我愿意是荒林,
在河流的两岸,
对一阵阵的狂风,
勇敢地作战……
只要我的爱人
是一只小鸟,
在我的稠密的
树枝间做窠,鸣叫。

我愿意是废墟,
在峻峭的山岩上,
这静默的毁灭
并不使我懊丧……
只要我的爱人
是青青的常春藤,
沿着我荒凉的额,
亲密地攀援上升。

我愿意是草屋,
在深深的山谷底,
草屋的顶上
饱受风雨的打击……
只要我的爱人
是可爱的火焰,
在我的炉子里,
愉快地缓缓闪现。

我愿意是云朵,
是灰色的破旗,
在广漠的空中,
懒懒地飘来荡去,

只要我的爱人
是珊瑚似的夕阳，
傍着我苍白的脸，
显出鲜艳的辉煌。

一棵开花的树

席慕蓉

如何 让你遇见我
在我最美丽的时刻　为这
我已在佛前　求了五百年
求它让我们结一段尘缘

佛于是把我化作一棵树
长在你必经的路旁
阳光下慎重地开满了花
朵朵都是我前世的盼望

当你走近　请你细听
那颤抖的叶是我等待的热情
而当你终于无视地走过
在你身后落了一地的
朋友啊　那不是花瓣
是我凋零的心

多情自古江南雨

周　聪

都说雨中的江南最有味道。
我在蒙蒙细雨中，彻底感受到江南水乡的神韵。

站在廊棚下，听滴滴答答的雨，
打在古老的琉璃瓦上，打在青石板上，
总有一种平平仄仄的韵律感。

看柔柔的雨丝，
顺着屋檐，串串珠儿似的洒落，
淅淅沥沥地落在烟雨蒙蒙的河里，感觉别有一番风味。

江南的雨，像牛毛，像花针，像细丝，
密密而斜斜，绵绵而潇潇，
似烟似雾，似幻似梦，为江南披上了一层神秘的面纱。

诗人们是从来都不会错过，这擦肩而过的灵感。
戴望舒的一首《雨巷》，把梅雨时节，江南小巷，渺茫、朦胧的美渲染得淋漓尽致。

江南的雨，惆怅，委婉。
绵绵的雨丝，像扯不完的银线，淅淅沥沥从早到晚下个不停。
这样的时候，很容易勾起人们对如烟往事的怀恋。

雨中的沈园，带来潮湿的忧思和惆怅，
那经久不衰的凄婉的爱情故事，总会浮现在眼前。
还有那座在梦里走过千百次的断桥，
那些雨中静默着的依依杨柳，
总会告诉人们一个个千古流传，
永不褪色的情感故事。

江南的雨，轻盈、柔和，
像一种淡淡的香气，不断弥散开来。

“一方水土养一方人”。
江南女孩，在雨的滋润下，
变得柔声细语，美丽动人。
她们淡雅而不失芬芳，带着雨的晶莹和剔透，
甜甜地走入你的心里。

江南的雨，淡雅、缥缈，
你放眼看去，整个天地，笼在袅袅的烟雾里。

当柔柔细雨飘过江南古朴的小镇，
小镇便有了一种古典的忧郁，美得让你心动。

当你泛舟西湖上,体会着“山色空蒙雨亦奇”味道时,
即使你不是诗人,也会被这诗意的景象所感染,
空灵的天幕,无垠的湖面,
缠绵的烟柳,都如诗如画。

江南的雨,是婉约的雨。
江南的雨,如梦,如诗,如歌,如韵!

第十七章 寓言故事训练

☞知识目标：初步了解寓言故事的特点，掌握寓言故事讲述的基本要领。

☞能力目标：牢固掌握寓言故事讲述训练中的要点，准确、清晰、完整、流畅、有感染力地完成有一定难度的寓言故事讲述，初步具备有声语言艺术创作的综合能力。

寓言故事大致可分为启示类和故事类。启示类的寓言重点是讲清楚起因、经过、结果和意义，要有层次感，把握好逻辑关系，情感处理要细腻。

在故事类的寓言中，朗读者为转述者，要把作品中的场景、人物、故事、主旨等要素生动、鲜明、完整、深刻地表达出来。

朗读寓言故事时，要注意朗读者不是表演者，而是传播者和领路人，不要卖弄技巧、哗众取宠，应该使听者能够身临其境，产生丰富的遐想，进而领悟作品讲述的内容和道理，接受作者的创作意图。

第一节 启示类的寓言

疑邻盗斧

从前，乡下有一个人，他在自家的地窖中储存种子的时候，将一把斧头忘了从地窖中带出来。

几天以后，他又要用斧头时，才发现自家的斧头不见了。放在自己家的斧头到哪里去了呢？他在自己家的门后面、桌子下面、堆柴草的房里找了个遍，还是没有找到，他就怀疑斧头是被他邻居家的儿子偷去了。到底是不是邻居家的儿子偷了呢？没有证据不能乱讲。于是，他仔细地观察邻居家的儿子，觉得是他偷了斧头。看他那走路的样子，很像是偷了斧头的，不仅如此，连他的神态、动作、表情也像，甚至他说话时的声调，都像是偷了斧头一样。总之，越看越像，几乎可以肯定，就是他偷了自家的斧头！

又过了几天,这个人又要到地窖去储存物品了。当他打开地窖门,下到地窖里的时候,发现那把不见了好多天的斧头正躺在自家地窖里的地面上。

第二天,这个人再去看邻居家的儿子的时候,他的一举一动、一言一行,就连笑的神态,一点儿也不像是偷斧头的样子了。

雄鸡与鸿雁

有个叫田饶的人,在鲁哀公身边做事已经好几年了,可是鲁哀公并不了解田饶的远大志向,总是待田饶平平的。田饶的才智得不到施展,他决意离开鲁哀公到别国去。

田饶对鲁哀公说:“我打算离开您,像鸿雁那样远走高飞。”

鲁哀公不明白田饶的意思,问道:“你在这里不是很好吗?为什么要走呢?”

田饶说:“大王您经常见到那雄鸡吧!您看它头上戴着大红的鸡冠,非常文雅;它双脚长有锋利的爪子,十分英武;它面对敌人时毫不畏惧敢斗敢拼,格外勇敢;它看见食物时总是‘咯咯’叫着招呼同伴们一起来享用,特别仁义;它还忠于职守,早起报时从不误事,极其守信。尽管雄鸡有这么多长处,可是大王还是漫不经心地吩咐把它煮了吃掉。这是什么原因呢?因为雄鸡经常在您身边,您每天见惯了它,习以为常,它的光彩在大王眼里便黯然失色,大王感觉不到它的那些杰出的优点与才能。而那鸿雁,从千里之外飞来,落在大王的水池边,它啄吃大王池中的鱼鳖;落在大王的田园里,毁坏大王的庄稼。鸿雁尽管没有雄鸡的那些长处,可是大王依然很器重鸿雁。这又是为什么呢?因为鸿雁是从遥远的地方来的,大王对它怀有一种神奇感,它的一切作为,大王都认为是非常伟大的。所以,请大王让我也像鸿雁一样远走高飞吧。”

庄子辞聘

庄子在濮水河边钓鱼。楚王听说庄子是一位很有才华的隐士,便想让他出山,辅佐自已治理好楚国,于是便派两个使者带着厚重的礼物前去寻找他。使者沿着河边找了好多天,终于在濮水的转弯处找到了庄子。

庄子坐在濮水边,头上戴着一顶草帽,眼睛紧紧盯着河面。两位使者不敢惊动庄子,只得轻轻地走上前去,对庄子说:“我们大王早就知道您的大名,想请您去楚国做宰相,协助楚王料理国事,所以派我们来请您。”

庄子手里拿着鱼竿一动也不动,就像没听见一样。两个使者没办法,只好又说了一遍。等了好半天,庄子转过头看看两位使者,开口说道:“我听说楚国有一只大神龟,已经死了三千年了,楚王把它装在一个珍贵的盒子里,供奉在庙堂之上,是这样吗?”

两位使者忙点头说:“是的,是的。”

庄子又说:“那么请问二位,这只神龟是情愿死了,留下几块骨壳受人尊重呢,还是宁愿活着拖着尾巴在泥里爬呢?”

两位使者不明白庄子的用意,不假思索地回答说:“这还用说吗!俗话说,好死不如赖活着,当然是宁愿活着拖着尾巴在泥里爬了。”

庄子听了哈哈大笑,弄得使者莫名其妙。突然,庄子止住笑,对使者说:“你俩回去吧!告诉楚王,就说我宁愿像乌龟在泥里拖着尾巴爬,也不愿被供奉在庙堂上。”

使者这才明白庄子的意思,又劝庄子说:“楚王送你千金,许以为相,您还是赴任为好。”庄子说:“千金是重利,相国是尊位,但你们见过用作祭祀的牺牛吗,人们把它喂养长大,然后送入太庙,宰杀后作祭祀品。你们去吧,我不会为国事所羁,我决心终身不仕,以快我的志向啊!”两使者没有办法只好回去了。

东施效颦

春秋时期,越国有个名叫西施的姑娘,她非常美丽、漂亮,一举一动也很动人。她有心口疼的疾病,犯病时总是用手按住胸口,紧皱眉头。因为人们喜欢她,所以她这副病态,在人们眼里也妩媚可爱,楚楚动人。

西施的邻村有个丑姑娘叫东施,总是想方设法打扮自己。有一次在路上碰到西施,见西施手捂胸口,紧皱眉头,显得异常美丽。她想:“难怪人们说西施漂亮,原来是做出这种样子。如果我也做这个姿势,肯定就变漂亮了。”于是她就开始模仿西施的病态。结果人们见了原本就丑的她,现在变成这种疯疯癫癫的样子,像见了鬼一样,避之唯恐不及。

不识时务

东汉献帝时,政权完全操纵在大臣的手中,汉室面临危机。作为皇室的子孙,刘备想找机会挽救汉朝的危机,可是他始终找不到好的根据地。

有一天他特地去拜访当时很有才学的隐士司马徽。司马徽被他的诚心感动了,问明了情况后对刘备说:“你之所以没有很好的机会,是因为你没有好的人才帮助你。”刘备想了一会儿,不明白地说:“帮助我的人都很有才华,糜竺和简雍两人能文,张飞和关羽能武。他们都是很优秀的人才呀!”司马徽笑着说:“他们确实很有潜力,可惜都是没有经验的年轻人,不知道时事,更不明白该如何来适应时代的潮流。你要找的应该是懂得人情事理,能够通权达变的人。这样的人来帮助你,才能完成统一大业。”

我们说要想打败敌人,就得做到知己知彼。其实在我们的人生中,有无数大大小小的选择,我们都要根据现实情况作出抉择。因此,了解自身和时事是非常重要的。

第二节 故事类的寓言

故事类寓言中的不同的角色要求朗读者的语言更形象化、声音形式更富于变化,需要运用动作和表情来配合有声语言艺术表达。

猕猴救月

在一座幽静的森林中，住着一群猕猴。一天晚上，猕猴们到森林外面玩，有一只最小的猕猴来到水潭边。它探头往潭里一看，吓得大叫起来："不得了啦！不得了啦！月亮掉进潭里去啦！"猕猴们听到喊声，一窝蜂跑到潭边。它们纷纷探头向潭里望去，果然潭里有个又圆又大的月亮。

猕猴们又跑到猴王面前，争先恐后地报告猴王说，"大王，大王，您知道吗？月亮掉到潭里去了！"

"大王，我们赶紧去把月亮捞上来，放到原来的地方去吧。"

猴王想了想，说："好吧！我们想个办法把月亮捞上来！"

那只最小的猕猴问："潭那么深，我们怎么捞月亮呢？"

是呀，怎么捞呢？这群猕猴你看看我，我看看你，都没了主意。突然，一只聪明的猕猴叫道："我有一个好办法。我用手，抓住一只猴子的脚，它再用手，抓另一只猴子的脚，这样连成一串，不就能把月亮捞出来了吗？"

大家都说这个办法好。于是，一只猕猴爬上树，用脚攀住一根枝条，然后倒吊下来，用手抓住另一只猕猴的脚。这只猕猴也倒吊下来，再用手抓住另一只猕猴的脚。就这样，一只一只连起来，一直连到潭边。

最小的猕猴在最下面，它伸出手去，到水里去捞月亮。它一捞，水面被搅出许多的波纹，月亮变成了一块块碎片。小猕猴吓得赶紧缩回手来，叫道，"不好了！月亮碎啦！"

猕猴们纷纷探头张望。这时，水面又恢复了平静。抓住小猕猴脚的那只猕猴看到月亮还好好的，生气地说："你瞎嚷嚷什么，月亮不是好好地在那里吗？"小猕猴低头一看，咦？月亮果然还是圆圆的，一点儿也没有碎。它又伸手去捞。这时，树枝突然断了，猕猴们一起掉进了潭里。

掉在井里的狐狸和公山羊

一只狐狸失足掉到了井里，它不论如何挣扎都没法爬上去，只好待在那里。公山羊觉得口渴极了，来到井边，看见狐狸在井下，便问它井水好不好喝？狐狸觉得机会来了，心中暗喜，极力赞美井水好喝，说这水是天下第一泉，清甜爽口，并劝山羊赶快下来，与它痛饮。一心只想喝水信以为真的山羊，便不假思索地跳了下去，当它咕咚咕咚痛饮完后，就不得不与狐狸共商上井的办法。狐狸早有准备，它狡猾地说："我倒有一个方法。你用前脚扒在井墙上，再把角竖直了，我从你后背跳出井去，再拉你上来，我们就都得救了。"公山羊同意了狐狸的提议。狐狸踩着山羊的后脚，跳到它背上，然后再从角上用力一跳，跳出了井口。狐狸上去以后，准备独自逃离。公山羊指责狐狸不守诺言。狐狸回过头对公山羊说："喂，朋友，你的头脑如果像你的胡须那样完美，你就不至于在没看清出口之前就盲目地跳下去了。”

这个故事说明，聪明的人应当事先考虑清楚事情的结果，然后才去做。

使坏的黑乌鸦

乌鸦的巢建在枝头，狐狸的窝安在树下的洞里。不知什么时候，狐狸得罪了乌鸦，黑乌鸦便记恨心头。这是一只歹毒的乌鸦，它表面不动声色，心里一直盘算着如何报复。

树洞里新添了一只小狐狸，小家伙活泼又可爱。黑乌鸦发现机会来了，它当着狐狸妈妈的面，左一个“天才”，右一个“神童”地猛夸。狐狸妈妈很快将乌鸦当成了大好人。

黑乌鸦亲热地问小狐狸：“你爱吃什么？”

“新鲜的肉。”小狐狸天真地回答。

“太好了。”黑乌鸦嚷道。于是，它想方设法叼来了小麻雀、小鸡仔，每次都让小狐狸吃个饱。

“你喜欢穿什么？”黑乌鸦殷勤地问。

“皮袄。”小狐狸晃着尾巴答道。

“妙极了，妙极了！”黑乌鸦连声说。接着弄来了兔子皮、松鼠皮等制作的皮袄。

小狐狸贪玩，乌鸦从空中指点，让小狐狸钻篱笆乱窜，在菜地里打滚……

时间一天天过去，小狐狸成了一个又懒又馋、狡诈捣蛋的小流氓，谁都厌恶它，谁都远远地避开它。有只喜鹊向乌鸦打听道：“原来很可爱的小狐狸，如今怎么会变成这个样子？”

“对不起，这是我的功劳。”黑乌鸦得意地说：“小狐狸的任何要求，我统统满足，哈哈，果然灵验，小狐狸终于变坏了！”

“你这只黑乌鸦，真是一肚子坏水啊！”花喜鹊愤愤地骂了一句，一展翅，赶紧飞走了。

第十八章　新闻播读训练

☞知识目标：初步了解新闻的特点，了解完成新闻播读对语音发声的基本要求。

☞能力目标：牢固掌握新闻播读训练中的要点，准确、清晰、完整、流畅地完成新闻播读，初步具备语音发声综合能力。

新闻播读，本质是传达刚刚发生的新鲜事，文本含有大量受众未知的新信息。因此播读的时候要准确、清晰、流畅地把新闻的内容讲清楚。

需要准确把握新闻播读中的重音、停连，尤其注意新闻中的关键词、数字的表达。

体会对气息的控制，尤其注意在句尾、句首的接续和声断意不断前提下的气息补充。

新闻播读不是念稿子，播读过程中渗透着播者对新闻的理解，播者就是要把这种理解和感受真切地传达给受众。不同的新闻稿件类型在处理方式上也有所不同。新闻稿件包括消息、评论等多种类型。本章的训练以新闻消息为主要训练内容。

首批“北京绿卡”发放

北京市人事局局长辛铁梁介绍，工作居住证制度最本质的意义有两个：一是市民待遇，二是柔性流动。给予持有工作居住证者在“子女入学、购房购车、创办企业、申办出国、科技资助、职称评审、参加保险”等方面以市民待遇，从而为各类人才来京创业工作提供了更灵活、更有效的生活、工作保障。

因此，工作居住证制度中的“市民待遇”原则上解决了流动人才的生活、工作环境问题。而“柔性流动”则解决了人才流动机制问题。对于北京急需的紧缺人才，可以项目、课题、工程为纽带，建立户口不迁、关系不转、双向选择、智力流动、来去自由的人才“柔性流动”新模式，积极探索“不求所有、但求所用”的人才引进机制，使国内外各类人才和智力为首都经济和社会发展服务。

北京市金象大药房医药连锁有限公司的高级经济师范文利女士是首批拿到“北京绿卡”的百名幸运儿之一。她高兴地表示：“拿到了绿卡，受益最大的是我的孩子，女儿在入学时碰到的赞助费等问题相信会有很好的解决。北京市人事局在发放绿卡的过程中工作效率非常高，自己对此很满意。”

训练提示：新闻稿件播读在语音上须纯正规范，避免方音，确保字音清晰可辨；吐字要做到准确有力、圆润饱满，字头叼住、字腹拉开、字尾收准，让每个音节都清晰传递；气息控制稳健持久，根据语句长短和情感起伏合理调节气息，保证声音的支撑力和连贯性；语气则要客观中立，依据稿件内容把握恰当的情感基调，既不过分夸张也不平淡乏力，通过语气的细微变化体现新闻的真实性与严肃性，同时传递出信息的轻重缓急。

文稿内容	易错字音	主题语句	关键词（重音）	播读建议
北京市人事局局长辛铁梁介绍，工作居住证制度最本质的意义有两个：一是市民待遇，二是柔性流动。**给予**持有工作居住证者在“子女入学、购房购车、创办企业、申办出国、科技资助、**职称**评审、参加保险”等方面以市民待遇，从而为各类人才来京创业工作提供了更灵活、更有效的生活、工作保障。	1.给予(jǐyǔ) 2.职称(zhíchēng)	人事局 辛铁梁 工作居住证制度	1.市民 2.柔性 3.灵活 4.有效	1.强调“市民”和“柔性”两个重音，放慢语速并扬起语势。 2.“市民待遇”前的七个四字词，应该不紧不慢地一气呵成，它们之间的顿号要处理成连接。 3.突出“灵活”“有效”，强调这一举措的作用效果，以引起人们的注意。 补充说明：“‿”为连接号，注意语势的连续性。
因此，工作居住证制度中的“市民待遇”原则上解决了流动人才的生活、工作环境问题。而“柔性流动”则解决了人才流动机制问题。对于北京急需的紧缺人才，可以∧项目、课题、工程为纽带，建立∧户口**不迁**、关系**不转**、双向选择、智力流动、来去自由的人才“柔性流动”新模式，积极探索∧“**不求**所有、但求所用”的人才引进机制，∧使国内外各类人才和智力∧为首都经济和社会发展服务。	1.不(bù)迁 2.不(bù)转 3.不(bù)求 注：“不”在单念、词句末尾，非去声前均读原调去声	“市民待遇” 流动人才 人才引进机制	1.柔性 2.机制	1.“柔性”“机制“作为重音，和后面的句子做连接处理，以提示人们接下来的内容是对“柔性”的说明。 2.“紧缺人才”的后面也要注意连接，“可以”的后面做顿挫处理。“纽带”后面做连接处理，“建立”后面做顿挫处理，以显示具体有哪些政策。“建立”后面的五个四字词，可直连起来。 3.“‘柔性流动’新模式”后面做连接处理。“积极探索”后要有一个顿挫处理，让“不求所有、但求所用”的思路更鲜明。 4.“人才和智力”的后面做顿挫处理，以表达出最终要达到的目的是“为首都经济和社会发展服务”。这个句子是整个层次的结尾，所以整体上的语势要稳中见收。

续表

文稿内容	字音	主题语句	关键词（重音）	播读建议
北京市金象大药房医药连锁有限公司的高级经济师范文利女士是首批拿到“北京绿卡”的百名幸运儿之一。她高兴地表示：“拿到了绿卡，受益最大的是我的孩子，女儿在入学时碰到的赞助费等问题∧相信会有很好的解决。北京市人事局在发放绿卡的过程中工作效率非常高，自己对此很满意。”	注意助词“的、地”的轻声处理，要清晰但不过重	北京市人事局在发放绿卡的过程中工作效率	1.高级经济师 2.首批 3.百名	1.重读“高级经济师”，以强调北京绿卡的发放政策是偏向于引进高级人才的。 2.“幸运儿之一”后面是一个句号，但停顿的时间不要过长，因为要表现出她的急切心情，应该做连接处理。 3.“我的孩子”后面做连接处理。“赞助费等问题”的后面要有顿挫，以显现出她的愿望之迫切。这之后的句号，做顿挫处理，不用强调后面的内容。

一、新闻标题播读

新闻标题1.中国成功发射载人航天飞船，迈出航天领域新的重要一步

训练提示：语音清晰洪亮，“成功发射”“重要一步”吐字加重，体现自豪感。气息稳健托住长句，句尾保持气息不泄。语气庄重、自豪，节奏由稳到扬，在“重要一步”处略作停顿并加重，突出里程碑意义，整体要昂扬有力，传递振奋情绪。

新闻标题2.消费升级助推经济复苏，中国市场成为全球经济增长引擎

训练提示：语音平实中带积极，“消费升级”“经济增长引擎”吐字清晰有分量，咬字轻而不飘。气息均匀流畅，语气积极自信，尾句“引擎”上扬，凸显中国市场的活力与影响力，传递信心与期待。

新闻标题3.创新技术助力医疗行业迈向智能时代

训练提示:语音明快清晰,"创新技术""智能时代"吐字轻巧有朝气,气息稍显灵动,语气兴奋、前瞻,带期待感,展现行业发展的新趋势。节奏由平到升,在"智能时代"处略作停顿并上扬,突出未来感。

新闻标题4:国际合作取得重要突破,世界各国共同应对气候变化

训练提示:语音沉稳庄重,"国际合作""共同应对"吐字扎实,强调协作性。气息深沉持久,语气平和中含坚定,节奏平稳。尾句"气候变化"稍降,体现全球共识与责任感。

新闻标题5:武大靖破冰:短道速滑世界杯上海站中国首金诞生

训练提示:语音富有激情,"破冰""首金诞生"吐字急促有力,突出瞬间的激动。气息先抑后扬,语气激动、振奋,节奏由紧到松,在"首金诞生"处加重并上扬,传递胜利的喜悦与振奋。

二、新闻稿件正文播读

(一)民生新闻播读

央视网消息:农忙正当时,各地抢抓农时,因地制宜做好春耕春管,夯实丰收基础。

东北春耕备耕进度加快。今年,吉林省预计建设高标准农田1,000万亩。在洮南,数十台机械正在"客土回填"、培肥地力,为4月中下旬大面积玉米播种做准备。在黑龙江庆安,水稻浸种催芽工作启动,智能化浸种催芽车间能够实时控水控温,确保催出的芽种质量好、标准高。在辽宁铁岭,仓库的种子、化肥等农资准备送往田间地头。当前,辽宁全省种子、化肥、农药等春耕物资下摆入户近五成。

南方水稻生产抓紧进行。在湖南沅江智能化育秧车间,全自动育秧流水线以每小时2,400盘的效率全速运转,育秧车间外,搭载着精准喷灌系统的运输平台将秧盘以每秒0.8米的速度精准投送至指定田块。广西玉林早稻插秧面积超100万亩,占计划种植面积的58%以上。在玉州区,装有北斗导航自动驾驶系统的插秧机能够实现直线插秧,保证秧苗间距均匀。

各小麦产区春管更精细。湖北1,500万亩小麦进入孕穗期,在孝昌,搭载北斗导航系统的植保无人机既能精准喷药、高效施肥,还能实时监测农作物生长。在新疆阿克苏,

冬小麦采用滴灌技术，结合水肥一体化管理，可实现节水、节肥、省工多重效益。在山东博兴，大型喷灌机配备墒情、虫情、苗情监测仪，通过大数据、云平台、互联网和智能控制等技术，实时采集和监测田间环境数据，高效完成田间管理。

训练提示：播读民生新闻时，语音要清晰、质朴，体现民生内容的贴近性。在播读这则新闻时，像“春耕春管”“客土回填”“浸种催芽”等农业专业用语，要咬准音、发清字，让受众明晰农事操作；播报数据如“1 000 万亩”“每小时 2 400 盘”等，吐字清晰精准，凸显信息的可信度。气息控制上，因内容是对多地春耕场景的叙述，语句相对规整，可保持平稳、匀速的气息支撑，依据段落转换进行适度调整，比如从东北春耕转到南方水稻生产时，气息稍作衔接过渡，让播报流畅自然。语气整体亲切、平实，带着对农时农事的关注与重视，讲述东北春耕进度加快、南方水稻生产推进、小麦产区春管精细等内容时，语气中融入积极的情感，体现对农耕有序开展、夯实丰收基础的欣慰与期待，传递出民生新闻接地气、暖人心的特质。

（二）时政新闻播读

新华社北京 6 月 30 日电 中共中央政治局 6 月 30 日下午就健全落实中央八项规定精神、纠治“四风”长效机制进行第二十一次集体学习。中共中央总书记习近平代表党中央，向全国广大共产党员致以“七一”的节日问候！他在主持学习时强调，自我革命是我们党跳出治乱兴衰历史周期率的第二个答案，从抓作风入手推进全面从严治党是新时代党的自我革命一条重要经验。推进党的自我革命，要在提高认识、增强党性、规范权力运行、从严监督执纪、履行管党治党责任等方面进一步落实到位。

训练提示：播读时政新闻时，语音要准确清晰、庄重规范，体现时政新闻的严肃性。吐字应饱满有力，做到字正腔圆，尤其是专有名词和重要表述不能出错。气息控制要平稳，保证声音的连贯性和力度，以体现新闻的权威性。语气要坚定、沉稳且带有敬意，在播读习近平总书记向党员致以节日问候时，可适当融入亲切之感，但整体保持严肃认真，准确传达出新闻所蕴含的重要精神和意义。

（三）体育新闻播读

6 月 22 日，在 WTA500 柏林站女单决赛中，中国球员王欣瑜首盘浪费两个发球胜盘局和六个盘点，遗憾以 1∶2 负于前温网冠军万卓索娃，获得亚军，无缘职业生涯巡回赛单打首冠。

去年在本站比赛中，王欣瑜搭档郑赛赛获得女双冠军。今年重回福地，虽然没能最终夺冠，但王欣瑜从资格赛开始连赢六场，且连克四位世界排名前 20 的球员，闯入职业生涯首个 WTA 巡回赛单打决赛，已经迎来全新突破。温网继续加油！

训练提示：播读体育新闻时，吐字清晰利落，语音要鲜活有张力，契合体育赛事的动感氛围。在播读这则新闻时，像“王欣瑜”“万卓索娃”等人名，“WTA500”“温网”等专业词语，发音精准、咬字扎实，突出赛事信息的清晰传递；“浪费两个发球胜盘局”“连赢六场”这类体现比赛进程与成绩的内容，吐字有力度，凸显赛事的紧张与精彩。气息控制上，依据赛事进程的起伏调整，如叙述决赛失利遗憾时，气息稍显沉缓；讲到连克强敌、突破自我时，气息增强支撑，让节奏更具动感。语气整体要饱含情感，既有对错失冠军的惋惜，又有对球员突破的欣喜与鼓励。播读“无缘职业生涯巡回赛单打首冠”时，可稍带遗憾；播读“迎来全新突破”“温网继续加油”时，语气转为振奋、期许，传递体育新闻的热血与激励感，让受众共情赛事的喜忧与运动员的拼搏。

(四)财经新闻播读

截至 6 月 30 日，共有 28 家 A 股上市公司发布了 2025 年上半年业绩预告。其中，有 19 家公司预计上半年净利润呈现不同程度的增长。

大多数预计利润增长的公司在公告中表示，业绩向好得益于国际市场的拓展、毛利率提升、产品结构调整、降本增效等因素。

科信创智有限公司总经理李正告诉记者，从已发布业绩预报的上市公司情况来看，科技板块的景气度比较高，这背后是 AI 驱动、政策扶持、全球需求复苏等因素共同推动的结构性红利，因此业绩增长的公司主要集中在多个高门槛细分领域。

康健生物科技股份有限公司(以下简称“康健生物”)的公告显示，公司紧跟多肽行业发展趋势，持续拓展国内外营销市场，加大产品销售力度。2025 年上半年，多肽原料药业务表现较好，业绩同比实现较大增长，净利润同比显著提升。康健生物预计 2025 年半年度实现归属于母公司所有者的净利润 7,702.75 万元至 9,414.48 万元，与上年同期相比，增加 5,523.99 万元至 7,235.71 万元，同比增长 253.54% 至 332.10%。

训练提示：播读财经新闻时，吐字清晰准确，语音要沉稳、专业，契合财经内容的严谨性。在播读这则新闻时，像“A 股上市公司”“净利润”“毛利率”等专业词语，发音规范、咬字扎实，突出财经信息的精准；涉及数据和公司名称，吐字干脆利落，确保信息清晰传递。气息控制上，因内容有数据罗列和行业分析，须保持均匀、持续的气息支撑，在段落转换时，稍作气息调整，让播报节奏平稳、层次分明。语气整体客观、理性，展现财经新闻的专业性。叙述业绩增长、因素分析时，以沉稳语气传递信息，凸显财经动态的严谨与重要，结尾处数据陈述保持理性客观，让受众清晰接收财经资讯，感受行业发展态势。

(五)新闻评论播读

读万卷书,也要行万里路。随着中考、高考落下帷幕,不少学生选择用旅行记录美好青春,或与家人同游,或与好友结伴,国内长线游、研学游、出境游等需求集中爆发。数据显示,6月份以来"毕业旅行"相关搜索量环比提升3倍。

准考证变成了"打折神器"。全国多个景区发布通知,中考生、高考生凭借准考证可享受免门票或打折等优惠。青春的仪式感不只在远方,考后的"装备升级"同样火热。手机、平板电脑、智能手表和手环等数码产品,今年被纳入消费品"以旧换新"的政策补贴范围,再叠加线上线下商家面向毕业生的优惠,进一步激发了消费热情。购物、聚餐、观影等消费需求也迎来集中释放,不少商场、超市、餐厅推出高考生专属促销,有的影院还提供毕业班包场观影的优惠服务。越来越多家长愿意在高考后为孩子提供"成长型消费",比如考驾照、美容等,帮助孩子提升技能、自我增值。

作为暑假经济的重要组成部分,"考后经济"涵盖多个消费领域,尤其是在服务消费领域展现出明显的增长趋势。这些消费行为不仅满足了学生群体的个人需求,也带动了家庭消费的活跃。"考后经济"由此也成为观察我国消费新趋势的重要窗口。以"Z世代"为代表的青年群体正成长为新一代消费主力,如何更好满足他们的消费需求特别是服务消费需求,既为扩大消费创造了新机遇,也提出了新的考题。

训练提示:在播读这则新闻时,要亲切自然且富有交流感,契合"考后经济"贴近生活的话题属性。吐字清晰舒展,像"读万卷书,行万里路"这类表述,咬字要圆润,凸显文化韵味;"准考证""以旧换新"等词语,发音精准,让受众清晰接收信息。在气息控制上,因内容围绕消费场景与趋势展开,可保持轻快、顺畅的气息流动;在段落转换时,自然衔接,让播报节奏贴合内容的层层递进。语气整体要温暖、理性兼具,讲述毕业旅行、消费优惠等现象时,带着对青春活力与消费热度的共情;分析"考后经济"作为观察消费新趋势窗口等内容时,语气转为理性思考;结尾探讨满足Z世代需求的机遇与考题,语气中融入对消费趋势发展的关注与期待,传递新闻评论既有生活温度又具深度思考的特质。